POR QUE ELE NÃO LIGOU DE VOLTA?

Rachel Greenwald

POR QUE ELE NÃO LIGOU DE VOLTA?

1.000 HOMENS REVELAM O QUE ACHARAM DO PRIMEIRO ENCONTRO

Tradução
Patrícia Azeredo

CIP-BRASIL. CATALOGAÇÃO-NA-FONTE
SINDICATO NACIONAL DOS EDITORES DE LIVROS, RJ.

G831p

Greenwald, Rachel
Por que ele não ligou de volta / Rachel Greenwald; tradução:
Patrícia Azeredo. — Rio de Janeiro: Best*Seller*, 2011.

Tradução de: Why he didn't call you back
ISBN 978-85-7684-424-2

1. Mulheres solteiras — Psicologia. 2. Homens — Psicologia. 3. Relação
homem-mulher. 4. Amizade. I. Título.

11-6893

CDD: 648.7
CDU: 392.4

Texto revisado segundo o novo Acordo Ortográfico da Língua Portuguesa.

Título original norte-americano
WHY HE DIDN'T CALL YOU BACK
Copyright © 2009 By Rachel Greenwald
Copyright da tradução © 2011 by Editora Best Seller Ltda.

Publicado mediante acordo com Crown Publishers,
uma divisão da Random House, Inc.

Capa: Estúdio Insólito
Editoração eletrônica: FA Editoração

Todos os direitos reservados. Proibida a reprodução,
no todo ou em parte, sem autorização prévia por escrito da editora,
sejam quais forem os meios empregados.

Direitos exclusivos de publicação em língua portuguesa para o Brasil
adquiridos pela
EDITORA BEST SELLER LTDA.
Rua Argentina, 171, parte, São Cristóvão
Rio de Janeiro, RJ — 20921-380
que se reserva a propriedade literária desta tradução.

Impresso no Brasil

ISBN 978-85-7684-424-2

Seja um leitor preferencial Record.
Cadastre-se e receba informações sobre nossos lançamentos
e nossas promoções.

Atendimento e venda direta ao leitor:
mdireto@record.com.br ou (21) 2585-2002

A definição de insanidade consiste em fazer a mesma coisa várias vezes e esperar por resultados diferentes.

ALBERT EINSTEIN

Sumário

CAPÍTULO 1   TODOS ESTÃO A FIM DE VOCÊ — POR QUE NÃO ELE?   9

CAPÍTULO 2   O QUE VOCÊ DISSE   31

Perguntas que as mulheres solteiras sempre me fazem   31

As três principais razões que levam as mulheres a *pensarem* que ele não vai ligar de volta   38

CAPÍTULO 3   O QUE ELE DISSE   43

Os dez principais fatores que acabam com um encontro *durante* o primeiro encontro   43

Além dos dez mais: mais fatores que acabam com um encontro   223

CAPÍTULO 4   O DIA SEGUINTE   237

Os cinco principais fatores que acabam com um encontro *após* o primeiro encontro   237

CAPÍTULO 5   VOCÊ O PERDEU QUANDO DISSE "OI"   291

Cenas cortadas: fatos engraçados, grosseiros e esquisitos ditos pelos homens   291

CAPÍTULO 6 POR QUE ELE *LIGOU* DE VOLTA? 297

Do que os homens realmente
gostam 297

CAPÍTULO 7 POR QUE *VOCÊ* NÃO LIGOU
DE VOLTA? 307

Os cinco fatores que acabam com um
encontro (para as mulheres)
durante o primeiro encontro 307

CAPÍTULO 8 ENTREVISTAS DE SAÍDA
PERSONALIZADAS 321

CAPÍTULO 9 HISTÓRIAS DE SUCESSO 333

CAPÍTULO 10 E AGORA? 347

OBSERVAÇÕES MIL FILHOS MARAVILHOSOS 357

Métodos de pesquisa e detalhes
sobre os dados 357

AGRADECIMENTOS 363

CAPÍTULO 1

Todos estão a fim de você — Por que não ele?

Por que, por que, por quê?

É o novo enigma da Esfinge: "Por que ele não ligou de volta?" Depois de um encontro sensacional com um cara promissor, você pensa que foi tudo bem e espera vê-lo de novo, mas de repente... *puf!* Ele desaparece sem dar explicações. Você chama as amigas pra conversar e tenta descobrir por que ele não ligou de volta. O que aconteceu entre o "Eu te pego às oito da noite" e o *puf*? Você faz especulações, fica obcecada, racionaliza, justifica e quer saber *por quê*. Quando suas amigas dizem: "Não é você, é ele", você quer saber se elas estão tentando ser legais ou se estão dizendo a verdade.

Veja só: há alguém que sabe o que realmente aconteceu naquele encontro. Mas não é você. Nem suas amigas. E definitivamente não é sua mãe. É o cara com quem você saiu. Isso significa que você jamais saberá o que aconteceu de verdade, certo? Errado. Claro que você jamais pensaria em perguntar a ele pessoalmente, porque, convenhamos, *quem* faria isso? Seria vergonhoso. Por isso, decidi fazer a pergunta por você! Na verdade, perguntei a mil "eles". Entrevistei mil homens para descobrir por que você nunca mais soube dele depois do primeiro encontro, ou dos primeiros encontros. E obtive respostas bem sinceras. Acontece que existem razões claras e consistentes pelas quais os homens não ligam de volta para as mulheres. Às vezes o problema é com ele, claro — quem nunca saiu com um verdadeiro cretino pelo menos uma vez? Porém, muitas vezes somos nós que enviamos sinais sem saber. E a boa notícia é que a maioria desses sinais é fácil de detectar.

Pense só: e se você descobrisse que, dos últimos quatro caras que não ligaram depois de um encontro, três tiveram o mesmo motivo? E esse motivo era algo fácil de ser consertado? Isso poderia inicialmente ferir seus sentimentos, mas é importante descobrir o verdadeiro problema, especialmente se for algo que não reflita o que você é de verdade. No começo do relacionamento, a percepção é a realidade. Então quando o cara certo chegar e não houver espaço para erros, você vai querer estar preparada.

O objetivo de um primeiro encontro

Eis uma perguntinha de múltipla escolha: Qual é o objetivo de um primeiro encontro?

A) Permitir que um homem descubra quem você é de verdade, ou
B) Fazer com que ele queira encontrá-la pela segunda vez?

A resposta certa, na minha opinião, é a letra B. Se o seu primeiro instinto foi dizer A, pare e pense um pouco. Ninguém pode avaliar com precisão uma pessoa num primeiro encontro, não importa o quanto ela se ache esperta. As pessoas se comportam de forma (um pouco ou bastante) anormal em primeiros encontros porque estão nervosas, fingindo, ansiosas, tímidas, mantendo a guarda alta, tendo um dia ruim ou bebendo demais. Quantas vezes você tirou conclusões negativas precipitadas sobre alguém que acabou de conhecer (colega de trabalho ou vizinho, por exemplo) e depois acabou gostando daquela pessoa? Não há como um homem conseguir determinar que você é carinhosa, gentil, brilhante, interessante e ótima em matemática num primeiro encontro. O que um homem *pode* confirmar no primeiro encontro é se ele está atraído por você e intrigado o bastante a ponto de querer conhecê-la de verdade. O problema é que ele não vai descobrir quem você é de verdade (e você não vai descobrir quem *ele* é de verdade) se ele não quiser um segundo encontro.

Deixe-me ser bem clara: o objetivo não é mudar quem você é ou fingir ser outra pessoa. Se você é alguém que tem amigos, interesses e uma carreira, obviamente está indo bem. O objetivo não é mudar nenhuma das qualidades que fazem você ser *você*, mas, em vez disso, manter a bola no seu campo. Se mais homens ligarem querendo um segundo encontro, aumentam suas opções e oportunidades de escolher quem você prefere. Se *você* não quiser um segundo encontro com *ele*, tudo bem. Basta dizer "não" educadamente quando for perguntada a respeito.

O novo mundo dos encontros

Então é fácil ter um primeiro encontro bem-sucedido? Infelizmente, não é nada fácil. Nos últimos dez anos, do meu ponto de vista privilegiado no ramo dos relacionamentos, observei uma tendência assustadora: o número de primeiros encontros fracassados é muito maior hoje em dia. Se a onda da indústria de relacionamentos servir de prova, as pessoas têm cada vez mais primeiros encontros, porém, eles não estão funcionando, pois a quantidade de solteiros é a mais alta de todos os tempos.[*] É importante entender o cenário atual, especialmente se você ficou solteira recentemente após um relacionamento longo. O novo mundo dos encontros mostra três mudanças principais: o crescimento dos encontros marcados pela internet, o aumento no nível de exigência dos solteiros e a maior facilidade para se conseguir sexo.

1) O CRESCIMENTO DOS ENCONTROS PELA INTERNET[**]

MAIS OPÇÕES: A pergunta para a maioria dos solteiros não é mais *se* eles procuram encontros pela internet, mas sim *quantos* sites usam. Os solteiros geralmente têm perfis em dois ou três sites hoje em dia, além de estarem abertos a relações românticas por meio de redes sociais (como Orkut, Facebook, MySpace, Hi5, Bebo, entre outros). O importante aqui são as implicações sociológicas de homens (e mulheres) solteiros acreditarem cada vez mais nas possibilidades infinitas de conseguirem primeiros encontros pela internet. Se um(a) candidato(a) melhor está a apenas um clique do mouse de distância, por que ligar de volta para alguém depois de um primeiro encontro bom, mas não perfeito? Os relacionamentos hoje em dia dizem respeito à quantidade, não à profundidade.

---

[*] Fonte: New York Times, "Why Are There So Many Single Americans?", 21 de janeiro de 2007, Kate Zernike.

[**] Fonte: "Unhooked Generation: The Truth About Why We're Still Single", Jillian Straus, 2006.

EXPECTATIVAS MAIS ALTAS: Com tantas opções, os solteiros ficam mais criteriosos. O processo leva muito tempo, por isso eles tentam navegar e escolher o mais rapidamente possível. Inicialmente, tudo diz respeito à eliminação: eliminar os excessos em vez de escolher as melhores opções. No final das contas, eles buscam a perfeição e não alguém com potencial.

É MAIS FÁCIL DIZER NÃO: Como os encontros pela internet acontecem primeiramente através de uma tela de computador, acabam sendo menos pessoais e, por isso, facilitam a rejeição. Sair com alguém não significa mais ter que telefonar (ou não) para a pessoa, e sim apertar (ou não) o botão "enviar" ou "responder". Apagar as pessoas que você não quer é indolor e evita conflitos, exatamente como você faz com os e-mails do tipo "spam" (também conhecidos como "lixo eletrônico").

2) OS SOLTEIROS ESTÃO MAIS EXIGENTES

MAIS RELACIONAMENTOS: Homens e mulheres chegam aos encontros com mais experiência em relacionamentos. As pessoas começam a namorar mais cedo hoje do que nas últimas gerações, além de ficarem solteiras por mais tempo. Segundo o censo dos Estados Unidos, a idade média em que as pessoas se casam subiu de aproximadamente 23,5 anos em 1980 para 26,5 anos em 2006. Pense no que isso significa: se uma mulher de 35 anos teve seu primeiro namorado no início da adolescência, ela está saindo com caras há mais de vinte anos. Dependendo da longevidade e da quantidade de relacionamentos, ela pode ter um histórico de, digamos, vinte namorados significativos ou mais.

RELACIONAMENTOS MAIS PROFUNDOS: Os relacionamentos não são apenas mais numerosos, como também são mais *profundos*:

agora muitos casais moram juntos (sejam casados ou não). Você já viu de perto como o parceiro age quando está estressado, faminto, irritado ou durante uma viagem. Seja você divorciada, viúva ou recém-saída de um relacionamento longo, você já conheceu ex-parceiros bem a fundo e criou imensas listas do que não quer no próximo parceiro. Mais relacionamentos também significam mais términos, o que torna difícil confiar em pessoas novas — e é mais fácil riscar alguém da lista quando não temos tanta certeza de que o relacionamento vá dar certo.

MAIS AUTOCONHECIMENTO: Para intensificar o impacto de relações anteriores mais profundas e em maior quantidade, surge a "indústria do autoconhecimento", que engloba o crescimento e a aceitação da terapia de casais (para casados ou não), mais pessoas fazendo terapia individual, a proliferação de livros populares de autoajuda e maior cobertura de análise de relacionamentos feita por programas de TV populares. Os solteiros já chegam ao primeiro encontro com suas experiências analisadas sob o título "Não vou cometer os *mesmos* erros de novo!".

Com um histórico desses, tanto homens quanto mulheres estão predispostos a projetar rapidamente o passado em alguém que acabaram de conhecer e a achar que esses julgamentos rápidos são corretos. Qual o resultado disso? O solteiro médio está mais exigente e confiante do que nunca sobre quem é e o que quer, fazendo do primeiro encontro um campo minado sem precedentes.

3) O FATOR SEXO

Hoje em dia, é mais fácil conseguir sexo sem precisar ter vários encontros (através de "ficadas sem compromisso" ou "amizades coloridas") e os casais agora são sexualmente ativos mais cedo no relacionamento. Consequentemente, não há mais tanta pressão para que os solteiros tenham vários encontros até chegar "a sexo". Em bom português, não há mais a mesma

> Há mais primeiros encontros fracassados hoje em dia do que nunca... Todos estão olhando as vitrines, mas poucos estão comprando.

urgência ou incentivo físico para buscar o compromisso com uma pessoa.

Cada vez mais, as pessoas estão olhando vitrines, mas poucos estão comprando.

Num piscar de olhos

Mas o maior desafio para os solteiros de ambos os sexos não é novo, e sim uma realidade que existe há muito tempo. Homens e mulheres fazem julgamentos precipitados em primeiros encontros para determinar se querem ou não um segundo. As pessoas processam informações rapidamente e tomam decisões instantâneas, confiando basicamente na intuição. Tiram conclusões a partir das informações que têm. Palavras, comportamentos, sons e aparências geram reações instintivas em todos nós. Mas estas reações vêm de nossas ideias preconcebidas e tendenciosas sobre algo (por exemplo, um sotaque, estilo de roupa etc.) e podem ser enganadoras.

No livro *Por que os homens se casam com algumas mulheres e não com outras*, John Molloy explorou especificamente as falsas impressões ocorridas em primeiros encontros. Ele fez, por exemplo, uma pesquisa com recém-casadas que haviam acabado de sair do cartório e descobriu que mais de 20% delas disseram não ter *gostado* dos maridos quando os encontraram pela primeira vez! Felizmente, esses casais tiveram uma segunda chance — e este é o nosso objetivo aqui.

Dado o fenômeno dos julgamentos precipitados e das falsas primeiras impressões, não é preciso queimar os neurônios para entender que você deseja que um homem tenha as informações mais favoráveis a seu respeito num primeiro encontro, de modo que ele queira passar mais tempo com você. Meu objetivo é ajudá-la a passar pelos primeiros encontros superficiais e entrar no território em que você e o Sr. Potencial podem *realmente* se conhecer.

Assuma o comando

A tradição diz que os homens devem chamar a mulher para sair, e agora, graças aos encontros pela internet, eles têm ainda mais mulheres para escolher. Diante dessa realidade e de todos os outros desafios que já descrevi, o que é preciso para que as mulheres mudem o equilíbrio de poder e assumam o comando? Eu quero que *você* tenha o controle da sua vida amorosa, ficando na posição de aceitar ou recusar convites para segundos encontros.

Você provavelmente já ouviu que encontros amorosos são uma questão de quantidade. Eu acredito sinceramente nisso. A maioria dos encontros não vai se transformar em relacionamento. E nem deve. Os encontros são um processo de filtragem por um bom motivo: evitar que você acabe com a pessoa errada. Mas se é preciso sair com uma centena de caras para encontrar apenas um com o qual você gostaria de passar o resto da vida, então você não deveria correr o risco de algum deles não ligar de volta — e se ele for "o" cara? Eu não quero que você *questione* por que um homem não ligou de volta. Eu quero que você *saiba* o motivo e use essa informação para garantir o retorno em todos os encontros seguintes. No meu mundo perfeito, nenhuma mulher ficaria sentada ao lado do telefone se perguntando por que um homem não ligou. Esqueça isso. Num mundo realmente perfeito, você estará num segundo encontro com algum homem bonito enquanto o seu telefone de casa toca a noite inteira com um bando de outros caras querendo vê-la de novo.

O coador de cozinha

Para ser capaz de sair com quem você quiser, é importante entender a forma pela qual um homem vai a encontros e depois se apaixona por alguém, especialmente nesse novo mundo dos encontros (mulheres, é claro, passam pelo mesmo processo). Em minha experiência como conselheira profissional de relacionamentos e casamenteira, eu já vi homens saírem e se apaixonarem após três etapas. Primeiro, **a etapa de eliminação**, durante a qual a maioria das mulheres é descartada. É como se ele estivesse usando um coador de cozinha. Nos primeiros encontros, ele filtra todas as mulheres com qualidades consideradas indesejáveis, mesmo se essas características não forem "reais", mas percebidas pela observação de atos triviais e advindas de conclusões precipitadas. Ele sacode bem o coador porque está procurando eliminar, não filtrar. Em seguida vem **a etapa de avaliação**, na qual ele se concentra em uma mulher que ficou dentro do coador. Ele faz uma lista mental de prós e contras, que reflete as qualidades reais à medida que ele a conhece melhor. É quando ele pensa: "Ela tem alguns problemas, claro, mas há muitas características sensacionais também." A terceira é **a etapa de aceitação,** quando ele decide: "Os prós superam os contras. Quero o pacote completo." Quanto mais ele a conhece, mais fácil acontece essa aceitação.

A chave para entender esse processo está em perceber seu caráter *sequencial*: primeiro vem a eliminação, depois a avaliação e, por fim, a aceitação. Acredito que muitos primeiros encontros fracassem não porque as duas pessoas não funcionem bem juntas, mas porque uma pessoa geralmente é descartada cedo demais na etapa de eliminação, antes que a outra possa determinar seu potencial futuro de forma precisa.

Informação é poder

Se os segundos encontros ficaram mais difíceis do que nunca, qual é a solução? Como evitar ser descartada? Talvez seja útil parar e analisar como você trataria uma questão semelhante numa área diferente da vida. Primeiros encontros se parecem muito com entrevistas de emprego: num curto período de tempo, você tenta criar uma conexão favorável com a pessoa do outro lado da mesa enquanto é analisada de forma cética. Você não quer ser eliminada, a fim de chegar à segunda etapa de entrevistas. Você não tem muita certeza do que o recrutador está procurando e perguntar não é de bom tom. Nas entrevistas, tudo diz respeito aos três Ps: preparação, presença e percepção. Se você estiver preparada para a entrevista, poderá enfatizar seus pontos fortes, minimizar os fracos e fazer perguntas relevantes. Mas e se você não estiver preparada? E se não souber quais são os critérios do empregador? Bastam alguns passos errados para receber o carimbo "Não é o que estamos procurando". Quando você se der conta, estará lendo a malfadada carta: "Obrigada pelo interesse na vaga. Nós ligaremos quando surgir uma oportunidade."

A maioria dos conselheiros de recursos humanos aconselha os candidatos a "fazer o dever de casa". Isto é, para conseguir um emprego é preciso vir preparado para a primeira entrevista, sabendo o máximo possível sobre o que a empresa está procurando. Vale estudar o site da empresa, perguntar a amigos que trabalham lá sobre os valores corporativos e perguntar a seus contatos para saber quais são as tendências atuais do mercado. Você pode descobrir, por exemplo, que uma empresa gosta de quem trabalhe muito e seja criativo, mas particularmente não gosta de quem prefere trabalhar sozinho porque a cultura corporativa diz respeito a trabalhar em equipe. Este cuidado pode ajudar a conseguir o emprego porque você enfatizaria a ética profissional, a criatividade e o gosto pelo trabalho em equipe mais do que suas outras habilidades durante a entrevista. Claro que é uma via de mão dupla — você precisa querer a vaga para a qual está sendo entrevistada, mas deve querer mais ainda que *eles* queiram *você*. Primeiro você pega a oferta de trabalho e depois decide se quer ou não. É preciso ter *opções*.

Agora imagine se você fosse a um primeiro encontro sabendo com antecedência o que a maioria dos caras está procurando. E, mais especificamente, o que os homens tendem a gostar ou não após conhecê-la pessoalmente. Se houvesse uma forma de "fazer o dever de casa" antes de um encontro, você sairia na frente no jogo. Claro, se você e seu pretendente tiverem um amigo ou amiga em comum, você pode fazer algumas perguntas sobre ele antecipadamente. Também pode jogar o nome dele no Google, ler o perfil no Match.com ou verificar a página no Facebook, mas às vezes essas opções não estão disponíveis, e elas geralmente mostram apenas informações superficiais. Descobrir que ele é um cara legal de 31 anos que gosta de esquiar e não tem ficha criminal é útil, mas não diz exatamente o que ele está procurando num primeiro encontro — ou o que estraga o encontro para ele. Embora não seja prático obter detalhes sobre o que cada homem gosta ou não antes de cada encontro, se você tiver informações sobre o que agrada a *maioria* deles, suas chances de que um cara chame você pra sair de novo aumentam, colocando a bola de novo no seu campo. Informação é poder, tanto no mundo dos negócios quanto no dos encontros. A parte complicada é encontrar as informações certas.

Entrevistas de saída

Durante meu MBA na Harvard Business School, estudei uma tática de gerenciamento útil chamada "Entrevistas de Saída". Quando um funcionário sai do emprego, um gerente de recursos humanos pode fazer uma Entrevista de Saída para pedir opiniões sobre a empresa, o chefe e os colegas de trabalho. Como o funcionário está de saída, ele tende a se expressar de forma bem sincera. Essa sinceridade, por sua vez, permite à empresa descobrir informações específicas e úteis, de modo a melhorar seu negócio e reter melhor os bons funcionários no futuro. Gerentes inteligentes reagirão de forma construtiva a esse feedback, especialmente se ouvirem as mesmas respostas de vários empregados que estão saindo da empresa.

Quando virei especialista em encontros, queria entender por que o primeiro (ou os primeiros) encontros da minha cliente fracassaram e como eu poderia desmascarar os fatores típicos que acabam com o negócio (ou, no caso, com o encontro). Eu fui pioneira ao usar a técnica da Entrevista de Saída no mundo dos relacionamentos. Comecei em 1998, quando Sophie, uma das minhas clientes na cidade de Nova York, reclamou comigo ao telefone sobre James, banqueiro de investimentos de 27 anos. Ela contou que eles tiveram um ótimo primeiro encontro, mas já haviam se passado duas semanas e ele não dera notícias. Ela disse: "Rachel, por que ele não ligou de volta?" Bom, eu não fazia a menor ideia — como poderia saber? Não sou vidente e não tinha saído com ele. Foi então que tive uma ideia radical: por que não perguntar ao próprio James?

Com a permissão de Sophie, liguei para James. Ele estava surpreendentemente disposto a falar sobre o encontro. Claro que precisei usar meu charme para ir além da resposta inicial de que "não houve química", mas ele se abriu após algumas perguntas curiosas e educadas. Eu esperava que minha ligação virasse um recado sem retorno na secretária eletrônica, mas acabou se transformando em uma discussão de meia hora com esse cara. Eu descobri que embora ele tenha achado a Sophie atraente e o encontro divertido, ela havia feito várias referências a ter raízes profundas em Nova York. Isso o deixou preocupado. De acordo com James, uma das frases dela foi: "Eu amo Nova York e jamais sairia da cidade. Meu trabalho e toda minha família estão aqui." James é da costa oeste dos Estados Unidos e queria voltar para lá após trabalhar alguns anos em Wall Street. Ele concluiu que Sophie era geograficamente inflexível e achou que não valia a pena ter um relacionamento com ela. Ele admitiu timidamente que até já gostou de namorar uma garota bonita sem pensar no futuro, mas agora ele estava pronto para algo sério e só queria namorar mulheres com potencial de relacionamento a longo prazo.

Quando eu contei seu feedback à Sophie, primeiro ela ficou surpresa. Depois, com um pouco de raiva pela oportunidade perdida. Ela comentou: "Bem, eu realmente amo Nova York, mas pelo cara certo, e especialmente se estivéssemos casados, eu estaria disposta a me mudar." Mas é claro que não foi isso que ela transmitiu no primeiro encontro. E como eles só se conheciam há duas horas, ele não perguntou mais sobre as intenções geográficas dela a longo prazo. Ela não teve a opção de descobrir se James poderia ter sido o "cara certo" para ela. Sophie cometeu o erro do "Eu Jamais Faria"* no primeiro encontro.

---

*O erro do Eu Jamais Faria será discutido no Capítulo 3.

Depois da primeira ligação para James, eu fiquei sentada na cadeira, num silêncio aturdido. Essa ideia da Entrevista de Saída era, ao mesmo tempo, simples e poderosa. Se eu conseguisse que mais homens me contassem os percalços típicos do primeiro ou segundo encontro, eu poderia ajudar minhas clientes a aumentarem as probabilidades de achar o parceiro certo. Por isso eu comecei a oferecer meus serviços de Entrevista de Saída a outras clientes e liguei para mais homens. Nos dez anos seguintes, através de tentativa e erro, melhorei meu roteiro.

Quando eu ligava para os homens a fim de fazer a Entrevista de Saída, eu começava pedindo apenas cinco minutos do tempo deles. Mas o tempo médio em cada entrevista foi de 43 minutos! Mais importante, eu dava a esses solteiros um incentivo imediato para falarem abertamente comigo: dizia que se eu entendesse melhor o que eles estavam procurando, poderia conhecer alguém perfeita para eles (o que é verdade; conheço várias solteiras *incríveis*). Eu começava com um papo, para deixá-los à vontade, e oferecia anonimato no meu livro através de "dados agregados".* Nós falamos sobre mulheres específicas com quem eles saíram e sobre seus pontos de vista sobre encontros em geral. Enquanto vários homens começavam a conversa com frases superficiais como "Não rolou um clima" ou "Eu comecei a sair com outra pessoa", eu aprendi a ouvir essas desculpas como um código secreto para "Eu tenho um motivo verdadeiro, mas você vai precisar se esforçar mais para obter essa resposta de mim". E eu me esforcei bastante. Se um homem tentasse descrever o fra-

---

* As respostas dos homens para quem liguei especificamente em nome de uma cliente ou amiga foram agregadas em "temas" de feedback de modo que a mulher não saiba qual homem disse o quê, embora alguns alegassem não ter problema em ver comentários individuais publicados se eles pudessem ser úteis para outras pessoas.

casso de um primeiro encontro com a desculpa da falta de química, eu respondia: "Você pode me contar sobre outra mulher com quem você *conseguiu* sentir química, e o que ela disse de diferente?" Ou se ele falasse: "Fiquei enrolado no trabalho", eu respondia: "Bom, o que ela poderia ter feito a mais ou a menos para fazer você parar de trabalhar tanto e convidá-la para sair pela segunda vez?" Essas táticas funcionaram maravilhosamente para obter respostas concretas.

As respostas sinceras que colecionei se mostraram inestimáveis para minhas clientes. Atuando como uma parte neutra e investigando fatos que acabam com encontros, fui capaz de obter feedbacks sinceros dos homens que geralmente sumiam como se entrassem num buraco negro. E ao ligar para cinco ou seis homens com quem *uma mulher* havia saído sem sucesso, eu geralmente descobria um padrão ou tema do qual ela não estava ciente. E isso é que me preocupa: as mulheres realmente não sabem o que acontece em encontros malsucedidos. Sempre pedi a minhas clientes, antes das Entrevistas de Saída, para prever o que elas *achavam* que os homens confessariam como a razão principal para o encontro ter fracassado. Sabe qual foi a resposta assustadora? 90% das mulheres *erraram*!

Às vezes a ignorância é uma bênção, mas os dados das minhas Entrevistas de Saída finalmente forneceram às solteiras dados claros e construtivos sobre os motivos que estragam encontros hoje em dia. Essas respostas não só lançarão uma luz sobre o que pode ter acontecido em seu passado como também ajudarão você a se preparar melhor para um próximo primeiro encontro, melhorando assim os resultados de seus rela-

> 90% das mulheres não acertaram por que os homens não ligaram de volta.

cionamentos. Já vi as Entrevistas de Saída levarem mulheres a encontrar o parceiro perfeito várias vezes, e você vai ler algumas dessas histórias de sucesso mais adiante, no Capítulo 9.

Seja esperta nos encontros

Eu já posso até ouvir você dizer "Você está dizendo que eu devo mudar meu comportamento para atrair um homem. Se ele for o cara certo para mim, então ele deve gostar de mim pelo que sou!" Sem dúvida, ele deve gostar de você pelo que você é. Assim como seus amigos, colegas e vizinhos fazem. Mas ele não pode gostar de você pelo que você *realmente* é até que a conheça bem. E ele não pode começar a conhecê-la *até que vocês se vejam pela segunda vez*. Mulheres espertas são como jogadores de xadrez: sempre pensam vários movimentos adiante.

Tudo isso para voltarmos ao objetivo do primeiro encontro (isto é, ser convidada para um segundo). Editar suas ações e palavras de acordo com o que os homens estão procurando *nos estágios iniciais do relacionamento* permitirá que os dois deixem a química acontecer primeiro e depois se concentrem nas concessões mútuas. Ao longo do tempo, as características negativas serão equilibradas pelas positivas e vistas com outros olhos se ambos estiverem apaixonados. Por exemplo, você rejeitaria um homem após o primeiro encontro se ele tivesse um mau hálito horrível. Mas se você descobrisse o hálito ruim num quinto encontro, após ter visto uma centena de qualidades maravilhosas nele, provavelmente avaliaria a situação de modo diferente. Você poderia pensar: "Ele é ótimo, então como eu resolvo esse único probleminha? Talvez com balas de menta para ele, comprando um desses limpadores de língua ou recomendando uma ida ao médico porque pode ser sintoma de algo..." Sua abordagem para o problema seria bem diferente a essa altura do campeonato. Em vez da reação instantânea do "Não, obrigada!", tentaria buscar soluções. Mas antes, é melhor ele caprichar na balinha de menta para que você queira um segundo encontro e possa descobrir que vale a pena conhecê-lo melhor!

Ser esperta nos encontros não significa mudar seus valores ou sua identidade, muito menos ser artificial ou representar. E definitivamente não é para você mudar só para ele. Ser esperta significa obter informações e usá-las a seu favor. Suponha que você descubra que o cara bonitinho que a chamou para sair na festa de um amigo adore chocolate. Se durante um encontro com ele num restaurante vocês decidirem dividir a sobremesa, não seria inteligente indicar os brownies de chocolate em vez da salada de frutas? Na mesma linha, se um cara evitasse o restaurante japonês porque sabe que você tem alergia a frutos do mar, eu tenho certeza que você ficaria feliz por isso. Talvez você começasse a pensar que vale a pena conhecê-lo melhor. Ajustar o comportamento pode se resumir em ter consideração pela outra pessoa e querer fazê-la feliz. Não estou sugerindo que você se transforme no que o cara quiser (até porque ele se cansaria logo de você), e sim que faça pequenos ajustes em seus atos e palavras que levarão ao segundo encontro e além, nos quais ele poderá ver como você é bacana.

Veja bem, obviamente há muita falta de comunicação entre homens e mulheres nos estágios iniciais do relacionamento, mas quem é o responsável por isso? Alguns motivos para encontros fracassados estão totalmente fora do seu controle, como: quando os homens dizem "Ela era alta demais" ou "Meu padrinho do AA me aconselhou a não namorar no estágio inicial da minha recuperação", ou mesmo "Minha esposa não gosta que eu veja outras mulheres". Embora eu tenha encontrado casos como esses nas minhas pesquisas, é fácil dizer "problema resolvido"

> 78% das mulheres acreditavam que um cara não havia ligado de volta por motivos fora de seu controle, mas apenas 15% dos homens concordaram com essa afirmação.

e culpar os homens por tudo. Na verdade, de acordo com a pesquisa, 78% das mulheres acreditavam que o cara não havia ligado de volta por motivos *fora de seu controle*, mas apenas 15% dos homens concordaram com essa afirmação. Os 85% dos motivos dados pelos homens para não ligar de volta envolviam uma impressão negativa após algo que ela tinha dito ou feito. E os homens contaram que as mulheres repetiam essas palavras e atos a ponto de surgirem padrões significativos nos dados. Você vai ficar surpresa ao perceber o quanto esses motivos são triviais, mas a boa notícia é que eles podem ser evitados.

O processo de pesquisa

Entrevistar mil homens significa ouvir um bocado, e isso me deu informações inéditas sobre o pensamento deles. Com a ajuda de alguns assistentes de pesquisa bem-treinados, entrei em contato com uma vasta gama de homens solteiros em entrevistas por telefone, eventos de encontro relâmpago, serviços de casamenteiros, postagens na internet e interceptações aleatórias em cafés, livrarias e salas de espera em aeroportos.* Após perguntar a todos esses caras: "Qual foi o principal motivo para

---

* Veja a seção de Observações no fim deste livro para obter detalhes e dados sobre a metodologia de pesquisa.

você não ter ligado de volta?" eu obtive 4.152 motivos* que podem ser encaixados em duas categorias:

1) Os fatores que estragam um encontro *durante* um primeiro encontro;
2) Os fatores que estragam um encontro *imediatamente após* um primeiro encontro.

A divisão nessas duas categorias reflete a minha descoberta de que às vezes um primeiro ou segundo encontro, na verdade, correu muito bem, mas logo depois aconteceu algo que acabou com o clima positivo.

Como você vai ver ao longo deste livro, essas Entrevistas de Saída foram chocantes, divertidas, amargas, de cair o queixo, embaraçosas e profundas. Ao estimular os homens a confiar em mim, eu finalmente consegui o verdadeiro furo: o que eles dizem que você nunca mais deve fazer e o que eles esperavam que você tivesse feito. Mas, por favor, lembre-se de que ninguém está culpando você por todos os encontros malsucedidos ou sugerindo que você mude algo em sua essência. Você vai apenas descobrir dados comprovados sobre como os homens reagem aos comentários femininos e comportamentos que você talvez nem soubesse que tinha. Informação é poder.

Comprador consciente

A maioria dos homens com quem falei foram sinceramente atenciosos e queriam ajudar, mas algumas das histórias que

---

*Alguns homens falaram sobre mais de um encontro fracassado. Outros citaram duas razões principais para um encontro não ter dado certo. (Eu permiti o máximo de duas razões principais.)

você está prestes a ler podem parecer injustas ou excessivamente críticas (similares às histórias das mulheres que você lerá no Capítulo 7, quando eu virar o jogo). Muitos homens inicialmente não queriam admitir o quanto os motivos para o desaparecimento deles eram superficiais ou triviais. A maioria deles cedeu e admitiu que um *acúmulo* de pequenos atos ou palavras gerou um estereótipo negativo sobre alguém e fez com que não houvesse a ligação de volta. Não espere uma coleção de histórias de encontros ruins que circulam em lendas urbanas — daquelas que fazem você rolar de rir ou ficar horrorizada. Em vez disso, as histórias deste livro vêm de encontros comuns entre duas pessoas "comuns" (na maioria das vezes, pelo menos!). As histórias vêm direto da fonte. Alguns homens realmente se mostram como idiotas que você provavelmente nunca mais quer ver na vida — mas eu os incluí tendo em vista a possibilidade de que outro cara com quem você *quisesse* sair algum dia pudesse ter a mesma impressão a seu respeito. Embora eu tenha recebido uma quantidade enorme de comentários reveladores e factíveis durante as entrevistas, e eles formam boa parte deste livro, prepare-se para algumas citações ridículas, nojentas e dolorosas, especialmente no Capítulo 5, quando você lerá uma série de "cenas cortadas" intrigantes.

Como fazer este livro funcionar para você

Minha intenção ao longo deste livro é destacar atitudes simples que mulheres fabulosas têm diariamente em encontros com o Sr. Potencial sem perceber o quanto a perspectiva deles é diferente. Primeiro, você vai descobrir os motivos mais frequentes citados como capazes de estragar o encontro, com explicações e exemplos detalhados. Depois de descrever cada motivo, você pode fazer um rápido teste de autoavaliação para ajudá-la a decidir se você se encaixa nesse estereótipo específico. Se a carapuça servir, você pode ler o que fazer em relação a isso na seção de conselhos logo a seguir. À medida que você ler a pesquisa com atenção, tenho certeza de que vai descobrir pelo menos um grande estereótipo que segue em seus encontros, e talvez alguns em menor escala. Seja sincera consigo mesma se você se identificar com certos sinais que pode estar enviando sem saber. E, mais importante, tente ficar aberta à possibilidade de que o estereótipo que os homens lhe dão pode ser algo que irá surpreendê-la.

Se você vir algo que definitivamente não se aplica a você, simplesmente faça como se dirigisse por um local de acidente: diminua a velocidade, dê uma olhada no desastre, e fique feliz por não ser você naquela pilha de metal retorcido.

Por fim, se você quiser levar essa pesquisa mais além, o Capítulo 8 vai mostrar como recrutar um amigo (ou um profissional listado no meu site) para fazer suas Entrevistas de Saída *personalizadas*. Ao fazer com que outra pessoa ligue para alguns dos caras com quem você já saiu, você vai certamente identificar os seus padrões de encontro individualmente. É preciso ter coragem para fazer isso, então antes que eu diga mais sobre o processo, vamos começar vendo o que os homens disseram sobre outras mulheres com quem você poderá se identificar.

O ponto principal

O ponto principal é este: você sabe que ele não está tão a fim de você, mas *por quê?* As revelações feitas nesta pesquisa são brutas, sinceras e vêm diretamente da fonte. Eles dão os melhores insights que eu já vi ao longo dos meus dez anos no ramo dos relacionamentos. Eu garanto que, ao entender o que os homens estão realmente pensando e seguindo minhas dicas, você poderá atrair e manter o homem certo quando ele finalmente der as caras. Após ler este livro, você será capaz de responder com segurança à pergunta frustrante, obsessiva, intrigante e universal "Por que ele não ligou de volta?".

E então você poderá fazer algo a respeito.

CAPÍTULO 2

O que você disse

Perguntas que as mulheres solteiras sempre me fazem

Quando se é especialista profissional em relacionamentos, todo mundo tem uma pergunta a fazer. Quando as pessoas descobrem que entrevistei mais de mil homens a respeito de encontros, elas subitamente têm milhões de perguntas. É mais ou menos como acontece com os médicos. Quando estou na minha em alguma festa, de repente todos querem mostrar as cicatrizes de seus relacionamentos. Eu não me importo, pois aprendi tanto com essas conversas quanto nas entrevistas oficiais.

Essas são as cinco principais perguntas que as solteiras me fazem sobre por que os homens não ligam de volta — e as minhas respostas.

1) Muitos caras me ligam de volta, mas nem sempre são os que eu mais gostei. O que isso quer dizer?

Se você esta recebendo milhões de convites para segundos encontros, mesmo que eles não venham necessariamente dos caras que desejava, significa que você causa uma boa primeira impressão, mas não de modo consistente. Existem duas questões a serem consideradas aqui. A primeira é que se você não está atraindo os homens de que mais gosta, talvez esteja agindo de modo diferente com eles. Você pode não entender exatamente que tipo de sinais transmite para os homens quando está nervosa. A segunda é que se você concluir que causa uma boa primeira impressão porque geralmente recebe retornos, está caindo numa lógica perigosa, pois quando se está no mercado para achar apenas *uma* alma gêmea, então realmente importa se apenas *um* cara de quem você gostou de verdade não ligar de volta. É tão difícil encontrar alguém com quem você se sinta sinceramente empolgada que é preciso estar preparada para aproveitar ao máximo *cada* oportunidade.

2) Não estou preocupada em receber ligações para um segundo encontro porque simplesmente não encontro tantos homens interessantes assim que me convidem para um primeiro! O que posso fazer em relação a isso?

Se você acha que não encontra os caras certos de início, eu me arriscaria a dizer que, na verdade, está encontrando prováveis caras "certos" o tempo todo no seu dia a dia, mas há um motivo pelo qual eles não a convidam para sair. Tecnicamente, você não classifica esses caras como "pessoas com quem saí e não ligaram de volta" porque são colegas de trabalho, clientes, caras que malham perto de você na academia, pessoas na fila da lavanderia ou amigos das suas amigas. Isso também engloba as pessoas que veem o seu perfil em sites da internet e que olharam sua página, mas não mandaram e-mail ou responderam ao seu "wink". E também o cara que você conheceu recentemente numa festa e com quem você bateu papo por 15 minutos: inicialmente ele estava interessado, mas acabou indo embora sem pedir seu telefone. Na mente masculina, você não atendeu às expectativas que ele criou, sejam lá quais forem. Então, para ele, a fase de conhecê-la melhor terminou ali mesmo, nem precisou de um encontro. Essas tentativas que não deram certo — isto é, amizades platônicas frustrantes, conversas breves, flertes com o olhar, desconexões do seu perfil online ou falta de ofertas de possíveis candidatos por parte de suas amigas — tudo isso essencialmente representa casos de falta de retorno. Você pode usar este livro para identificar como os homens a estão estereotipando com base nas primeiras impressões que tiveram a seu respeito, tanto no seu dia a dia como num encontro oficial.

3) Por que você não escreve um livro para homens falando por que as mulheres não ligam de volta *para eles*?

Acredite: se mais de sete homens no universo comprassem livros de autoajuda sobre relacionamentos, eu teria escrito um sobre todos os erros que os homens cometem em encontros! Claro que minha pesquisa mostra que há tantas mulheres quanto homens rejeitando parceiros... Afinal, a ideia por trás deste livro é colocar a bola no seu campo, permitir que você saia com os príncipes e rejeite os sapos. Mas a verdade é que os homens não compram os livros dos quais eles mais precisam.

4) O quanto a aparência é importante para que os homens liguem de volta para as mulheres?

A aparência importa sim, e isso não é novidade alguma. A verdade é que nós vivemos num mundo muito visual. Nessas mil conversas com homens, recebi uma boa quantidade de respostas negativas e grosseiras sobre a aparência de uma mulher. Depois de ouvir descrições para lá de sinceras envolvendo rostos esburacados e até "tornozelos de elefante", às vezes eu me sinto como se tivesse passado a vida num vestiário masculino. Como a aparência é obviamente importante para atrair um homem, deve-se sempre tentar parecer o mais bonita possível. Mas disso você já sabe.

Porém, aqui está a boa notícia que descobri em minha pesquisa: não se trata *apenas* da aparência. Os homens *só* ligam de volta para mulheres que acham lindas? De jeito nenhum. A maioria dos motivos pelos quais os homens disseram não querer um segundo ou terceiro encontro teve pouco a ver com a aparência física de uma mulher. Por quê? Porque os homens já levaram a aparência em consideração quando decidiram chamá-la para sair pela primeira vez. Na verdade, cerca de 80% dos homens nas minhas Entrevistas de Saída já conheciam a mulher pessoalmente antes de eles saírem pela primeira vez (de uma festa, do escritório, da academia) ou já haviam visto a foto dela na internet. Como eles já tinham avaliado a aparência da mulher antes do *primeiro* encontro, geralmente era outro fator que impedia um *segundo* encontro (a única exceção eram as fotos enganadoras na internet). Mais evidências de que a aparência nem sempre determina segundos encontros vêm da estatística de que 68% dos homens entrevistados por mim disseram que a mulher para quem não ligaram de volta tinha, de fato, "boa aparência".

Sim, a aparência física representa grande parte da atração de um homem por uma mulher, mas o principal é que os homens geralmente chamam uma mulher que acham bonita para sair uma vez, mas nem sempre ligam de volta. A equação não é tão simples como Rosto Bonito + Corpo Atraente = Retorno. A verdadeira pergunta é: levando em consideração um nível geral de atração física, por que os homens ligam de volta para algumas mulheres e não para outras? Ou, de outra forma, o que faz uma mulher ser atraente fisicamente *e também* emocionalmente?

Falei com vários homens "altamente desejados", que saíam com mulheres lindas (inclusive modelos) toda semana. Falei até com um dos "Solteiros Mais Cobiçados" de Nova York (eleito pela revista *Gotham*). O que leva esse cara a ligar de volta para uma gata e não para outra (quando eles estão interessados num relacionamento)? A resposta, claro, tem a ver com personalidade, não com aparência. Também falei com "caras comuns" desejáveis que não estão procurando nenhuma Barbie Malibu. Muitos disseram que propositalmente costumam procurar mulheres nota 7 na escala de beleza, pois elas são mais carinhosas, menos arrogantes e têm personalidade mais agradável do que as nota 9 e 10 com as quais eles acreditam que poderiam sair.

As duas citações a seguir são as que melhor capturam o sentimento predominante entre os homens com quem falei:

"Uma nota 6 na escala de beleza pode virar um 8 se tiver uma ótima personalidade."
Brian, 28 anos, Nova York, Nova York

"As mulheres realmente sexy — aquelas com os rostos e corpos mais bonitos — geralmente são as mais inseguras ou as mais egoístas. Não é isso que eu quero numa parceira para um relacionamento de longo prazo."
Daniel, 34 anos, Indianápolis, Indiana

Sendo assim, a aparência importa? Claro, mas definitivamente não é tudo.

5) Por que você acredita que os motivos dados pelos homens para não ligar de volta sejam realmente verdadeiros?

Às vezes minhas clientes reconheciam-se imediatamente após ouvir as respostas de suas Entrevistas de Saída personalizadas. Em outras ocasiões, não era assim tão simples. A resposta mais comum ao ouvir que outras pessoas nem sempre veem você do jeito que você se vê é surpresa ou negação. "Por que eu deveria acreditar no que ele disse?" é uma pergunta comum que me fazem — e pode ser a sua dúvida também. Os homens podem mentir ou não ter autoconhecimento — todas nós já passamos por isso — então é razoável perguntar o quanto esse feedback foi sincero ou válido. Veja como eu sei que as respostas (especialmente num nível geral) são verdadeiras e relevantes:

A) EU NÃO ACEITEI AS RESPOSTAS FÁCEIS, DE UMA FRASE SÓ: Conforme mencionado no Capítulo 1, eu jamais aceitei respostas rápidas quando falei com os homens sobre os motivos para o fracasso de seus encontros. Eu busquei respostas sinceras e usei uma bela quantidade de truques quando eles tentavam driblar um assunto mais difícil. Faço Entrevistas de Saída há muito tempo, por isso tenho um medidor de besteiras bastante afiado! Além do mais, minha formação em psicologia, aliada aos quatro anos que trabalhei como entrevistadora profissional para faculdades, definitivamente foram muito úteis. Quando um homem tentava se mostrar evasivo, eu sabia exatamente o que ele estava fazendo.

B) RESULTADOS CONSISTENTES: Ao realizar as Entrevistas de Saída pra este livro, eu busquei propositalmente uma amostra grande de homens de todas as regiões, idades e grupos étnicos (ver seção de Observações). Também usei uma vasta gama de métodos de pesquisa — como telefone, entrevistas pessoais e pela internet — com homens que haviam saído com minhas clientes ou homens aleatórios (por exemplo, homens foram abordados anonimamente em locais públicos). Também usei um pesquisador para fazer algumas das entrevistas, reduzindo qualquer "visão feminina preconcebida" que possa ter impedido os homens de serem sinceros com uma entrevistadora. A consistência das respostas em relação à variedade de histórias de vida, métodos de pesquisa e fontes ajudaram a me convencer de que os homens estavam sendo honestos e que seus motivos eram verdadeiros.

C) INCENTIVOS: Eu sou cuidadosa, então só para ter realmente certeza de que obtive respostas reais, eu ofereci aos homens o bom e velho suborno, dizendo: "Se você disser o que está *realmente* procurando" — isto é, do que não gostou nesta mulher em particular para não ter ligado de volta — "eu posso te apresentar a outra pessoa que atenda aos seus critérios." A maioria dos homens com quem falei ainda estavam solteiros, e eles gostaram muito dessa ideia. Embora eu realmente não tivesse uma solteira perfeita para cada um deles (e outros não valiam a pena para minhas clientes ou amigas!), apresentei mais de cem mulheres para meus entrevistados ao longo dos anos.

D) UM ESPAÇO PARA DESABAFAR: Os homens são apenas humanos! Depois de um encontro, principalmente quando ficam mais velhos, eles não saem correndo para o vestiário a fim de "contar vantagem" — na verdade, eles têm sentimentos sobre o encontro (não importa se foi bom ou ruim) e gostam de falar a respeito. Mas não fazem as mesmas fofocas pós-encontro que as mulheres costumam fazer. Por isso, eu me transformei num ombro para que eles desabafassem. E eles não só queriam falar sobre o que deu errado (ou certo) nos encontros, como acho que meu pedido de entrevista às vezes os lisonjeava ou reforçava a autoestima deles. Por mim, tudo bem. Eu estava obtendo respostas úteis, independente de quaisquer benefícios que eles pudessem conseguir depois.

E) SABER UM POUCO É MELHOR DO QUE NADA: É melhor ouvir o que os homens *realmente* têm a dizer do que não perguntar nada. Claro que houve alguns entrevistados que não queriam ou não podiam compartilhar seus problemas psicológicos profundos comigo numa Entrevista de Saída. Mas o que esses homens *realmente* compartilharam ainda foi útil e interessante, especialmente quando eu ouvia as mesmas respostas de homens diferentes. As questões relatadas — mesmo estando incompletas em alguns casos — ainda podem fornecer dicas úteis para melhorar seu próximo encontro.

F) FUNCIONA! O ponto principal aqui é: as Entrevistas de Saída funcionam! As clientes que levaram o feedback a sério relataram melhoras significativas na vida amorosa. Agora, muitas estão noivas ou casadas com homens maravilhosos. Elas fizeram ajustes simples — que *não* envolviam mudar de personalidade — e logo choveram ofertas de segundos e terceiros encontros. Mais encontros significam mais oportunidades de conhecer alguém melhor de verdade, visto que segundos encontros levam ao terceiro e quarto, e a muitos mais. Pela minha experiência, mulheres que se abriram para o processo da Entrevista de Saída logo encontraram o cara certo (ou mais candidatos a cara certo).

As três principais razões que levam as mulheres a *pensarem* que ele não vai ligar de volta

Antes de ligar para um homem a fim de fazer a Entrevista de Saída em nome de uma cliente, eu sempre pedia para a mulher tentar adivinhar o que *ela* considerava ser a razão principal para ele não ter ligado de novo. Como já mencionei, as mulheres estavam enganadas em *90% das vezes*. As respostas delas geralmente caíam em três categorias:

NÚMERO 1: FALTA DE SINTONIA

44% das mulheres acharam que a falta de sintonia era a culpada pelo sumiço do parceiro. Esse fator englobava várias desculpas: "Ele não estava pronto para compromisso naquele momento" (porque acabara de ficar solteiro, estava "galinhando", ainda estava a fim da ex ou era imaturo), "Ele estava enrolado no trabalho (ou viajando)" ou "Ele tinha outra prioridade na vida" (treinar para uma maratona, ser pai solteiro etc.).

NÚMERO 2: MEDO

21% das mulheres acharam o que o medo impedia o retorno. Esse motivo englobava várias desculpas: "Ele tinha medo de intimidade", "Ele tinha medo de se magoar de novo" ou "Ele ficou intimidado pelo meu sucesso (ou estilo de vida)."

NÚMERO 3: NÃO ESTOU NEM AÍ

13% das mulheres acharam que como *ela* não estava interessada num segundo encontro com *ele*, o homem captou isso durante o encontro e decidiu sair fora para não correr atrás de uma causa perdida.

OUTROS

Os outros 22% das mulheres deram declarações diversas, como: "Talvez ele estivesse saindo com outra pessoa", "A diferença de idade era grande demais", "Ele me achou gorda demais", "Ele não queria namorar uma mãe solteira" ou "Estou chocada: sinceramente pensei que ele me chamaria para sair de novo."

Uma mulher achou que o cara que não ligou de volta era um gay enrustido, mas quando falei com ele, o rapaz retrucou: "Ela era fanática por cachorros! Só falava do cachorro, tinha pelo na blusa, chegou a mostrar uma foto do bicho no iPhone e planejava uma festa de aniversário para ele." (Claro que o cara podia ser gay *e* ela ser fanática por cães — não faço ideia!)

Outro exemplo foi a mulher que pediu que eu perguntasse a seu melhor amigo por que ele geralmente arranjava namorados para outras amigas, mas nunca se ofereceu para arrumar um cara para *ela*. Relutantemente, ela achava que ele estava secretamente apaixonado por ela, embora ela não retribuísse o sentimento. Quando liguei para o rapaz, ele revelou que ela sempre falava dos homens "sexys e lindos" que gostaria de conhecer e, embora ele tivesse muitos amigos ótimos, nenhum deles seria escolhido para a capa da revista GQ. Por isso, ele supôs que ela não teria interesse em conhecê-los e nunca tentou bancar o casamenteiro para ela.

No geral, achei duas linhas de discussão ao longo dos palpites das mulheres sobre por que elas não receberam ligações de volta. Primeiro, os palpites delas soavam tão vagos quanto os que eu ouvia inicialmente dos homens. As mulheres não queriam ou não conseguiam apontar ocorrências específicas durante seus encontros que pudessem ter causado o desinteresse do homem. Claro que, no começo, alguns dos motivos citados por eles *realmente* falaram de falta de sintonia, medo ou um sentimento de "Não estou nem aí", mas quando fui retirando as camadas da cebola, raramente esse era o problema verdadeiro. Em segundo lugar, a maioria dos palpites femininos falava de motivos *além do controle delas*. Sim, às vezes isso acontece:

lembre-se de que 15% dos homens disseram que os motivos para não ligar de volta eram devido a algo além do controle da mulher, mas *85%* disseram que o motivo estava diretamente relacionado a uma pressão negativa causada por algo que ela disse ou fez. A boa notícia é que eu descobri que isso poderia muito bem ser controlado pela mulher, o que lhes dá poder. Ao saber como os homens percebem atos ou comentários aparentemente inocentes, as mulheres serão capazes de encontrar o parceiro certo quando ele finalmente aparecer.

CAPÍTULO 3

O que ele disse

Os dez principais fatores que acabam com um encontro *durante* o primeiro encontro

Este capítulo revela os fatores mais comuns citados pelos homens que acabam com um encontro *durante* o primeiro encontro e o que você deve fazer em relação a eles.

À medida que ler os motivos pelos quais os homens não ligaram de volta para as mulheres, lembre-se de que o objetivo aqui *não* é assustá-la a ponto de fazer você desistir de procurar alguém, pensar em zilhões de arrependimentos sobre o passado ou fazer você se sentir mal. De jeito nenhum. O objetivo é descobrir os fatos *ilusórios* que impedem os homens com quem você gostaria de sair de novo de conhecê-la de verdade.

Um dos principais dados obtidos nas minhas mil entrevistas é que se um homem não liga de volta, é porque ao final do primeiro encontro ele a considera parte de um estereótipo feminino desagradável. Ou seja, a mulher age de certa forma ou diz algo (os fatores que acabam com o encontro) que levam a esse estereótipo. Mesmo que todos nós saibamos o que significa a palavra estereótipo, vamos fazer uma pausa momentânea para realmente absorver esta definição: *um estereótipo é uma imagem padronizada, hipersimplificada e exagerada de um grupo* (como "todo jogador de futebol é burro" ou "os franceses são grosseiros com os turistas"). As pessoas usam estereótipos para catalogar rapidamente o mundo ao redor na ausência de conhecimento profundo. No mundo dos relacionamentos, os homens os usam para avaliar as mulheres considerando as informações limitadas que eles conseguem obter durante o primeiro encontro. Você sabe do que estou falando porque as mulheres também encaixam os homens em estereótipos no primeiro encontro. O fundamental aqui é reconhecer os estereótipos mais comuns que os homens associam a *você* com base em fatores aparentemente comuns que acabam com encontros, para que eles possam ser evitados da próxima vez.

Além disso, é importante lembrar que pelas razões descritas na seção O Novo Mundo dos Encontros, no Capítulo 1 (isto é: o fato de uma parceira melhor estar a apenas um clique do mouse de distância), os homens querem descartar, sem dar uma segunda chance. Por isso, estão excessivamente concentrados em determinar se você se encaixa num estereótipo feminino *negativo*. Escolhi os exemplos mais nítidos das minhas Entrevistas de Saída para ilustrar cada estereótipo, mas os utilizo a fim de generalizar o que *você* pode estar fazendo, mesmo que não seja de forma tão exagerada. Se você não se reconhecer na descrição preliminar de cada estereótipo, sugiro que continue lendo, pois o comportamento pode ficar mais claro. As perguntas do "Parece Familiar?" ao fim da seção são feitas como lista final para uma autoavaliação mais precisa.

Embora eu tenha enumerado os motivos dados pelos homens de acordo com sua frequência, a importância deles não está inerentemente relacionada à sua posição, e sim ao fato de descrever ou não o *seu* comportamento. Se um motivo no final da lista parece mais relevante para o seu estilo de encontros, então ele é o item *mais* importante no qual você deve se concentrar.

A seção de observações no final deste livro fornece os dados brutos das 4.152 razões dadas pelos mil homens para não terem ligado de volta para uma mulher.

RAZÃO NÚMERO 1 PARA ELE NÃO TER LIGADO DE VOLTA

A Chefona

"Mais parecia um jantar de negócios do que um encontro."
Carl, 28 anos, Filadélfia, Pensilvânia

"Já aturo muitas agressões no trabalho o dia inteiro. Quando chego em casa, quero estar com alguém mais carinhosa, mais protetora."
Jacob, 31 anos, Nova York, Nova York

"O jeito dela era de 'Tem de ser assim' em vez de 'Estou pensando em fazer assim, mas queria ouvir sua opinião'."
Kiran, 52 anos, Seattle, Washington

A principal razão que ouvi dos homens para não terem ligado de volta para uma mulher se resumiu a uma atitude: comportamento dominante. Muitos homens basicamente disseram que o encontro fracassou porque eles prefeririam contratá-la a namorá-la. Eles podem respeitar a inteligência e admirar as habilidades desse tipo de mulher, mas isso não significa necessariamente que estejam atraídos por ela. Eles não disseram que queriam alguém simples, carente ou descomplicada, mas não queriam se sentir tensos, menosprezados ou negligenciados em seus relacionamentos pessoais.

O termo "chefona" reflete aqui as atitudes masculinas que fazem certas mulheres *gostarem de arrumar discussão, serem competitivas, controladoras, não femininas, independentes demais, não protetoras* ou alguma combinação das características anteriores. Em outras palavras, algumas mulheres passam uma impressão "masculina". Claro que elas não usam os mesmos termos para descrever esse comportamento. Em vez disso, as mulheres podem se identificar de forma correta como *persuasivas, capazes, com jogo de cintura, organizadas, modernas, confiantes* ou *diretas.* Você diz "seis", ele diz "meia dúzia".

Essa é uma questão difícil para as mulheres contemporâneas, particularmente as que são bem-sucedidas na carreira, além de ter raízes na ciência comportamental: no fim das contas, homens e mulheres são bastante parecidos com o cachorro de Pavlov. Nós nos comportamos de acordo com as formas pelas quais somos recompensados. Se o cachorro de Pavlov aprendesse que receberia um biscoito canino toda vez que latisse, então ele passaria a latir bastante. No ambiente de trabalho, as mulheres (e os homens) são recompensados com promoções, bônus, elogios e respeito por assumirem o comando e serem competentes. À medida que as mulheres subiram na hierarquia corporativa, elas adotaram muitas características tradicionalmente masculinas a fim de serem bem-sucedidas, seja trabalhando no ramo financeiro, na área de direito, vendas ou organização de eventos. Não é fácil simplesmente desligar essa personalidade dominante ao sair do escritório. Mas isso tem um preço.

Um homem me disse que a maioria das mulheres que conhece hoje em dia prefere que ele "admire suas realizações em vez de sua bunda." Dê boas vindas às noções básicas de encontros. Se você escolhe o respeito profissional no lugar da luxúria, pode ter acabado de perder aquele segundo encontro. Eu digo que as Chefonas fazem parte da "geração cinderela": elas quebraram o teto de vidro, mas arrebentaram o sapatinho de cristal junto. Claro que isso é injusto. Felizmente, eu não acredito que sua única escolha seja entre uma grande promoção no trabalho e um encontro com aquele cara por quem você está louca. Conseguir os dois pode ser simples, basta ter ciência dos problemas e fazer alguns ajustes.

Embora seja difícil mudar a atitude de liderar, concentrar-se no ponto principal e planejar, é fundamental entender que, segundo os homens, a "imagem" da mulher que eles querem às oito da noite não é a mesma que desejam às oito da manhã. Ele não vai comprar rosas vermelhas para aquela colega incrível com quem trabalha o dia inteiro, discute a estratégia a ser usada com um cliente e que, na opinião dele, faria um excelente trabalho comandando a empresa. Ele diz que não fica intimidado por ela (mas talvez fique, na verdade) e que realmente a respeita. Muitos homens simplesmente não conseguem imaginar como seria encontrar uma mulher como essa (ou, mais precisamente, o *estereótipo dessa mulher*) ao voltar pra casa após um longo dia de trabalho. Na verdade, quando se trata de profissões, 44% dos homens que consultei em outra pesquisa pela internet responderam que a primeira escolha profissional de uma mulher

> A questão não diz respeito ao que você é ou não é em sua essência, mas sim àqueles comentários ou atos triviais que a estão descartando da lista dele antes que seja possível conhecê-la e gostar de você.

deveria ser "professora".* Lembrando que a pesquisa foi feita em 2008, não em 1950!

Ao longo de minhas entrevistas, a maioria dos homens disse claramente que queria uma mulher inteligente e bem-sucedida com quem eles poderiam ter conversas interessantes. Não era o cargo dela no trabalho que pesava na balança para decidir se ia ligar de volta ou não, mas sim se ela parecia ou não ter um *comportamento não agressivo* — pelo menos até onde eles puderam perceber num primeiro encontro de uma ou duas horas. Esse espaço de tempo é fundamental porque, no fim das contas, a questão não diz respeito ao que você é ou não é em sua essência, mas sim àqueles comentários ou atos triviais que a estão descartando da lista dele antes que seja possível conhecê-la e gostar de você.

Você é a Chefona?

A Chefona engloba seis categorias de comportamento, conforme mostrado a seguir. Embora algumas se sobreponham, cada uma delas tem diferenças sutis. Alguma descrição a seguir bate com você, mesmo que só um pouquinho?

---

*Veja a seção de Observações sobre a pesquisa feita no site Craigslist.

GOSTA DE ARGUMENTAR

Paul, 28 anos, negociador de arte de Miami, Flórida, disse: "As mulheres acham que precisam *provar* que são mais inteligentes do que eu para serem levadas a sério." Muitos homens se mostraram frustrados por não conseguirem achar uma mulher que os desafiasse intelectualmente sem intimidá-los. Os sentimentos que ouvi várias vezes era que eles *realmente* querem ouvir o que sua parceira pensa, mas desejam uma troca de ideias divertida e inteligente em vez de uma discussão acalorada.

Scott, 41 anos, médico de St. Louis, Missouri, reclamou de um encontro em que ele se sentiu "a noite inteira como se ela estivesse treinando para um debate. Era ponto e contraponto a noite toda." Ele deu um exemplo sobre ler o cardápio no restaurante a fim de escolher um petisco para dividir. Scott disse que não gostava de curry, e ela atirou de volta: "Quem não gosta de curry? Como você pode não gostar de curry?"

Ele disse ainda que o fato de ele não gostar de curry foi discutido por alguns minutos e ela "retrucava de forma desafiadora" todas as respostas dele, citando fatos sobre tudo, de conteúdo nutricional a pais que não forçam os filhos a experimentar novos alimentos. Não é que ela argumentasse em tom agressivo, explicou ele, é que com o tempo isso se tornou cansativo. Ele suspirou: "Poxa, bastava dizer 'Tudo bem, você não gosta de curry, então vamos dividir outro petisco?' Isso não era motivo de confusão, e como eu havia saído com outra mulher mais fácil de lidar naquela mesma semana, quando a questão do curry desandou o encontro, eu imediatamente comecei a desencanar."

Aposto que a parceira do Scott achou que estava brincando ou apenas "treinando" para provar que podia atender aos requisitos que, segundo ela, os homens desejavam em termos de desafio intelectual. Surpreendentemente, porém, discussões triviais ou mundanas como essas podem ser interpretadas pela mente masculina como sintomas de um problema maior. Scott me contou outros dois exemplos similares ao problema do curry naquele encontro e, em última instância, admitiu tê-la rotulado como "alguém que gosta de discutir tudo".

Bart, 28 anos, acessor político de Washington D.C., descreveu seu encontro com Holly, uma de minhas clientes. Ela era tudo que ele procurava... até o clima do encontro ter ido para o espaço. Enquanto eles faziam piadas sobre os pais, ele contou que a mãe era dona de casa. De acordo com ele, o sorriso da Holly sumiu de imediato e ela alertou: "Cuidado... Você está lidando com um assunto complicado. Torço para que você não deseje que *sua* esposa fique em casa com os filhos, pois eu amo meu trabalho e pretendo continuar trabalhando depois de começar uma família." Bart disse que a discussão ficou séria enquanto eles mostraram suas visões sobre mulher, trabalho e família. Ele disse que estava aberto ao que sua futura esposa quisesse fazer. Ela rebateu alegando que ele pode dizer isso *agora*, mas provavelmente voltaria ao modelo tradicional com o qual fora criado. Holly era "meio combativa". Ele disse que não se sente atraído por esse tipo de mulher. Quando dei esse feedback à Holly, ela respondeu com um curto e grosso: "Ah, o ego dele era muito frágil." Mesmo assim, disse que esperava vê-lo de novo. Minha observação é que era cedo demais para saber se ele tinha um ego frágil ou não. Se eles tivessem se conhecido melhor em encontros posteriores, poderiam ter avaliado seus pontos de vista de forma mais precisa e *a partir dessas informações* tomariam uma decisão mais ponderada sobre qualquer potencial de relacionamento futuro.

COMPETITIVA

Algumas histórias que ouvi sobre a Chefona em encontros tinham algo de competitivo. As mulheres que se encaixavam nesta categoria eram levemente diferentes das que gostavam de discutir tudo (que pareciam discutir para provar seu conhecimento ou inteligência), porque queriam "vencer". Não importa se tentavam vencer uma disputa velada de quem conhece mais pessoas importantes em Manhattan ou quem sabia mais sobre vinho ou quem dormia menos após uma festa que varou a noite. Era aquele tipo de mulher que sempre tem uma história melhor que a sua para contar. Os homens me disseram que quando uma mulher tentava superar seus comentários ou histórias, isso gerava um instinto competitivo em vez de sensação romântica. Eles não pensam "Que impressionante!" nem dizem "Ah, que gracinha, perdi feio para ela no boliche!". Claro que ouvi algumas histórias sobre encontros onde o homem não gostava de perder na quadra de tênis, no campo de golfe, nem no videogame, mas essa é uma velha lição que a maioria de nós já sabe: deixe-o ganhar um pouco para amaciar-lhe o ego.

Num nível básico, mulheres competitivas foram descritas como mais concentradas em *vencer* a discussão do que em serem transigentes e agradáveis (características consideradas ideais numa parceira de longo prazo). Essa competitividade aparecia de formas sutis. SekouWrites (seu nome real, que tive permissão para usar e, sim, é uma palavra só) é um escritor nova-iorquino de 36 anos que contou a história de uma mulher que considerou competitiva quando eles estavam apenas tentando decidir onde se encontrar. Ele conheceu Alma no lançamento de seu livro no Brooklyn e ficou muito atraído por ela. Quando ligou para confirmar a hora e local do primeiro encontro, Alma disse que tinha uma reunião naquele dia que começaria às cinco da tarde e levaria duas horas, e perguntou se ele poderia encontrá-la no escritório às sete da noite. Ele disse: "Ih, às vezes essas reuniões acabam tarde, então por que você não me liga quando terminar e eu pego você? Estou só a dez minutos de distância." Ela retrucou: "O que há de errado com o *meu* plano? Acho que vai ser melhor se você chegar às sete da noite. Eu estarei pronta."

Não é que tenha detestado a ideia da Alma, ele estava apenas tentando planejar a melhor forma possível de organizar a noite. Mas eles discutiram por vários minutos sobre a logística de onde e quando se encontrar. Embora a descrição dele certamente tenha traços da mulher "que gosta de discutir tudo", Sekou-Writes enfatizou sua impressão de que "ela só queria 'ganhar a briga'". Segundo o escritor, Alma tentava soar "brincalhona", mas a voz parecia a de uma criança provocando no recreio da escola: "O meu plano é melhor que o seu!" No fim das contas, eles se encontraram às 19h no escritório dela, mas ele ficou exageradamente sensível a certos comentários pelo resto da noite. Quando ela disse "Vamos caminhar em vez de pegar um táxi" ele interpretou como "Eu sei o que é melhor!". Admitiu que provavelmente a estava julgando muito, mas, mesmo assim, não queria um segundo encontro.

Diversas vezes ao longo de minhas entrevistas, eu notei que quando um cara percebe um vestígio de algo que não goste, ele começa a procurar outras evidências para confirmar a hipótese inicial. E, claro, sempre encontra. Quem procura acha.

Jake, 26 anos, engenheiro mecânico de Sacramento, Califórnia, tinha outra história para ilustrar um comportamento parecido. Ele recordou-se de uma noite com uma mulher chamada Carla para quem nunca ligou de volta. Eles foram apresentados por uma amiga em comum durante um jantar. Ela tinha dado a entender para Jake e Carla, separadamente, que eles poderiam gostar um do outro. Jake considerou o jantar na casa da amiga como o primeiro encontro deles e estava ansioso para conhecer Carla, já que sua amiga a havia descrito como bonita, delicada e ousada. Quando eles se conheceram naquela noite, tiveram uma conversa casual antes de sentarem-se à mesa com o grupo. Ele pensou: "Essa mulher tem potencial." Como a festa era pequena, a maioria das conversas acabavam envolvendo o grupo todo. Num momento o assunto chegou ao aquecimento global e a situação ficou imprevisível quando um cara declarou não acreditar na existência da crise ambiental. "Você não viu o filme do Al Gore?", perguntou Carla. "Claro", retrucou o outro cara, "e achei ridículo". Carla não deixou por menos: "Bom, eu vi o filme três vezes e um dos cientistas citados pelo Gore foi meu professor em Yale. Posso dizer que seus dados são sólidos e confirmados por cientistas ganhadores do Prêmio Nobel." "É tudo propaganda política", contra-argumentou o cara do outro lado da mesa.

As farpas voaram entre os dois por vários minutos. Ao observar Carla duelar na mesa com seu "adversário" naquela noite, Jake achou que ela se importava menos em compartilhar seu ponto de vista e mais com quem tinha mais informações e em "ganhar aquele *round*". Ele admitiu que o outro cara fez comentários inflamados, mas era Carla quem ele observava de perto. Ele queria uma mulher capaz de compartilhar suas ideias, mas que soubesse se esquivar com classe quando confrontada por um cretino. Segundo ele, o estilo dela o fez "se encolher de medo na cadeira". Além disso, "Ela era competitiva, agressiva, sempre tentava ficar por cima do outro cara. Essa abordagem é ótima se ela for minha advogada na hora do divórcio, mas quem quer isso numa namorada?"

CONTROLADORA

Por ser bem-sucedida na carreira, a Chefona geralmente gosta de estar no controle. Ela está acostumada a assumir o comando. Mas quando essa qualidade se sobressai durante um encontro, pode ser um fator que cause o desinteresse dele, pelo menos no começo. Mais tarde, quando duas pessoas conseguem se conhecer melhor, elas tendem a se adaptar a um ritmo em que uma pessoa tome mais decisões, ou pelo menos certos tipos de decisão, de modo que as escolhas diárias do casal não se transformem em lutas pelo poder. Mas como a maioria dos caras estão acostumados a fazer tudo do jeito deles (não importa se têm 22 ou 72 anos), ficam furiosos com mulheres que consideram controladoras demais num primeiro encontro.

Quero reiterar algo importante aqui: no primeiro encontro, não importa o quanto você realmente *é* ou *não é* uma "pessoa controladora" ou mesmo se você tem quaisquer outras características negativas (todos nós temos). E não, não estou sugerindo que você o leve a pensar que é alguém diferente do que realmente seja. Mas se o cara a *perceber* como controladora no primeiro encontro, minha pesquisa indica que ele não vai chamá-la para sair de novo. Caso encerrado. Mas isso não significa que uma relação com a "verdadeira você" não fosse fazê-lo feliz (e a você também), mesmo se você realmente for "controladora".

Quando um homem consegue conhecê-la melhor mais tarde, há uma boa chance de que o estilo rotulado por ele como "controladora" no primeiro encontro seja visto como "organizada" ou "direta" quando equilibrada por todas as outras qualidades maravilhosas que ele vê em você. Com o tempo como aliado, ele a verá de outra maneira. À medida que vocês saem e passam a se conhecer, vão descobrir se têm ou não afinidade. Talvez a sua natureza controladora seja um problema na sua dinâmica como casal, talvez não. O objetivo é evitar que a reação automática dele a um estereótipo negativo estrague um relacionamento que poderia ser sensacional, se fosse desenvolvido.

As dicas que apontam que uma mulher é controladora costumam girar em torno de eventos surpreendentemente mundanos durante um encontro, como abrir um guarda-chuva ou até mesmo encher a máquina de lavar louças. Ryan, 26 anos, gestor de fundos de cobertura de Newark, Nova Jersey, contou que estava chovendo quando conheceu Tina. Eles se encontraram no apartamento dela e planejaram andar até um café das redondezas para tomar um drinque. Ele se esqueceu de levar um guarda-chuva, mas felizmente Tina tinha um sobrando. Enquanto desciam no elevador, ela fez uma infinidade extenuante de comentários: "Aqui está o guarda-chuva... Não, não abra agora... Ponha no bolso do casaco..." Ryan riu ao recordar a história: "Eu a conhecia há menos de cinco minutos e ela já estava mandando em mim!" Ele disse que recebe ordens o dia inteiro do chefe, por isso quer algo diferente nos fins de semana. Quando eu me mostrei surpresa pelo fato de poucas palavras ditas num elevador terem determinado o resultado da noite, ele disse: "Olhe, isso em si não foi nada demais, mas me fez prestar atenção no assunto, e depois de outras atitudes parecidas que ela teve durante o encontro... Bom, eu saio com um monte de garotas ótimas, então simplesmente parti para outra."

Outro homem que entrevistei, John, 37 anos, executivo de publicidade de Berkeley, Califórnia, contou uma história sobre Shauna. Ele havia gostado dela de cara, pois ela parecia afetuosa e inteligente, e eles tinham a mesma paixão peculiar por fazer maratonas de Palavras Cruzadas. O clima estava cada vez melhor entre eles, e, ao final do primeiro encontro, ela o convidou para jantar em seu apartamento. O segundo encontro começou bem, exceto por ele ter observado que ela era muito certinha com determinadas atitudes. Começou sendo algo insignificante, que não o incomodou logo de cara, mas situações foram se acumulando: ela pediu que ele tirasse os sapatos antes de entrar, alertou que ele deveria colocar o CD de volta na capa depois de ouvir e sugeriu (duas vezes) que ele deixasse o vinho respirar antes de servir. Após o jantar, eles jogaram Scrabble e depois se beijaram apaixonadamente no sofá até 1h da manhã. Por fim, ela disse que estava tarde. Ele ainda pensava em chamá-la para sair de novo àquela altura e se ofereceu para ajudá-la a colocar os pratos na máquina de lavar louças antes de sair. Ela abriu um largo sorriso e disse: "Obrigada, eu vou adorar se você fizer isso."

Mas bastaram dois minutos para tudo mudar: Shauna disse que ele tinha arrumado a louça na máquina incorretamente, colocando uma panela pesada de ferro na prateleira mais alta, perto das taças de vinho, com o risco de quebrar o material mais frágil. Ela correu e arrumou tudo "corretamente". Segundo ele, "Era preciso ser muito controladora para se importar com a forma de encher a lava-louças... Ela deveria ter se importado mais com o fato de eu ter me oferecido para ajudá-la". Embora ele tivesse sorrido na cozinha e murmurado um "Ah, claro. Desculpe", o comentário sobre a disposição das louças na máquina reforçou o estereótipo de "controladora" que começara a se formar anteriormente. Ele me disse: "Não preciso aturar isso pelos próximos cinquenta anos."

Quando Shauna e as amigas discutiram depois em suas análises pós-encontro os motivos pelos quais ela nunca mais teve notícias de John, tenho certeza de que a máquina de lavar louças jamais foi citada!

NÃO FEMININA

Homens heterossexuais, por definição, sentem-se atraídos por mulheres, não por homens. Isso pode parecer óbvio, mas hoje em dia a fronteira entre o masculino e o feminino está bastante tênue. Alguns homens compartilharam alguns comentários ou gestos feitos pelas mulheres que os levaram a achar que estavam no trabalho com os amigos. Harlan, 29 anos, advogado em Hanover, Nova Hampshire, citou uma mulher com quem conversou uma vez num *happy hour*. No fim da noite, ela pediu o endereço de e-mail dele e sugeriu que mantivessem contato pelo LinkedIn. Ele respondeu que o LinkedIn é uma rede social de negócios, não uma rede social de lazer como o Facebook, e isso o fez pensar que a ligação deles era profissional em vez de um flerte. Quando eu o pressionei para saber mais ("Esse foi o *único* motivo para não ter gostado dela?"), ele lembrou-se de que o comentário do LinkedIn era consistente com outras observações que ele fizera sobre a moça: ela vestia um terninho social, não usava joias ou bijuterias e usava cabelo curto. Ele a achou inteligente, mas não se sentiu atraído devido à impressão masculina que ela lhe passou.

Owen, 32 anos, consultor empresarial de Charlotte, Carolina do Norte, lembrou-se de ter pedido o telefone de uma mulher e recebido um cartão de visita. Ele supôs que ela não queria nada pessoal, jogou o cartão na gaveta e não a chamou para sair. Mas, de fato, mencionou que algum dia poderia ligar para contratá-la (ela é corretora de imóveis). Ele disse que achava "mais feminino" quando uma mulher escrevia o telefone num guardanapo ou pedaço de papel com "letra de menina", e ainda mais fofo se ela pedisse o celular e digitasse o número no aparelho dele. Assim ele saberia que a ligação era pessoal, não profissional.

Outros homens descreveram como "masculinas" mulheres que andavam com passos largos, rápidos e decididos quando entravam num restaurante ou mesmo na calçada, ou as que tentavam chamar o táxi em vez de deixar isso a cargo do homem, ou mulheres que usam frases como "O ponto principal é o seguinte..." A linguagem de negócios soa especialmente masculina e apaga a chama do flerte para muitos homens. Carl, 28 anos, arquiteto da Filadélfia, Pensilvânia, resumiu um encontro desta forma: "Falamos muito de trabalho, pois somos da mesma área... A conversa ficou muito profissional. Parecia mais um jantar de negócios do que um encontro."

Cameron, 51 anos, bancário de Minneapolis, Minnesota, inicialmente alegou não saber por que não tinha ligado de volta para Carol, apenas suspirou: "Simplesmente não havia química." Eu sondei: "Quando você concluiu que não estava atraído por ela? Você se lembra da sua reação inicial quando a viu?" Ele finalmente revelou que quando chegou à Starbucks para o encontro, Carol já estava sentada e falando ao celular. Ela deu um meio sorriso, reconhecendo que ele estava ali, e sussurrou: "Você me dá um segundo?" Rapidamente voltou para a ligação e começou a dar ordens, supostamente para que a secretária depositasse dinheiro na conta de um cliente. O tom formal de negócios durante a ligação o fez pensar que estava de volta ao escritório. Ele não conseguiu tirar a impressão corporativa quando ela desligou e nem chegou a sentir uma chama se acender entre eles. A atração física é efêmera: bastam poucos gestos ou comentários relacionados ao trabalho para acabar com o clima romântico.

A roupa também teve papel importante. Talvez não seja surpresa alguma, mas a maioria dos homens ainda é antiquada ao dar uma resposta positiva inicial às roupas femininas. Não estou sugerindo às mulheres que vistam uma anágua e carreguem uma sombrinha, mas a verdade é que estamos lidando com reações rápidas e instintivas — pense nos homens das cavernas! Quando algum homem contava uma história sobre uma Chefona nas entrevistas por telefone, eu perguntava se ele podia dizer o que a parceira vestia. Como era de se esperar, muitos não faziam ideia, mas eles lembravam se ficaram atraídos por ela ou não. As roupas provavelmente faziam parte daquela lembrança, quer os homens tenham notado isso conscientemente ou não. Por isso, continuei com a pesquisa pela internet e perguntei mais especificamente: "O que você gostaria que uma mulher vestisse num primeiro encontro para ser classificada como tendo potencial de longo prazo?" Indiscutíveis 68% das respostas envolviam saia ou vestido. Notavelmente ausentes estavam calças sociais (e uniformes militares!). Comentários sobre "jeans sexy" somaram apenas 17% das respostas. Um homem resumiu tudo: "Se você é mulher, então deve se vestir como mulher!"

Certamente o valor do que é feminino ou sexy varia de acordo com o indivíduo ou a idade, mas o tema de "se vestir como mulher" e evitar passar uma impressão de negócios se destacaram.

INDEPENDENTE DEMAIS

Este é um mantra popular que ouvi de muitas solteiras: "É assim que eu sou. Não vou fingir ser outra pessoa. Quero um homem, mas não *preciso* de um." A minha reação é sempre: "Claro que não!" Mas com esse mantra vem uma atitude inflexível. E como será que os homens respondem a isso, seja o mantra verbalizado ou apenas uma intuição? Eles ficam empolgados tentando correr atrás dela para conquistá-la e provar que a querem exatamente como ela é? Não. Os homens me disseram que essa atitude causa rejeição, e eles podem detectá-la de cara. Mateo, 45 anos, advogado que mora na cidade de Nova York, disse: "Eu não quero uma donzela em apuros — não quero salvar ninguém — mas seria legal me sentir necessário de vez em quando." Outro homem, Jay, 23 anos, assistente de produção de cinema de Los Angeles, Califórnia, contou sobre o dia em que foi buscar uma garota e, quando ela entrou no carro, não afivelou o cinto. Ele sugeriu que ela o fizesse e tentou brincar dizendo: "Aperte os cintos para sua segurança!" Ela virou-se para ele e disse num tom gélido: "Posso decidir quando afivelar o cinto." Segundo Mateo: "Pois é, isso me deu vontade de cobri-la de beijos, não é?"

Garrett, 39 anos, administrador de capitais de risco de Atlanta, Geórgia, foi um dos cinco homens para quem liguei numa série de Entrevistas de Saída para uma de minhas clientes particulares, Claire. Seguindo meu protocolo padrão, antes de começar o processo, eu pedi à Claire que adivinhasse o motivo pelo qual cada um dos homens não havia ligado de volta. Ela especulou que Garrett especificamente a rejeitou por ela ter falado sobre seus estudos da Bíblia, pois ele revelou não ser muito religioso. Em vez disso, porém, Garrett me contou "a história da lula cozida". Ele levara Claire a seu restaurante de frutos do mar favorito e sugeriu que ela pedisse lula cozida para começar. Claire fechou a cara, então Garrett disse: "Ah, você não gosta de lula cozida?" Ela respondeu: "Na verdade gosto, mas é que prefiro escolher por mim mesma." Uma semana depois, quando passei o feedback acumulado de todas as entrevistas para Claire, relatei que quatro dos caras com quem ela tinha saído basicamente disseram que ela se mostrou independente e inflexível demais. Eu recontei alguns exemplos, inclusive a história da lula cozida (com a permissão de Garrett). Claire alegou que a história dele não era verdadeira. Ela se lembrava dessa discussão, mas disse ter falado: "Eu gosto de lula cozida, mas o camarão também parece bom." O que realmente foi dito não importa. O fato é que Garrett construiu seu raciocínio em cima de um acúmulo de "impressões" passadas por ela e do aparentemente pouco diálogo que eles tiveram. Nas palavras dele, "Ela era independente demais e provavelmente uma daquelas feministas radicais". Ele perdeu o interesse em continuar correndo atrás dela.

NÃO É PROTETORA

Uma impressão comum sobre a Chefona é que ela não é uma pessoa protetora. E, no fim das contas, se um homem pensa num possível relacionamento de longo prazo com alguém, ele avalia o tipo de mãe que ela será. A maioria dos caras não diz isso explicitamente, mas após todas as entrevistas, ficou claro pelas histórias que eles contaram que essa avaliação (justa ou não) acontece mais do que você imagina. Vejamos o caso de Mitch, 38 anos, vendedor de produtos médicos de Boston, Massachusetts, que é um exemplo típico.

Mitch estava cansado de namorar e queria achar um relacionamento que pudesse levar ao casamento. Uma vez ele teve um ótimo encontro com uma mulher chamada Audrey, e eles acabaram no apartamento dela no fim da noite com uma garrafa de vinho. À medida que eles conversavam, Mitch notou um cachorrinho rondando o apartamento, que, segundo ele, Audrey ignorou logo após uma breve apresentação ("Ah, esse é o Rex, meu cachorro...") Na hora seguinte, ele a observou e não conseguia parar de pensar "Se ela trata o cachorro assim — ignorando totalmente o pobre bichinho, que estava com a tigela de água vazia, e sem brincar com ele — imagina como trataria os filhos!" Ele nunca mais ligou para ela. Meu palpite é que

Audrey ama o cachorro e se ela é como todos os donos de cachorro que conheço, faz tudo por ele o tempo todo. Ela provavelmente estava tentando dar toda a atenção para Mitch naquela noite. Isso me pareceu injusto, mas foi o que fez com que ele decidisse não ligar para ela de novo. Após ouvir diversas variações sobre a percepção de Mitch durante a minha pesquisa com outros homens, a mensagem ficou bem clara: se um cara quer compromisso sério, ele vai monitorar pequenos detalhes a seu respeito para tentar saber o tipo de mãe que você será para os futuros filhos dele.

Zachary, 31 anos, médico de Irvine, Califórnia, lamentou que a mulher fantástica com quem saiu uma vez não era protetora. No contexto de uma discussão sobre o documentário de 2002 que ambos viram chamado *Searching for Debra Winger*, ela disse: "Eu amo minha carreira e não quero filhos tão cedo." Ele se perguntou quanto seria esse "tão cedo" (Dois anos? Dez anos?) e se ela *algum dia* ia querer ter filhos. Zachary admitiu que talvez ela não quisesse gerar uma pressão para acelerar o relacionamento e pode ter dito isso em benefício *dele*. Mas se foi verdade, o tiro saiu pela culatra. Talvez ela realmente não quisesse filhos tão cedo, então eles não dariam certo mesmo. Mas Zachary queria encontrar uma mulher com quem pudesse se casar e começar uma família, então ele se mandou após ela ter enfatizado o lado profissional.

A questão não é apenas se seu comportamento ou suas palavras parecem protetores ou não, mas a sua profissão também ajuda a criar impressões nos homens no primeiro encontro. Após minha pesquisa na internet ter revelado "professora" como a profissão preferida para alguém com potencial de futura esposa, as preferências mais populares depois dessa foram "enfermeira" e "chef". Todos esses papeis refletem estereótipos ligados à proteção e cuidado. Além disso, alguns homens mencionaram claramente nas entrevistas por telefone: "Eu jamais namoraria uma advogada" ou "Não quero ninguém com MBA, obrigado!" Andy, 36 anos, corretor de ações de Dallas, Texas, contou sobre uma mulher com quem saiu: "Ela era totalmente voltada para a carreira, mas estou procurando uma mulher que tenha uma carreira e ponto final."

Sim, tudo isso também me irrita (especialmente a parte do MBA!), mas lendo nas entrelinhas, eu não concluí que os homens estavam interessados em namorar apenas mulheres de determinadas profissões. Claro que uma advogada corporativa, por exemplo, pode ter um casamento tão maravilhoso quanto o de uma professora. Eu não acho que esses homens realmente queriam dizer o que disseram ou que queriam carreiras específicas, mas em vez disso, eles queriam o estereótipo inicial de uma mulher protetora, carinhosa, generosa e paciente.

PARECE FAMILIAR?

Você pode não ter notado as semelhanças entre as histórias sobre a Chefona contadas até aqui com o seu estilo de vida, visto que nem sempre é fácil se reconhecer nas histórias alheias. Por isso, use as perguntas de autoavaliação a seguir para verificar se os homens estão estereotipando você como a Chefona antes de começarem a conhecê-la de verdade.

No trabalho...

- ❑ Você chama a atenção para si quando entra numa sala?
- ❑ Você descreveria seu ambiente de trabalho com a seguinte frase: quanto mais você luta para conseguir algo e mais durona você é, maior é o seu sucesso?

- Em avaliações de desempenho ou feedbacks casuais de colegas de trabalho, você já ouviu:

  "Admiro a forma como você luta pelo que acredita!"

  "Estou feliz por ter você na *minha* equipe; seria horrível se eu estivesse do outro lado!"

  "Nós adoramos a sua persistência!"

  "Você fez parte do grupo de debates na escola?"

COM OS AMIGOS E A FAMÍLIA...

- Alguém já lhe disse "Você seria uma ótima advogada"?
- Você é a pessoa que sempre organiza os planos para uma saída em grupo?
- Você já usou a frase "Quer apostar?"?

NUM ENCONTRO OU COM UM NAMORADO ANTERIOR...

- Às vezes você vai encontrar um cara direto do trabalho, sem passar em casa para trocar de roupa?
- Algum homem já lhe descreveu como "desafiadora" ou "durona"?
- Algum homem já lhe disse "Poxa, não fique tão na defensiva" ou "Não foi bem isso que eu quis dizer..."?

SUA FILOSOFIA PESSOAL...

- Você acredita que está sempre certa?
- Você tem orgulho por não deixar ninguém se aproveitar de você?
- Você pensa "Sou muito independente. Gostaria de ter um namorado, mas não preciso de um"?

Se você respondeu sim a mais de cinco perguntas, então pode ser considerada (ou erroneamente considerada) como Chefona. Não há duvida de que você é inteligente, bem-sucedida e admirada, e claro que você não deve mudar sua essência. Mas pode pensar em ajustar o que você diz e faz num primeiro ou segundo encontro. Os homens que não sabem o quanto você é sensacional podem achar que você é a Chefona e perder a chance de conhecê-la melhor nos próximos encontros.

E agora? O que você precisa fazer?

Durante a minha pesquisa, muitas histórias me fizeram pensar inicialmente se era melhor que alguns caras soubessem logo no começo que uma mulher — uma mulher hipotética (certamente não seria eu e nem você!) — gosta de discutir, é controladora ou competitiva para não perder tempo numa relação fadada ao fracasso. Mas de repente eu percebi que também sou Chefona! Espero que meu casamento não vá para o espaço por isso. Sou controladora e gosto de discutir tudo, só para citar algumas das minhas qualidades adoráveis. A carapuça serviu lindamente. Ainda assim, meu marido parece muito feliz no casamento. E eu certamente não escondi minha personalidade dele 24 horas por dia, 7 dias por semana por 16 anos. Um dia, eu perguntei a ele sobre isso, e a conversa foi mais ou menos assim:

EU: Eu sou meio controladora e gosto de discutir tudo, não é?

ELE: (rindo) Isso é um teste?

EU: Não, não... Eu só estou curiosa.

ELE: Então sim, *claro que você é...* Por quê?

EU: Você está feliz sendo casado comigo, certo?

ELE: Com certeza.

EU: Então o que há de errado com você? Quer dizer, como você pode ser feliz se eu não sou exatamente uma pessoa tão doce quanto um quilo de açúcar? [*Não foi a melhor metáfora do mundo, mas foi o que saiu na hora*]

ELE: Porque eu te conheço muito bem. [*Ficou quieto por um instante, depois sorriu para mim*] Eu fico com as partes boas e as ruins... Acho que no geral, há mais partes boas do que ruins.

Ninguém é perfeito. É por isso que eu acredito fortemente que o objetivo do primeiro encontro deve ser apenas estimular um homem (supondo que ele não seja um ogro) a chamá-la para sair de novo. Assim, vocês se conheceriam melhor e poderiam começar a ver o pacote completo. Este pacote completo é provavelmente a razão pela qual as pessoas dizem "na alegria e na tristeza" no casamento.

Se você tem tendências que podem levá-la a ser considerada Chefona, aqui estão seis sugestões para ajudá-la a suavizar a imagem e permitir que *você* escolha quando um segundo encontro acontecerá ou não.

1) MUDE A IMAGEM QUE VOCÊ PASSA

Algumas das percepções negativas que um homem tem sobre a Chefona são reações ao jeito de falar e agir, não necessariamente à personalidade em si. A diferença é fundamental porque há algo que você pode fazer em relação a isso (e vai *querer* fazer algum dia, se encontrar um cara em quem você estiver realmente interessada). Basta fazer seus comentários numa abordagem mais suave em vez de asserções combativas, fazendo provocações engraçadas tomarem o lugar da conversa seca e corporativa.

A Chefona "boa" aparenta ser direta, verdadeira e confiante, enquanto a "malvada" parece exigente, grosseira e arrogante. Não é fácil conseguir o equilíbrio certo. Ele diz que não quer alguém independente demais, mas também não quer uma mulher carente ou grudenta. Ele não quer alguém que goste de discutir sobre tudo, mas se você concordar com tudo o que ele diz, vai ser tachada de entediante.

Veja um exemplo daquele jantar mencionado anteriormente, quando Jake observou Carla discutir agressivamente sobre o aquecimento global. Como os homens dizem que querem uma mulher capaz de conversas interessantes, mas não deram os detalhes, como ela poderia ter dado suas opiniões de outra forma? Elegantemente, dizendo ao outro convidado: "Não importa quem está certo, tudo o que eu sei é que é ótimo ver esse tema gerar tanta discussão..." e depois mudar de assunto. Com um comentário assim, não há vencedores ou perdedores no debate. Carla não escondeu sua identidade para conseguir um homem. Em vez disso, ela saiu por cima da situação.

Ajustar seu estilo de conversa de combativo e defensivo para elegante e com um tom de flerte vai levar um bom tempo. Tente salpicar seu diálogo com palavras que amenizem e denotem humildade, como "eu acho", "talvez" ou "às vezes", de modo a permitir espaço para discordância e não soar agressiva. Rick, 47 anos, gerente de marketing de Newport Beach, Califórnia, define desta forma: "Quero que minha futura esposa tenha opinião própria, mas fique ao meu lado. Eu não quero que ela concorde com tudo o que eu diga, mas se ela for do contra o tempo inteiro, vai parecer que somos adversários em vez de parceiros." Ou seja, não custa nada ter um pouco de sutileza.

2) INVENTE BRINCADEIRAS

Outro desafio é tirar o "clima de jantar de negócios". Para isso, basta pegar uma pergunta comum em encontros como: "E então, você trabalha em quê?" Contar seu histórico profissional atual e pregresso é uma conversa comum para se conhecer alguém, mas da próxima vez tente algo diferente. Em vez de fornecer de imediato seu cargo e um resumo do currículo, tente responder a essa pergunta seca com um jogo de adivinhação divertido e com tom de flerte, ou mesmo acrescentando uma história engraçada sobre algo que lhe aconteceu no trabalho. Obviamente, deve-se tentar interpretar a reação do cara enquanto faz isso para garantir que você não está sendo chata, mas é possível se sair com algo do tipo (seja pessoalmente ou por e-mail):

ELE: E então, você trabalha em quê?

ELA: Eu vou contar como é o meu dia e veja se você consegue adivinhar minha profissão: meu escritório sempre tem um perfume ótimo. Quando os clientes chegam, eles geralmente têm problemas ou dores. Não sou médica, mas uso ferramentas esterilizadas. Meus clientes são profissionais estressados e mulheres que não conseguem engravidar. Quando eles saem, estão geralmente mais felizes e esperançosos.

ELE: (*sorrindo*) Hmmm.... Você é uma excelente funcionária de Recursos Humanos com um vidro de Valium?

ELA: Não, tente de novo.

ELE: Eu estava pensando em massagista, mas para isso você não usaria ferramentas esterilizadas, não é?

ELA: Não.

ELE: Então pode ser um tipo de terapeuta... Psicóloga, talvez? Mas eu realmente não consigo imaginar quais seriam as ferramentas.

ELA: Opa, chegou perto. Eu sou um tipo de terapeuta: sou acupunturista!

ELE: Nossa, que bacana!

ELA: É, e você não vai acreditar no que me aconteceu outro dia...

Esse formato de jogo de adivinhação gera uma brincadeira mais intrigante do que o típico discurso "o que eu faço da vida" que você ouve na maioria dos primeiros encontros. Mas prepare o jogo com antecedência, pois pode ser difícil criar pistas espertas na hora. E, por favor, nem *todo* tipo de dado pessoal deve ser transformado num jogo de adivinhação ou charada (imagine o quanto isso seria chato!); é só perceber o quanto relatar dados cotidianos se parece com preencher o formulário do censo. A Chefona precisa misturar os estilos, afastar a imagem de mulher de negócios e, às vezes, transformar o factual em flerte.

3) JOGUE COM ELE

Para a Chefona competitiva, eu gostaria de recomendar jogos diferentes: boliche, golfe, Palavras Cruzadas etc. Embora alguns homens tenham dito que não gostam de perder, eu não quero que você conclua que é melhor evitar jogar logo nos primeiros encontros. Não há problema em praticar esportes ou brincar com jogos de tabuleiro e nem sempre é preciso deixá-lo vencer, mas lembre-se do que seus pais e técnicos disseram quando você era mais nova: "Não é questão de vencer ou perder, é a maneira *como* você joga." Mostrar um jeito não agressivo e brincalhão em qualquer jogo é fundamental. Por isso, ao invés de apostar quem ganha a próxima rodada de golfe, dar socos no ar após uma ótima jogada e gritar "Se deu mal!", você pode elogiar uma bela tacada dele, pedir conselhos sobre algo em que você não seja tão boa, brincar sobre o filme *Clube dos Pilantras* ou fazer uma pausa durante o jogo para descansar e observar a beleza do campo.

Perceba que se você realmente gosta do cara, pode acabar canalizando todo seu nervosismo no jogo em vez de relaxar e se divertir. Não importa o quanto você seja competitiva, guarde a dancinha da vitória para mais tarde, quando ele a conhecer melhor. Depois ele verá que vocês são ótimos em áreas diferentes, que ambos podem gostar de competição, desafiando o outro a fazer melhor, e que seus interesses em comum devem ser apreciados juntos, como um casal. Mas nada disso ficará evidente no primeiro encontro se você tender ao perfil de Chefona, porque ele pode querer uma revanche, mas não um segundo encontro.

4) DÊ UMA DE MULHERZINHA

Faça algo que seja totalmente antiChefona. Se você faz o tipo "mulher de negócios", que não larga a bolsa executiva, por que não se oferecer, por exemplo, para fazer uma refeição caseira para ele no segundo ou terceiro encontro? Interprete com classe: use um avental bonito, sirva um drinque bem feminino (pense num Cosmopolitan em vez de uísque com gelo), asse uma torta. Se você não souber fazer nada disso (como eu), convoque alguém para ajudá-la (ele não precisa ver você fazendo tudo). E, claro, se o cara se oferecer para encher a máquina de lavar louças depois, não critique a técnica dele! Críticas construtivas não têm lugar nos primeiros encontros. Guarde-as para suas avaliações de desempenho profissional no trabalho (e para seu marido!).

Obviamente, não estou sugerindo que você regrida permanentemente para a imagem de dona de casa tradicional. Estou apenas recomendando algumas atitudes no início do relacionamento. Esse tipo de tática ajuda a afastar quaisquer percepções que possam levá-la a cair no perfil da Chefona.

Eu me lembro de quando era criança e via minha mãe receber meu pai com uma tigela de amendoins quando ele voltava do trabalho todas as noites. Acredite, ela não era nenhuma mulherzinha, mas dizia que "homem adora amendoim!", e isso o fazia querer voltar logo para casa para relaxar. Eu não faço ideia se a teoria do amendoim dela é verdadeira ou se ele provavelmente só gostava da atenção. Mas uma vez, de brincadeira, decidi testá-la. No quarto encontro com meu então futuro marido, o recebi na porta do meu apartamento com uma tigela de amendoins e expliquei a teoria da minha mãe. O que eu posso dizer? Ele adorou. Nunca mais fiz isso, mas gosto de pensar que, naquela noite, ele começou a imaginar como seria voltar para casa e me encontrar como sua esposa.

5) VISTA-SE COMO UMA MULHER

É fácil detectar uma mulher que só pensa em trabalho e não sabe se divertir numa festa só de olhar para o que ela veste. A Chefona vai do trabalho para o evento com a mesma roupa: o blazer bem cortado de sempre. Provavelmente é caro e, sem dúvida, preto. Deve ter também uma blusinha bem formal. No trabalho, roupas conservadoras impõem respeito, mas não deixam você exatamente encantadora à luz de velas (exceto, talvez, numa fantasia sexual simulando papéis de chefe e secretária, mas deixe isso para bem mais tarde...).

Sempre que começo a trabalhar com uma cliente nova, uma de nossas primeiras missões é rever as roupas que ela usa para sair. Minhas clientes geralmente têm guarda-roupas impressionantes. Elas dizem: "Ah, nem precisa perder tempo olhando meu armário. Se tem algo de que tenho certeza é que minhas roupas são maravilhosas!". Elas me garantem que só usam Armani, Donna Karan e congêneres, e que as amigas sempre elogiam. Esse é meu primeiro sinal de alerta: quando ouço que os elogios vêm de mulheres, me esforço ainda mais para mudar as roupas, porque o que impressiona uma mulher não é necessariamente o que cria atração física num homem. As mulheres tendem a se impressionar com a moda, o que é ótimo, mas é preciso garantir que as roupas fiquem femininas e valorizem seus pontos fortes. Olhando mais de perto, a maioria das minhas clientes não se veste *de modo feminino*, não importa o quanto as marcas que elas usem sejam chiques e caras.

Obviamente, não estou sugerindo que "roupas femininas" sejam vestidinhos de renda. Mas você pode, por exemplo, vestir uma saia (não muito apertada, nem curta demais) e uma blusa em cores vibrantes ou transparentes que mostre suas curvas, revelando um pouco — mas não muito — do colo. Evite jeans apertados e blusas decotadas num primeiro encontro mesmo que você ache (ou ouça de suas amigas) que está "gostosa". Parecer gostosa indica um determinado objetivo num primeiro encontro — significa "ir para a cama", não "achar um namorado". Além disso, os homens me disseram várias vezes que acham cabelo comprido mais atraente (em camadas, na altura do ombro ou maior).

6) NÃO FIQUE TÃO TENSA

Como diz a música dos Rolling Stones, "Nem sempre você consegue o que quer... mas pode descobrir que conseguiu o que precisava".* Acho que essa é uma das verdades essenciais para

---

* No original: "You can't always get what you want... but you just might find you get what you need." (*N. da T.*)

um casamento feliz. Enquanto vejo as mulheres emendarem um encontro atrás do outro toda noite, ano após ano, ostentando suas listas mentais do que *querem*, elas não parecem se concentrar no que *precisam* para serem felizes. Uma amiga minha, feliz no casamento, confidenciou que escolheu o marido "porque ele tirou o peso do estômago [dela]". Primeiro achei que isso não era nada romântico, mas depois percebi que ela tinha uma personalidade muito tensa e irritadiça, e era exatamente disso que ela precisava. Uma influência tranquilizadora a fez mais feliz ao longo dos anos do que os itens que estavam na lista mental quando ela o encontrou: altura e cabelos.

Por isso, pense em tratar a causa, não só o sintoma. Além de se concentrar em parecer mais suave, pense bem nos homens que está escolhendo. Para a Chefona, um cara protetor pode ser o mais adequado (por exemplo, as versões masculinas de professoras, enfermeiras e chefs). Porém, esse perfil é o oposto do que a maioria das mulheres bem-sucedidas procura. Elas geralmente querem os tipos poderosos com nível profissional igual ou maior que o delas. Mas nós conhecemos bem esse tipo: são geralmente dominadores, egoístas e *workaholics*. Em vez de buscar alguém parecido com você, pense nos homens com uma energia mais tradicionalmente "feminina", isto é, protetores, carinhosos, pacientes e que sejam capazes de ceder. Faça esta pergunta a si mesma: você ficaria feliz num casamento onde você é a Agressiva e ele é o Carinhoso? Onde você é a Provedora e ele é o Dono de Casa? A maioria das mulheres inicialmente rejeita esse modelo de casamento, mas eu recomendo à Chefona mais radical: imagine esse cenário por um minuto. Da próxima vez que sair com um cara gentil que você acha que "não faz seu tipo", pense com carinho que ele pode ser exatamente o que você precisa.

Se você é a Chefona...

O que é sexy:	O que não é sexy:
1. Saias femininas	1. Calças sociais
2. Brincadeiras em tom de flerte	2. Conversas de negócios
3. "Obrigada pela ajuda!"	3. "Tem que ser do jeito que eu quero!"
4. "O que você acha?"	4. "Quando quiser sua opinião, eu peço!"
5. Rhett Butler e Scarlett O'Hara	5. Bill e Hillary Clinton

RAZÃO NÚMERO 2 PARA ELE NÃO TER LIGADO DE VOLTA

A Sem Graça

"Não é que a gente não tenha se divertido.
Só foi sem graça."
Noah, 44 anos, Ridgewood, Nova Jersey

"Ela era legal. Legal mesmo."
Patrick, 28 anos, San Diego, Califórnia

"Era como olhar a grama crescendo."
Randall, 36 anos, Nova York, Nova York

Não é ruim, nem bom... Na verdade, não é nada demais. As Sem Graça se infiltram em encontros em todos os lugares, e isso não é surpresa alguma. Com a cultura organizada dos encontros a todo vapor nos dias de hoje — encontros pela internet, encontros relâmpago, casamenteiros profissionais etc. — os primeiros encontros são muito comuns. Por isso, é fácil para homens e mulheres solteiros saírem no piloto automático, e acabarem como estranhos trocando dados importantes numa mesa em vez de duas pessoas realmente se conhecendo. Todos estão procurando o "uau" e entediados pelo "legal". Quando os homens descrevem uma mulher como "perfeitamente legal" ou "muito agradável", em última instância, eles não sentiram aquela chama. Nada os motivou a ligar para obter um segundo encontro.

Encontrei vários homens na minha pesquisa que chamei de "Os Reis dos Primeiros Encontros". A agenda deles estava cheia de encontros com mulheres que, segundo eles, eram "muito legais", mas não passaram do primeiro encontro. Você provavelmente conhece alguns desses Reis. Eles vão a milhões de encontros — mas geralmente só *primeiros* encontros, pois são conhecidos pela eterna disposição de conhecer gente nova. Todo mundo quer arrumar uma garota pra eles. São caras legais, ótimos ou o único solteiro que resta na turma. Há apenas um pequeno problema: eles não se envolvem com ninguém. Pensei que, se houvesse alguma esperança para decifrar por que ser "legal" não abria caminho para o encontro número dois, esses caras que saíam muito teriam a resposta. Eu mal podia esperar para analisá-los!

Jonas, 28 anos, banqueiro de investimentos da cidade de Nova York, era um Rei dos Primeiros Encontros. Nós passamos mais de uma hora ao telefone falando sobre sua vida amorosa. Ele disse: "Conheço mulheres fantásticas todos os dias. Tenho muita sorte. Dificilmente eu tenho um encontro ruim porque as conheço através de amigos dos amigos. A maioria dessas mulheres é bonita, sexy, inteligente e bem-sucedida. São todas ótimas. Acho apenas que estou aumentando minhas chances de achar alguém." Nada como ser o Rei.

Kevin, 47 anos, advogado corporativo de Seattle, Washington, disse que, nos últimos anos, sair é como "ver TV a cabo: existem quinhentos canais para zapear — não é como antigamente, quando havia quatro grandes canais de TV aberta para escolher. É difícil escolher um programa e abaixar o controle remoto".

Parece que os Reis estão tontos com a quantidade excessiva de encontros e só precisam de alguém para tirá-los da apatia. Se uma mulher "legal" não consegue fazer isso, que tal uma "perfeita"? Falei várias vezes com outro Rei dos Primeiros Encontros: Cole, 45 anos, vice-presidente de relações corporativas em Washington, D.C. Ele sai regularmente com mulheres "perfeitas" que têm tudo: inteligência, beleza e carisma. Cole conhece a maioria dessas mulheres pelo Facebook e, ao longo da minha correspondência durante seis meses, ele me enviou várias atualizações e fotos com sua "mais nova namorada". Essas mulheres pareciam modelos de passarela. Num e-mail, ele descreveu a mulher que acabara de conhecer numa festa: linda, ex-ginasta olímpica, da mesma religião que ele, de boa família e formada por uma faculdade de renome. Ele estava empolgadíssimo, pois o primeiro encontro estava marcado para o fim de semana seguinte. Eu mandei outra mensagem: "Cuidado, tem de haver algo errado. Ninguém é tão perfeita assim." Ele respondeu: "Ela é perfeita. Estou animadíssimo para esse encontro. Só ela pode estragar isso, querida!"

Embora eu normalmente deteste homens que me chamem de "querida" e tenha ficado um tanto aborrecida com essa arrogância, acabei gostando de Cole. Não posso explicar, mas a autoconfiança dele era encantadora. Você tinha que ver. Por isso, eu marquei na agenda para procurar saber como tinha sido o encontro "perfeito". Duas semanas depois, mandei um e-mail para ele: "E aí, Cole, como foi o encontro com aquela garota do 'só ela pode estragar tudo'? Ela era tudo o que você sonhava?" Ele respondeu: "Qual delas?" Busquei o e-mail antigo da minha caixa de entrada e encaminhei de volta: "Você não lembra? *Esta* garota aqui!" Ele escreveu de volta: "Ah, sim. Não havia nada de errado com ela, eu acho. Só não tinha ousadia suficiente. Pensei que você estava falando de uma das outras garotas com quem saí essa semana..."

Alguns desses caras saem com tantas mulheres que mal conseguem lembrar quem é quem, mesmo estando "empolgado" para o encontro! O que eu guardei não foi o fato de Cole ser um mulherengo — ele até pode ser — mas sim de ser uma criança numa loja de doces. E se você é o próximo chiclete de morango, não basta ser doce. "Legal" e "perfeita" viraram eufemismos para "não há nada de errado, mas ela não tem nada de *irresistível*". Parece que a questão é se destacar na multidão. Não é que os homens na minha pesquisa não dissessem querer alguém legal ou perfeita, mas afirmaram que essas características são genéricas. Para chegar à difícil química com uma mulher, o caminho começa pelo nível de disposição, a atitude exuberante e sensualidade.

Você é a Sem Graça?

A Sem Graça engloba cinco categorias de comportamento, descobertas na minha pesquisa.* Alguma delas se encaixa com o seu estilo?

FALTA DE ENTUSIASMO

Se você já está solteira há algum tempo, às vezes é difícil achar disposição para sair com o primo em segundo grau da sua amiga de escola ou para outro encontro armado pela internet. Também é difícil ter vontade de sair após o término de um relacionamento ruim ou depois de um dia daqueles no trabalho. E é *particularmente* difícil quando você atende a campainha e ele não se parece com o Príncipe Encantado, mas você vai tentar mesmo assim. Você respira fundo, pega a bolsa e tenta lembrar se você deixou o *Dancing with the Stars* gravando. Pelo menos você vai ter algo para ver quando voltar para casa daqui a uma hora e meia.

Mas você está se esforçando? A falta de entusiasmo pode ser visível e o seu parceiro vai captá-la. E se a sua primeira impressão sobre ele for errada? E se você acabar gostando dele de

---

* Homens acima dos 50 anos tinham probabilidade 63% maior do que homens mais jovens de citar A Sem Graça como principal motivo para não ligar de volta para as mulheres.

verdade, e só não se deu conta disso nos primeiros 15 minutos? Se o seu grande suspiro interno fez a noite começar com o pé esquerdo, pode ser que você nunca descubra.

Claro que você pode nem *perceber* que está desanimada. Homens contaram sobre várias pequenas pistas que pareciam inofensivas, mas passavam uma ideia de falta de entusiasmo. Ron, 30 anos, *headhunter* de Phoenix, Arizona, tentou descrever por que sua parceira era a Sem Graça e não conseguia definir até que finalmente disse: "Acho que um exemplo era a forma como ela estava vestida, com suéter comum e jeans. Era como se ela não tivesse se dado o trabalho de se arrumar para mim." Ron explicou que as roupas dela indicavam "Esse encontro não é importante". Sondei para descobrir o que ele preferia que ela tivesse vestido. Ele disse: "Não sei, talvez algo divertido, um pouco provocante ou que desse ideia de flerte. Não era para vestir uma minissaia, mas, sabe, bastava algo elegante!"

Joel, 38 anos, reitor-assistente de uma universidade em Amherst, Massachusetts, comentou que sua parceira tinha "aquele andar arrastado". Para Joel, foi a linguagem corporal que entregou tudo: ela se recostava na cadeira e ficava distante, e nem se inclinava para frente quando falava. "Tive a sensação de que ela não ficaria decepcionada se eu não ligasse de volta", revelou Joel. Então é claro que ele não ligou. Beck, 31 anos, arquiteto de Filadélfia, Pensilvânia, explicou como avalia a química com uma mulher: "Ela ri das minhas piadas, chega mais perto para ouvir minhas histórias e pode zombar de mim de forma divertida."

> "Ela olhou para o cardápio por alguns minutos, suspirou e disse 'Acho que vou pedir frango'. Eu pensei na hora: 'Isso não vai dar certo.'"

Walter, 51 anos, comerciante de Trenton, Nova Jersey, recordou-se de estar num encontro com uma mulher num restaurante: "Ela olhou para o cardápio por alguns minutos, suspirou e disse 'Acho que vou pedir frango'. Eu pensei na hora: 'Isso não vai dar certo.'" Em vez disso, ele gosta quando uma mulher olha para o cardápio e diz, empolgada: "Opa, já sei o que vou pedir!" ou "O frango com cereja parece delicioso!" Segundo ele, essas pequenas atitudes indicam o nível de entusiasmo da noite.

Uma atitude diferente sobre a questão do entusiasmo veio de Tom, 45 anos, investidor de Wilton, Connecticut. Ele disse que procura uma mulher intensamente apaixonada pelo que faça — não importa o que seja. Mas não é só porque isso vai deixá-la mais cheia de vida. Sincero, ele revelou ser um *workaholic*, apaixonado pelo trabalho. Por isso, quer alguém que entenda como é ser completamente absorvido por uma paixão para não ter que ouvir reclamação algum dia, como: "Você trabalha demais. O trabalho é mais importante do que eu?" Ele quer alguém que se identifique com o fato de ele ser tão dedicado a algo que lhe consome boa parte do tempo e não leve isso para o lado pessoal.

SIMPLESMENTE CHATA

Marcus, 34 anos, advogado de Indianápolis, Indiana, reclamou de uma mulher sem graça. Ele disse: "Ela era educada e agradável, mas *chata*. Não contribuía com novas ideias para a nossa conversa." Alex, 26 anos, estudante de MBA de Ann Arbor, Michigan, respondeu: "Nosso encontro foi uma longa série de conversas casuais pontuadas por sorrisos sem graça." Kyle, 39 anos, empresário de Orlando, Flórida, disse: "Ela via muita TV, fazia muitas referências a suas séries favoritas, como 'Aquele cara se parece com o Jack de *Lost*' ou 'Posso te empresar meus DVDs da primeira temporada de *The Office*, já que você nunca assistiu.'" Na opinião dele, quem vê muita TV não é original.

Quando perguntei a Jerry, 24 anos, vendedor de Minneapolis, Minnesota por que classificou sua parceira como chata, ele disse que os assuntos de suas conversas eram "trabalho, parentes, fatos atuais, blá-blá-blá". E deu um exemplo: "Ela deixa o iPod sempre no modo de repetição automática, para ouvir a mesma música o tempo todo. Que chato! Meus pais são meio assim: seguem uma rotina confortável, só gostam do que lhes é familiar. Eu quero mais variedade e aventura na minha vida."

SEM OPINIÃO

Embora os homens gostem de mulheres flexíveis, eles não querem uma mulherzinha dos anos 50. Vários homens descreveram encontros com "mulheres caladas" que tinham "várias respostas secas, só diziam sim ou não". Eles garantiram que "ela era legal" e "não havia nada de errado com ela" e tentavam defender por que um "primeiro encontro perfeitamente bom" não levou a um segundo, até que acabavam cedendo: "Ela não me chamou a atenção em nenhum aspecto" ou "Ela me passou a impressão de 'tanto faz'." Essa síndrome é o extremo oposto da Chefona, tão cheia de opiniões que não tem medo de atropelar quem discordar delas. Definitivamente não é fácil achar o equilíbrio ideal.

Robert, 36 anos, promotor de eventos de Albany, Nova York, declarou ter saído com uma "Oprahlizada" e explicou: "Era o tipo de mulher que fazia tudo o que a Oprah mandava. A noite toda era 'a Oprah disse isso' e 'a Oprah disse aquilo'. Ela não tinha opinião própria!"

Eu descobri que ler o cardápio do restaurante pode ser tão importante quanto o teste de Rorschach. Asher, 31 anos, investigador de uma seguradora em Columbia, Missouri, disse ter poucos segundos encontros por causa do "problema do cardápio". Sempre que uma mulher pede o mesmo que ele, estraga o encontro. Segundo ele, isso indica falta de imaginação. Em um encontro recente num *brunch*, a mulher cometeu o erro fatal de pedir o mesmo que Asher: torradas francesas. Ele explica que, depois do "pedido idêntico", a conversa até flui educadamente ao longo do encontro, mas ele não tem a menor intenção de ver a mulher de novo.

Eu me arriscaria a dizer que os pedidos idênticos não são o único motivo pelo qual Asher tem poucos segundos encontros...

REPROVADAS NO TESTE DO BEIJO

Muitas das minhas clientes ficam chocadas com um homem que as beija apaixonadamente no fim da noite e contam depois na Entrevista de Saída que a noite foi totalmente sem graça. Se um cara diz que o encontro foi só "mais ou menos", como pode dar um beijo tão sério? Samuel, 61 anos, administrador hospitalar de Portland, Maine, explicou da seguinte forma: "Helen era uma mulher legal, mas não senti aquela química durante a noite. Eu queria fazer uma última tentativa, porque se conseguisse ficar atraído por ela, era o tipo de pessoa com quem gostaria de ficar. Por isso, eu a abracei e tentei injetar alguma paixão ali, mas, no fim das contas, não aconteceu nada."

Na verdade, eu ouvi a respeito do "teste do beijo" em outras categorias além da Sem Graça. Os homens repetiam os comentários do Samuel que, apesar de o encontro emitir sinais inadequados, eles achavam que se o beijo de boa noite fosse espetacular, os outros problemas poderiam ficar menores quando comparado a uma atração física avassaladora. Às vezes, a química simplesmente não acontece e você segue adiante, mas eu acho que eliminar os sinais de alerta no início do encontro certamente pode ajudar alguém a ser mais receptivo a essa "atração avassaladora" no fim da noite.

A ESPORTISTA

Um subtipo das Sem Graça é o tipo que costumo chamar de "Esportista": tem vários amigos homens, mas poucos estão a fim de algo a mais com ela. Não é que ela seja sem graça — na verdade, é bem interessante. Ela corre maratonas ou esquia ou talvez tenha escalado o Kilimanjaro. Mas ela é sem graça em termos de *sensualidade*, sendo vista como colega em vez de namorada. Para saber mais sobre esse problema, veja o estudo de caso da Madison (Capítulo 9).

PARECE FAMILIAR?

Você pode não ter notado as semelhanças entre as histórias sobre a Sem Graça contadas até aqui com o seu estilo de vida, visto que nem sempre é fácil se reconhecer nas histórias alheias. Por isso, use as perguntas de autoavaliação a seguir para verificar se os homens estão estereotipando você como a Sem Graça antes de começarem a conhecê-la de verdade.

No trabalho...

❏ Em seu ambiente de trabalho, é melhor ser discreta, manter a neutralidade e não criar confusão?

❏ Seu chefe já lhe disse "Beba muito café antes da sua apresentação!"?

❏ Em avaliações de desempenho anteriores ou feedbacks casuais de colegas, você já ouviu:

"Tente demonstrar mais iniciativa..."

"Não tenha medo de dizer que discorda das minhas ideias..."

"Seja criativa!"

COM OS AMIGOS E A FAMÍLIA...

❑ Você já ouviu carinhosamente "Você é uma pessoa *tão legal*! Algum dia o cara certo vai saber valorizar isso!"?

❑ Alguém já viu a roupa que você usaria num encontro e disse "Não tenha medo de vestir algo mais curto!"?

❑ Alguém já recomendou que *você* tinha que ler o livro *Por que os homens amam as mulheres poderosas?*

NUM ENCONTRO OU COM UM NAMORADO ANTERIOR...

❑ Seus parceiros tendem a começar 75% das conversas?

❑ Você já ouviu "Você não parece muito empolgada, quer fazer outra coisa?"?

❑ Algum cara já lhe disse "Aposto que você é do interior. Acertei?"?

SUA FILOSOFIA PESSOAL...

❑ Você acha que é melhor guardar suas opiniões quando está com pessoas que não conhece bem?

❑ No geral, você prefere não correr riscos?

❑ Numa sorveteria, você escolhe sorvete de baunilha em vez de outros sabores mais exóticos?

Se você respondeu sim a mais de cinco perguntas, então pode ser considerada (ou erroneamente considerada) como a Sem Graça. Não há duvida de que você é legal, bem educada e tem muitas qualidades, e claro que você não deve mudar sua essência, mas pode pensar em ajustar o que você diz e faz num primeiro ou segundo encontro. Os homens que não sabem o quanto você é sensacional podem achar que você é a Sem Graça e perder a chance de conhecê-la melhor nos próximos encontros.

E agora? O que você precisa fazer?

As Sem Graça geralmente vêm disfarçadas de "falta de química", mas esse tipo de experiência às vezes só precisa de um ajuste na fórmula. À luz certa, sob determinadas circunstâncias, esses mal-entendidos apresentam uma oportunidade ótima de formar uma conexão verdadeira. Obviamente, não estou dizendo que você precisa ficar com alguém por quem não sinta nada, mas a teoria é que se duas pessoas maravilhosas saem juntas, um determinado conjunto de eventos pode acender aquela chama. Ao contrário da ideia de conto de fadas de que a mágica existe ou não logo de cara, às vezes fazer um esforço para acender a chama pode valer a pena. Se você acha que é a Sem Graça, veja seis atitudes que podem ser tomadas para apimentar seu próximo encontro.

1) FAÇA O DEVER DE CASA

Em vez de deixar que as conversas inteligentes surjam por conta do acaso, ajuda muito se você passar uma hora antes do encontro preparando mentalmente tópicos para conversar. É o mesmo que você faz quando se prepara para uma entrevista de emprego. Pense em perguntas criativas, diferentes das que se costuma fazer para conhecer uma pessoa (veja sugestões na próxima página). *Tome cuidado para não fazer essas perguntas do nada ou vai parecer esquisito.* Concentre-se na formulação e no ritmo que dá a elas, para não ficar cansativo. Preste atenção ao longo da noite para encontrar uma ponte lógica que dê margem a entrar num determinado assunto que leve a uma de suas perguntas criativas. Quando você está preparada, pode ser proativa e iniciar conversas divertidas.

Além disso, leia qualquer livro que esteja na lista dos mais vendidos do jornal *New York Times*, isso garante discussões interessantes e intrigantes em primeiros encontros e em festas.

Vinte perguntas criativas para fazer no primeiro encontro (sem causar sono no parceiro)

Qual é sua melhor habilidade secreta?

Qual era seu brinquedo favorito quando criança?

Qual o melhor presente que você já deu a alguém?

Qual o fato mais embaraçoso que lhe aconteceu no ensino fundamental?

Se sua casa estivesse pegando fogo, qual a primeira coisa que você pegaria ao sair?

Em qual lugar você nunca esteve, mas gostaria muito de ir?

Quando você era criança, o que queria ser quando crescesse?

Qual o seu livro [ou filme] predileto?

Qual foi o pior emprego que você já teve?

Conte-me uma brincadeira engraçada que você tenha feito com alguém.

Qual o melhor conselho que alguém já lhe deu?

Qual o seu jogo de tabuleiro favorito?

Se você pudesse viver fora do país, onde moraria?

Qual o melhor aniversário que você já teve?

Se você pudesse ter qualquer animal do mundo como bicho de estimação, qual você escolheria?

Em que você gostaria que seus pais fossem diferentes?

Qual foi sua melhor fantasia de carnaval?

Qual foi a coisa mais corajosa que você já fez?

Quais foram as férias em família mais divertidas que você já passou?

Qual foi seu momento de maior sorte na vida?

Livros populares de não ficção também funcionam muito bem, como *O que nos faz felizes,* de Daniel Gilbert; *A geografia da felicidade,* de Eric Weiner; ou *Blink — a decisão num piscar de olhos,* de Malcolm Gladwell. São livros fáceis de resumir para quem não os leu e podem ser ótimas fontes de perguntas peculiares ou dignas de reflexão. Fique longe de livros sobre feminismo, religião e política, pois eles geralmente são polêmicos demais para um primeiro encontro.

Atenção para evitar cair na armadilha do "inteligente, mas chata". Tive uma cliente que saiu com um cirurgião-ortopedista uma vez e antes do primeiro encontro pesquisou na internet o campo de trabalho dele. Ela achou que estava sendo esperta por fazer o dever de casa. Depois ele me disse que embora tivesse ficado impressionado com as perguntas inteligentes dela, a noite tinha sido chata porque só falaram do trabalho dele.

2) EMPOLGUE-SE

Como você viu em várias histórias contadas anteriormente neste capítulo, os homens terão a impressão de que você é maçante caso não demonstre empolgação durante o encontro. Porém, não vale exagerar e ficar ansiosa. Dentro dos limites do "ser legal", encontre duas desculpas para exibir sua energia positiva na primeira meia hora do seu encontro. Pode ser na forma de um elogio pessoal ("Nossa, que casaco lindo!"), um comentário sobre a escolha que ele fez para a noite ("Estava louca para conhecer esse restaurante novo. Adorei você tê-lo escolhido!") ou um comentário sobre algo interessante que você está planejando ("Mal posso esperar para ir..."). Se ele fizer uma pergunta comum, no estilo "Como foi seu dia?", você pode responder com animação: "Ótimo! Ainda mais sabendo que teria esse encontro hoje." Se ele perguntar "Como é seu trabalho?" você pode fazer o jogo de adivinhação recomendado anteriormente ou sair-se com: "Tem uma história ótima que me aconteceu ano passado quando fiz a entrevista para o meu atual emprego..." ou "Meu trabalho me faz conhecer um monte de pessoas interessantes. Por exemplo..."

3) SEJA "RESPONDONA" COM ELE

Evitar ser a Sem Graça diz respeito a criar diálogos descontraídos, e não só a trocar fatos da vida pessoal e profissional. Os homens me disseram que ousadia é definitivamente atraente numa mulher. Eles gostam de uma provocação divertida, algo no estilo: "Sei qual é a sua, meu caro. Essas cantadas fajutas não vão funcionar comigo. Tente de novo." Lembra-se do ensino fundamental quando você "respondia" aos seus pais? Num encontro, essa impertinência pode gerar uma bela química.

Por exemplo, Julian, 55 anos, dentista de Providence, Rhode Island, disse que teve um encontro chato. Eu pedi exemplos: O que ela fez? O que ela disse? O que ela não disse? Enfim ele lembrou-se de algo que refletia a atitude dela como um todo. Ele elogiou os óculos dela e perguntou: "Você sempre usa óculos ou às vezes usa lentes de contato?" Ela respondeu: "Geralmente uso lentes de contato, mas minha vista estava cansada hoje, então coloquei os óculos." Ele disse que foi uma resposta sem graça. Eu retruquei dizendo que a pergunta também não teve graça e disse: "Vamos deixar de lado a sua pergunta nada fascinante por um momento. Qual poderia ter sido uma resposta melhor por parte dela no seu exemplo?" Julian sugeriu: "Ela poderia ter dito 'Não se preocupe, vou tirá-los mais tarde, quando a gente se beijar' ou ainda 'Alguém no trabalho disse que eu parecia uma bibliotecária sexy com esses óculos. Você concorda?' Esses comentários em tom de flerte teriam feito com que eu prestasse toda a atenção do mundo nela!"

Digamos que um cara pergunte se você tem irmãos. Não dê a ele uma planilha dizendo quantos são, onde moram e quantos sobrinhos ou sobrinhas você tem. Tente responder por um ângulo diferente. Por exemplo, conte uma história engraçada sobre uma viagem de família que deu errado ou uma brincadeira embaraçosa que seu irmão mais velho tenha feito com você na terceira série. Ou descreva como seus irmãos a viam: se você era a inteligente, a engraçadinha ou aquela que só arrumava confusão. Essas respostas inusitadas a perguntas comuns podem começar uma reação em cadeia levando a um diálogo mais intrigante e menos superficial.

4) FAÇA ALGO QUE DÊ MEDO

O seu primeiro encontro não precisa estar limitado a cafés ou restaurantes. Atividades assustadoras que façam a adrenalina subir (como andar de montanha russa, ver um filme de terror ou seguir um caminho inusitado com aulas de trapézio ou paraquedismo *indoor*) são recomendados para as Sem Graça. Compartilhar uma experiência desse tipo leva a adrenalina às alturas e acelera a pulsação, simulando uma resposta sexual.* De acordo com David Givens, PhD, antropólogo do *Center for Nonverbal Studies* [Centro para Estudos não Verbais] localizado em Washington, "A mente confunde qualquer tipo de excitação com atração sexual e atribui essa excitação à pessoa com quem você está naquele momento".

---

* Fonte: Artigo no MSN.com "First Dates: Do's and Don'ts to Create Chemistry", de Matt Schneiderman, Fevereiro de 2008.

5) CONTE UMA BOA PIADA

E se você acha que o encontro está indo bem, mas ele de repente fizer uma pergunta que parece um tanto esquisita? Do nada, ele pode dizer: "Diga-me algo por que você é apaixonada." Claro, essa pode ser uma pergunta inocente e ensaiada que ele faz a todas as mulheres, mas provavelmente é um sinal de alerta. A linha de pensamento dele pode ter seguido este rumo: "Ela é meio entediante. Eu me pergunto se *algo* consegue acender esta mulher. Como posso descobrir isso? Já sei! Vou perguntar qual é a paixão dela..." Esse é um sinal indicativo de que sua empolgação está baixa. Ajeite a postura, responda a pergunta dele com vontade, lembre-se do seu dever de casa e peça um café *espresso* grande!

Se você é a Sem Graça...

O que é sexy:	O que não é sexy:
1. "Acabei de ler um livro ótimo sobre o que faz as pessoas felizes e fiquei surpresa, pois..."	1. "Acho que vai fazer sol esta semana..."
2. "Em vez de jantar, você toparia fazer uma aula de paraquedismo *indoor*?"	2. "Jantar e cinema é uma ótima ideia."
3. Pôr uma pitada de ousadia em perguntas comuns	3. Apenas reagir aos fatos
4. Saltos altos ou botas com muito estilo	4. Sandália rasteira ou tênis confortáveis
5. Um beijo apaixonado de boa-noite	5. Um selinho

RAZÃO NÚMERO 3 PARA ELE NÃO TER LIGADO DE VOLTA

A Propaganda Enganosa

> "Queria sair com uma mulher que *excedesse* as minhas expectativas, pelo menos uma vez."
> Josh, 42 anos, Dallas, Texas.

> "Acho que apenas 20% das mulheres se mostram como realmente são na internet."
> Dillon, 26 anos, Nova York, Nova York

> "A esperança é a miragem de todos."
> Fonte desconhecida.

Propaganda enganosa, também chamada de "isca e troca", é um termo usado nos Estados Unidos para descrever um anúncio que não corresponde à realidade. Um cliente fica tentado por uma pechincha anunciada (a "isca") e é atraído à loja. Mas ao chegar lá para comprar o produto, um vendedor pode dizer que há uma taxa não mencionada anteriormente, que o produto acabou ou persuadi-lo a levar algo diferente, geralmente mais caro e, portanto, longe da pechincha que você esperava (a "troca"). Nos encontros, essa prática é usada por mulheres que criam falsas expectativas sobre si mesmas (seja em termos físicos ou outros aspectos) a fim de estimular um homem a chamá-la para sair, esperando que ele vá fazer vista grossa a algo desagradável quando eles se conhecerem pessoalmente ou quando ela explicar melhor a situação negativa. Esse foi o terceiro motivo mais citado pelos homens como responsável por estragar um encontro (e entre os que descreveram apenas encontros pela internet, foi o motivo número 1). Eles se sentem enganados e se frustram. Parece óbvio, não é? Tendo informações incompletas ou falsas como base, eles esperam que elas sejam de um jeito, mas encontram algo totalmente diferente.

Mas não é tão simples. Claro que existem os cenários manjados e as histórias horrendas de encontros pela internet, em que o homem descobre que a mulher mentiu descaradamente sobre algo (idade, tipo físico, uma foto enganadora), mas esta seção não diz respeito apenas a casais que jamais se viram pessoalmente antes do primeiro encontro (lembre-se de que venho coletando esses dados desde 1998, bem antes dos encontros pela internet serem tão populares). Veja estas duas estatísticas:

➜ 35% dos homens que citaram a Propaganda Enganosa não estavam num encontro às escuras (isto é, eles já tinham encontrado a mulher com quem iam sair pelo menos uma vez pessoalmente — num evento ou com amigos — antes do primeiro encontro). A "troca" baseou-se em alguma mentira que ela disse inicialmente, e não na aparência física diferente da esperada.

➜ 42% dos homens que conheceram mulheres pela internet e citaram a Propaganda Enganosa concordaram com a frase: "Ela se apresentou corretamente na internet." Em outras palavras, ela não mentiu ou postou uma foto enganadora, mas ele tirou conclusões incorretas a partir de declarações vagas demais ou das expectativas que ele criou em relação a ela.

O que acontece? Basicamente isto: você ouve o que quer e vê o que quer. A maré do encontro aumenta de tal modo que esperanças e sonhos se vão prematuramente, deixando um rastro de realidade decepcionante. Essa é a natureza humana. Mas há algo que se pode fazer para melhorar a taxa de retenção de encontros: venda o seu peixe, mas não exagere nas qualidades do seu produto. Independentemente da sua aparência ou personalidade, você terá mais chance de um segundo encontro se for um pouco melhor do que ele esperava, em vez de um pouco pior.

Você é a Propaganda Enganosa?

A Propaganda Enganosa engloba quatro categorias de comportamento na minha pesquisa. Alguma delas se aplica a você?

MENTIRAS E FALTA DE AUTOCONHECIMENTO

Às vezes a resposta era simples: ela mentiu. Claro que homens também mentem o tempo todo, então isso não tem nada a ver com o gênero. Os exemplos que obtive dos homens que arranjaram encontros pela internet variaram desde os inofensivos aos escandalosos. A enganação mais popular, como era de se esperar, envolvia o tipo físico. Kevin, 34 anos, corretor comercial de Austin, Texas, desenvolveu uma química incrível por telefone e e-mail com uma mulher de Miami que conheceu no site Perfectmatch.com. Ele ficou com tanta vontade de encontrá-la que pegou um avião para Miami no primeiro encontro, mas quando ele a viu, disse: "Ela com certeza tinha mais de 90 quilos." Então ele acrescentou, de forma seca: "Mesmo sem o cinto de ferramentas." Ela mandara fotos em que parecia mais magra. "Talvez fosse a irmã dela na foto, ou então ela colocou o rosto num corpo diferente usando o Photoshop", especulou. Ele pegou o voo seguinte para casa (e imediatamente cancelou a assinatura do Perfectmatch.com).

Ouvi histórias sobre mulheres que postavam fotos tiradas há muitos anos ou cujas fotos usavam uma iluminação que só pode ser descrita como excessivamente generosa. Não importa se eles descobriram acne no rosto ou cabelo mais curto do que parecia na foto, os homens não gostam do inesperado. Também observei um subgrupo de respostas nessa categoria: tamanho ou forma inesperados de uma parte específica do corpo. Craig, 45 anos, advogado de Atlanta, Georgia, disse: "Ela estava sentada quando eu a encontrei. Mais tarde, quando vi o tamanho do traseiro dela, quase engasguei com minha própria saliva." Um amor de pessoa, esse Craig.

Também houve casos de mentiras descaradas sobre problemas que não eram físicos, tanto em encontros marcados pela internet quanto fora dela. Entre eles, estava mentir sobre ser modelo, a faculdade que cursou e a idade verdadeira. Descobri que homens esperam um determinado nível de mentira em relação à idade: segundo eles, não era um grande problema se a idade fosse um ou dois anos diferente do que ela disse no começo, mas ficaram muito decepcionados quando descobriam que a idade real era bem diferente da declarada. Também descobri como era fácil ser pega nessa mentira. Com sites variando do MySpace ao Google passando pelo Date-Detectives, é facílimo descobrir detalhes sobre a vida de alguém.

Intermediários (amigos bem-intencionados que atacam de casamenteiros) às vezes podem ser os culpados do exagero ou da falta de autoconhecimento. Ed, 36 anos, fotógrafo de Salt Lake City, Utah, conheceu uma garota indicada por um colega de trabalho. Ela foi vendida como "incrivelmente sensacional". Quando ele finalmente a conheceu, ficou decepcionado por ela ser "incrivelmente mediana".

Por que ele não ligou de volta? | 95

Sinceramente, *fiquei aborrecida* com as respostas superficiais de alguns homens e quis investigar mais profundamente essa questão da propaganda enganosa.

EXPECTATIVAS NÃO ATENDIDAS

No que parecia ser uma imensa contradição, cerca de ⅓ dos homens que se disseram vítimas da Propaganda Enganosa (isto é, a mulher era pior do que ele esperava no encontro) depois admitiram que as mesmas mulheres "tecnicamente" haviam se apresentado de modo correto antes do encontro. Isso era bem interessante.

Travis, 24 anos, professor de educação física nova-iorquino, disse que, para ele, a característica mais importante em uma parceira é a boa forma e que ela seja dedicada aos exercícios físicos (a base do trabalho dele). Ele se lembrou de uma mulher chamada Shelly que conhecera no Chemistry.com, e que havia escrito no perfil que "fazia exercícios físicos regularmente". A foto era maravilhosa e ela parecia atender a vários outros requisitos e Travis mal podia esperar para conhecê-la. Quando eles se viram pessoalmente, ele perguntou o que ela gostava de fazer para se exercitar e ouviu: "Adoro caminhar para o trabalho! É ótimo começar o dia com uma caminhada rápida de 15 minutos." Travis disse que jamais poderia se apaixonar por alguém cuja ideia de exercício físico era ir a pé para o trabalho em Manhattan. Ele fez várias outras perguntas para medir o interesse dela em atividades atléticas, mas ficou decepcionado com as respostas. Agora Travis limita a sua busca por parceiras a mulheres que conhece em suas aulas de *kickboxing*. Você pode achar que esse círculo de possíveis encontros pareça ser algo restrito, mas ele diz que funciona como um filtro de boa forma.

Travis admite que a Shelly fora "tecnicamente" honesta: ela não mentiu ou exagerou. Ela faz exercícios físicos regularmente, só não era do tipo que atendia às expectativas dele. A esperança que ele tinha em relação a ela superestimou o que ele esperava encontrar, e quando Travis descobriu que essas esperanças foram baseadas em premissas falsas, ele a dispensou como parceira em potencial antes de conhecê-la de verdade — e pior, desperdiçou o tempo valioso dela.

Shawn, 41 anos, corretor de imóveis de Newport, Rhode Island, revelou outra nuance nessa arena. Eu tinha arrumado um encontro para ele com minha cliente Ruth. Embora ele seja católico e ela judia, ambos se apresentaram para mim como "espirituais, mas não religiosos" e tinham a mente aberta quanto a esse encontro. Mas Shawn disse depois que, ao final do encontro, ele teve a nítida impressão de que Ruth era mais religiosa do que ele esperava. "Ela fez questão de enfatizar o judaísmo a noite toda", lamentou. "Ela contou uma história engraçada sobre um jantar de Pessach, usou várias palavras em hebraico que eu não entendi e contou como era importante para ela criar os filhos como judeus." Shawn continuou: "Embora o catolicismo tenha sido uma grande influência na minha vida, eu estou aberto a criar meus filhos em outra religião se ela tiver bons valores e fé em Deus. Mas parecia que meu histórico de vida seria um problema para *ela* ao longo do tempo, por isso não a chamei para sair de novo." Uma semana depois, quando eu falei dessa Entrevista de Saída com a Ruth (com a permissão de Shawn), ela exclamou: "Isso é ridículo! Poxa, eu tinha realmente gostado dele. Estava receptiva quanto a namorar um não judeu. Talvez inconscientemente eu quisesse testar as atitudes dele sobre religião antes de decidir se ele tinha potencial a longo prazo."

Mas o "teste" de Ruth foi prematuro e, sinceramente, ela sabotou a autodeclarada mente aberta. Ao abordar de forma nada sutil no primeiro encontro um assunto importante como diferenças religiosas, ela o forçou a tomar uma decisão apressada antes de saber se um relacionamento com ele poderia ser realmente irresistível. Em vez disso, Shawn saiu do encontro sentindo-se enganado, pois esperava algo diferente do que encontrou e nenhum dos dois teve oportunidade de saber mais sobre o outro.

Não estou tirando a importância do impacto das diferenças religiosas num casamento ou qualquer outra grande diferença entre marido e mulher. Estou ilustrando aqui como duas pessoas maravilhosas, que se descreveram como tendo mente aberta, começaram errado por não deixar que a química acontecesse primeiro e alguma negociação inevitável mais tarde.

A CYRANO DE BERGERAC

Na cultura de relacionamentos atual, tão fortemente dominada pela internet, há outra subcategoria que se destaca no item Propaganda Enganosa. É a desconexão entre a personalidade vibrante da pessoa pela internet (isto é, habilidade de escrita associada à falta de inibição) e um jeito enfadonho ao vivo (isto é, timidez ou comportamento quieto). Embora esse assunto se sobreponha tanto com "falta de autoconhecimento" quanto com "expectativas não atendidas", essa dinâmica específica aparecia tanto que exigia um destaque especial.

Encontros pela internet, na verdade, inverteram o processo de descobrir química entre duas pessoas. Antes, elas se encontravam pessoalmente (numa sala de aula, festa, etc.) e, se sentissem aquela chama, saíam para descobrir se tinham algo em comum. Agora, as pessoas avaliam primeiro pela internet se têm algo em comum e *depois* se encontram para verificar a química. É um sistema com garantia de produzir uma série de primeiros encontros fracassados.

Caleb, 29 anos, químico de Madison, Wisconsin, reconheceu ser tímido, disse que procurava alguém oposto a ele e se apaixonou uma vez por uma "mulher virtual" inteligente e cheia de vida. Depois, ela se mostrou pessoalmente como introvertida e estranha. Ela não o olhava nos olhos e dava respostas monossilábicas. Ele também observou que ela vestia apenas roupas pretas, "como uma viúva de luto", o que era impossível de associar à personalidade alegre que ele conhecera na tela do computador.

Charlie, 32 anos, que trabalha com filmes de animação em Los Angeles, Califórnia, disse que a parceira "deu uma de Houdini: ela parecia autoconfiante no teclado, mas ao vivo disse frases como 'Você é tão bonito que tenho dificuldade para falar com você' e 'Caras como você geralmente não me chamam para sair'". Ainda segundo Charlie, ela mexia as mãos a noite toda e passou uma imagem de insegura. Isso foi uma desconexão total entre a expectativa e o que ele viu na prática.

VISÃO EMBOTADA PELO ÁLCOOL

Vamos abrir o jogo: não há muito a fazer para evitar as situações descritas nesta seção, mas eu quis incluí-la porque elas refletem alguns exemplos de Propaganda Enganosa descritos pelos entrevistados. Embora a maioria dos homens na minha pesquisa tenha contado histórias contestáveis sobre mulheres, certamente alguns não o fizeram. Mas eu acho que mesmo quando não é possível fazer algo a respeito da decisão dele, isso ainda pode dar subsídios para entender o que deu errado.

A memória ou o fato ser enlevado num tempo e local especial às vezes cria a Propaganda Enganosa. Como alguns homens explicaram, era como aquele eufemismo sobre a visão embotada pelo álcool, em que quanto mais o homem bebe, mais linda a mulher lhe parece. Karl, 24 anos, de Orange County, Califórnia, disse: "Ela me parecia melhor às duas da manhã num bar escuro."

E a situação vai além da visão embotada pelo álcool. Para alguns caras é "a visão da nostalgia". Bob, 23 anos, estudante de psicologia de Omaha, Nebraska, reencontrou Marla numa festa. Ele a conhecia do ensino médio, mas não a via há cinco anos. Como Marla estava ótima, ele a chamou para sair, mas logo percebeu que eles não tinham mais nada em comum. Seu interesse inicial baseou-se na percepção que ele tinha dela no ensino médio (espontânea, criativa), mas ele logo percebeu que isso não refletia quem ela tinha se tornado nos últimos anos (tensa, conservadora). Pelo menos essa foi a primeira impressão do Bob ao longo do encontro. Eu me perguntei se Marla realmente mudara assim ou se estava apenas nervosa por estar num encontro oficial com um colega de escola. Nós nunca saberemos.

Às vezes você muda ou ele muda ou a luz não lhe favorece ou, infelizmente, vocês não têm mais nada em comum. Os motivos pelos quais os homens não ligam de volta podem ser esclarecedores, mas nem sempre é possível fazer algo em relação a eles (sem contar que nem sempre você quer fazer algo a respeito).

PARECE FAMILIAR?

Você pode não ter notado as semelhanças entre as histórias sobre a Propaganda Enganosa contadas até aqui com o seu estilo de vida, visto que nem sempre é fácil se reconhecer nas histórias alheias. Por isso, use as perguntas de autoavaliação a seguir para verificar se os homens estão estereotipando você como a Propa- ganda Enganosa antes de começarem a conhecê-la de verdade.

No trabalho...

❑ Seu trabalho está relacionado de alguma forma com vendas? Caso esteja, seu treinamento profissional lhe ensinou alguns "truques" para conquistar o interesse do cliente?

❑ Em avaliações de desempenho anteriores ou feedbacks casuais dado por colegas de trabalho, já lhe disseram "Você seria ótima para trabalhar no departamento de Relações Públicas; você sabe como fazer algo parecer melhor do que é!"?

❑ Algum colega já lhe disse "Vi sua foto no Facebook [ou no Match.com]. Nossa, eu nem a reconheci!"?

Com os amigos e a família...

❑ Você já foi chamada carinhosamente de exagerada?

❑ Alguém já lhe disse "Você se daria bem na política!" ou "Você seria uma ótima jogadora de pôquer!"?

❑ Às vezes você se defende dizendo "Uma mentira *inofensiva* não é uma mentira!"?

Num encontro ou com um namorado anterior...

❑ Algum cara que você conheceu pela internet já lhe disse "Você é diferente do que eu esperava" ou "Ah, então foi *isso* que você quis dizer no seu perfil?"?

❑ Algum cara com quem você foi a um encontro às escuras já lhe disse "Sua amiga falou *tão* bem de você que nem acredi- tei que existisse alguém tão perfeito assim!"?

❑ Quando você realmente gosta de um cara, tende a aumentar a verdade sobre algo, talvez por achar que ele não se interes- saria se a visse como é de verdade?

SUA FILOSOFIA PESSOAL...

❑ Você acredita que só consegue fazer algo acontecer se botar o pé na porta?

❑ Você acredita no ditado "O que os olhos não veem, o coração não sente"?

❑ Você admira secretamente a forma como Bill Clinton fez o seu famoso comentário "Eu *não* tive relações sexuais com aquela mulher"?

Se você respondeu sim a mais de cinco perguntas, então pode ser considerada (ou erroneamente considerada) como a Propaganda Enganosa. Não há duvida de que você é estrategista, inteligente e positiva, e claro que você não deve mudar sua essência. Mas pode pensar em ajustar o que diz e faz num primeiro ou segundo encontro. Os homens que não sabem o quanto você é sensacional podem achar que você é a Propaganda Enganosa e perder a chance de conhecê-la melhor nos próximos encontros.

E agora? O que você precisa fazer?

Se você se identificou com a Propaganda Enganosa, pense se está sendo eficiente em relação às horas que passa em encontros. Os métodos da Propaganda Enganosa levam a vários primeiros encontros fracassados, que podem causar danos emocionais ao longo do tempo. Começar com o pé direito é diferente de perder tempo e energia criando falsas expectativas. Aqui estão seis sugestões para ajudá-la a ter encontros mais produtivos:

1) VENDA, MAS NÃO EXAGERE

Se você caiu na armadilha da Propaganda Enganosa, o mais importante a fazer é descobrir o difícil equilíbrio entre mostrar seus pontos fortes e não prometer demais. Tente ser honesta e ter autoconhecimento, sem acabar com o interesse dele antes da hora. Eu sei que é mais fácil na teoria do que na prática, mas o maior inimigo do primeiro encontro está nas expectativas não atendidas. Você tem de ser confiante, mas não tanto que ele espere encontrar a aparência da modelo Elle Macpherson, o senso de humor da comediante Ellen DeGeneres e a inteligência da ex-Secretária de Estado dos Estados Unidos Madeleine Albright. Você deve escolher algumas de suas melhores qualidades, junto com algumas fraquezas relativas e salpicar referências sobre ambos na interação pré-encontro.

Durante uma descrição por e-mail, telefone ou perfil na internet, use uma proporção de 3 para 1. Para cada três características positivas, diga uma "levemente" negativa (por exemplo, "eu cozinho mal" em vez de "tenho herpes"). Use um tom autodepreciativo, mas não inseguro. Num perfil online, use essa proporção de 3 para 1 exibindo três ótimas fotos suas ao lado de uma foto "mediana". Indo direto ao ponto, você quer que ele fique "moderadamente esperançoso" em relação a conhecê-la, mas não deve ficar com a expectativa nas alturas sobre o encontro porque, se isso acontecer, a chance de decepção é bem maior.

2) SEJA MAIS PRECISA

Você será mais eficiente se for precisa no perfil na internet, dando exemplos detalhados em vez de escrever generalidades vagas. Usar frases genéricas não significa necessariamente ampliar seu público e costuma levar os homens a criar fantasias que serão posteriormente destruídas. Não significa que você deva falar tudo a seu respeito — é bom manter um certo mistério — mas lembre-se do adágio do mundo da publicidade: se você tentar ser tudo para todo mundo, vai acabar sendo nada para todos.

Escolha apenas algumas áreas para acrescentar algum sabor. Por exemplo, ao dizer "adoro ler", você está falando de revistas de celebridades, ficção histórica ou revistas de informática? Dê alguns títulos de livros ou revistas favoritos. Se disser "Fico tão confortável num par de jeans quanto num vestido de festa", especifique se você é uma editora de moda que vai acampar uma vez por ano ou se é uma guarda-florestal que tem um vestido chique para o caso de ser convidada para um Bar Mitzvah. Fora da internet, ao conversar com alguém numa festa, esforce-se para dar exemplos semelhantes. Não seja apenas precisa, como também sincera sobre o que diz e escreve, porque as informações dadas precisam ser confirmadas caso o relacionamento progrida. Detalhes simples ajudam muito a criar expectativas corretas e não perder tempo com os caras errados.

3) MOSTRE O LADO POSITIVO

Às vezes há algo a seu respeito que precisa de uma apresentação positiva para evitar o surgimento de estereótipo desagradável. Eu acredito na diferença entre mentir e virar um fato a seu favor (talvez eu tenha um futuro brilhante na política). Por exemplo, muitas mulheres têm empregos que causam suposições nada desejáveis pelos homens. Talvez você seja CEO da Realty Corporation, o que pode intimidar, ou seu cargo seja "contadora especializada em impostos", o que pode fazê-la parecer entediante. Se for o caso, não revele seu cargo logo de cara. Você pode dizer inicialmente que "trabalha com corretagem de imóveis" ou dar uma melhorada no cargo sorrindo e dizendo "Sou uma mágica da matemática!"

Tive uma cliente que era psicoterapeuta. Assim que ela dizia sua profissão aos homens, muitos davam para trás. Talvez eles se sentissem desconfortáveis, achando que ela poderia analisar tudo o que eles fizessem ou dissessem. Então, aconselhei a não usar o rótulo "psicoterapeuta" logo de cara, mas descrever seu trabalho (de forma vaga, mas verdadeira) como "orientadora particular", alguém que ajuda clientes a descobrirem formas de alcançar seus objetivos. Se o parceiro pedisse mais detalhes, ela poderia escolher exemplos "leves" de como ajudou os clientes a superarem medo de voar ou a serem mais seguros na busca por um emprego. Quando os homens chegarem a conhecê-la melhor e souberem que ela não vai avaliá-los como se fossem pacientes, provavelmente se sentirão mais confortáveis com seu cargo verdadeiro.

Se houver alguma característica física que possa atuar contra você, use fotos na internet para *equilibrar* isso em vez de esconder. Por exemplo, conheço uma mulher que tem uma região glútea incrivelmente grande, mas ela também é dona de um corpo sensual, em forma de violão (cintura pequena, seios no tamanho ideal, pernas bem torneadas). Em vez de tentar esconder o bumbum nas fotos do perfil online, ela colocou fotos de corpo inteiro tiradas de um ângulo lateral, que mostrava tanto a frente quanto a parte de trás. A silhueta maravilhosamente proporcional era atraente para alguns homens, mas não para outros. Ao dar destaque à sua melhor parte, ela deu expectativas adequadas para seus futuros parceiros e descartou homens que a fariam perder tempo e acabariam com a confiança dela.

Às vezes ver o lado positivo pode ser mais problemático, como, por exemplo, uma diferença de idade. Eu trabalho com muitas mulheres solteiras na casa dos 40 anos, que não querem revelar a idade logo de cara. Elas temem ser descartadas pelos homens por questões de fertilidade. Eu acho que elas não deveriam mentir nunca, mas quando perguntadas diretamente sobre a idade num evento social ou num primeiro encontro, não tem problema em responder com um flerte, como "Digamos que sou velha o bastante para saber que não devo responder essa pergunta... Mas jovem o bastante para colocar um sorriso no seu rosto". Talvez isso seja muito Mae West? Mas você entendeu a ideia. No perfil online de um site de encontros, porém, é importante revelar a idade verdadeira porque a única forma de preencher o espaço em branco num site da internet é com uma verdade ou com uma mentira. No fim das contas, a verdade é a base para um relacionamento saudável, e quando um cara descobre que você mentiu a idade (e ele sempre descobre), vai pensar "Se ela mentiu sobre isso, o que mais pode ser falso, então?" É assim que *sua* mente funciona quando você pega um homem contando uma mentira qualquer. Então, sim, você tem que abrir o jogo sobre a idade. Mas... Tudo bem, você me pegou de bom humor hoje: eu lhe darei um prazo de manobra de trinta dias para arredondar a idade para baixo, se você acabou de fazer aniversário!

4) PREPARE-O PARA O CHOQUE

Às vezes mostrar o lado positivo não é uma opção se você tem uma determinada questão física que se destaca de modo proeminente. Se você nunca viu o cara pessoalmente, é melhor mencionar o assunto antes. A questão pode variar de cicatrizes incomuns e visíveis a dentes anormalmente ruins ou estrabismo. Tenho certeza de que você tem autoconhecimento suficiente para saber quais são suas questões gritantes, mas se estiver realmente insegura, pergunte a alguns amigos que sejam capazes de dar um feedback sincero. É importante descobrir se a questão é real ou se você está sendo dura demais consigo mesma. Nesse caso, esqueça este conselho: não é preciso chamar a atenção para algo que provavelmente não será notado. Mas se for o primeiro caso, tente diminuir bastante as expectativas para que ele ainda vá encontrá-la, mas sem esperar uma mulher perfeita. Com a expectativa baixa, só há um local para onde a energia desse encontro pode ir quando ele a vir: *para o alto.*

Veja um exemplo das minhas escapadas pessoais para ilustrar esse ponto de vista. Há dois anos, marquei uma viagem para uma conferência em Washington, D.C. Seguindo recomendações do meu confiável Guia Frommer's, reservei um quarto num hotelzinho que chamarei de Adams Court Hotel. Na semana seguinte, um amigo me falou do TripAdvisor, um site no qual clientes faziam resenhas sinceras contando suas experiências de viagem. Então eu procurei o Adams Court Hotel no TripAdvisor e vi resenhas boas e ruins. Algumas das resenhas eram *realmente* ruins, incluindo comentários sobre cortinas mofadas no banheiro e carpete sujo. Tragicamente, meu depósito não podia ser reembolsado àquela altura. Com o coração pesado, cheguei ao hotel dois dias depois. E quer saber? Não era tão ruim quanto eu temia. Na verdade, adorei o lugar! Gostei da minha estadia e voltaria ao hotel sem problemas.

No mundo dos encontros, quero que você crie uma espécie de depósito não reembolsável com alguém que nunca a tenha visto pessoalmente. Sempre que encontrar alguém na internet ou for apresentada a alguém, tente desenvolver uma conexão por e-mail ou telefone antes de mencionar qualquer questão física. Deixe-o saber o quanto você é engraçada, carinhosa e inteligente antes do encontro cara a cara. Deixe os e-mails e ligações telefônicas durarem um pouco mais do que o usual (nesse caso, cerca de duas ou três semanas de contato regular) antes de aceitar encontrá-lo pessoalmente. Defina a hora e o local, mas antes do encontro (cerca de quatro horas), ligue para confirmar o local. Isso é uma desculpa: o que você vai fazer mesmo é criar expectativas realistas e prepará-lo para a sua questão, sem dar tempo para ele educadamente desistir do encontro. A menos que seja um tremendo cretino (que você não quer namorar mesmo), a maioria dos caras legais vai aparecer se eles se comprometeram com você.

Por exemplo, digamos que você tenha uma cicatriz horrível no pescoço que lhe incomode. Talvez no passado, outros tenham mostrado uma "surpresa controlada" quando a viram, e você passou alguns momentos constrangedores por isso. Essa cicatriz não precisa necessariamente atrapalhar uma ótima primeira impressão que você tenha causado. Por isso, mencione casualmente numa ligação de última hora antes do encontro ou mande por e-mail uma breve história sobre como você obteve aquela cicatriz. Não precisa dar detalhes, mas dependendo do que realmente aconteceu, vale dizer algo como "Ah, falando nisso, eu tenho uma cicatriz no pescoço — você vai ver quando a gente se encontrar — não é nada demais, mas não queria que você ficasse surpreso quando visse. Sofri um acidente quando criança, mas vou guardar a história para outra ocasião. Vejo você mais tarde!" Alertá-lo com antecedência permite que a reação dele mude de "Fiquei espantado quando vi aquela cicatriz horrível" para "Ah, a cicatriz não era tão feia quanto eu esperava... Na verdade, ela é uma pessoa ótima. Gostaria de conhecê-la melhor".

Mas e se o seu pequeno choque estiver mais para eletrocussão em alta voltagem? Se você estiver muito acima do peso, por exemplo? Nesse caso, você não está sozinha. Aproximadamente 127 milhões de adultos nos EUA são gordos. Você pode achar seu público-alvo com expectativas predefinidas em sites de encontros como www.BBWPersonalsPlus.com, www.large-andlovely.com, www.BBWcupid.com e www.largefriends.com.

Obviamente, existem homens que aceitam e querem mulheres acima do peso. Vários sites anunciam relacionamentos bem-sucedidos entre mulheres grandes e bonitas (BBW, na sigla em inglês) e seus admiradores. Fora da internet, você pode conhecer homens em grupos de afinidades: ambientes de pessoas que pensam igual a você nos quais é possível criar vínculos relacionados a algo mais significativo do que a aparência (como sua igreja ou sinagoga). Há muitos grupos de afinidade que unem solteiros pela internet, como, por exemplo, grupos para pessoas que falam francês, que amam cães da raça pug ou fãs do programa de rádio do Dennis Prager. Basta procurar no www.meetup.com para encontrar centenas de grupos que podem ser do seu agrado.

Não perca tempo tentando esconder um corpo muito acima do peso (ou algo igualmente fácil de notar) em sites de encontros. Ele vai acabar descobrindo e o choque mal disfarçado de quando ele vir o quanto você é diferente do que ele esperava *não* será ofuscado por sua personalidade fascinante. Em vez disso, use a verdade para filtrar logo de cara os homens que possam ficar atraídos por você. Vale destacar, por exemplo, seu belo rosto, mas não vale mostrar uma foto claramente enganadora quanto ao seu tipo físico (ou marcar a opção "magra" no site).

5) ASSUMA O CONTROLE

Há um estudo que diz que 50% dos casais que estão casados ou vivem juntos foram apresentados por bons amigos ou membros da família.* Fazer uso de sua rede de amigos é essencial quando se está solteira, como você já sabe. Mas controle os seus prováveis casamenteiros e garanta que eles não exagerem as suas qualidades

---

* Universidade de Chicago, Edward Laumann, PhD.

ao tentar lhe arranjar alguém. Lembre-se de que expectativas não atendidas são suas inimigas. Se você for sortuda o bastante para que um amigo lhe arrume alguém para sair (e eu uso o termo "sortuda" porque acho que as solteiras às vezes podem ser muito ingratas quando uma pessoa sai da linha ao intermediar uma apresentação), não se esqueça de dizer a ele ou ela educadamente, mas de forma bem clara: "Por favor, não exagere as minhas qualidades." Ponha a culpa no meu conselho de "venda, mas não exagere". Depois dê ao amigo ou amiga alguns exemplos do que dizer de positivo e adequado a seu respeito. De acordo com a minha experiência, amigos não acham essas sugestões invasivas; na verdade, eles querem sinceramente ajudar quando se trata de "fazer propaganda" de alguém importante pra eles.

6) TIRE O MAIOR PROVEITO POSSÍVEL DA SITUAÇÃO

Em relação a encontros, a única garantia é: alguns deles serão ruins. Às vezes um de vocês, ou ambos, vai cair no fator propaganda enganosa, mesmo caprichando na avaliação e escolha pré-encontro. Você pode ficar surpresa por estar à mesa com um perfeito cretino ou um chato de doer. Talvez ele esteja igualmente desinteressado em você. Agora que vocês terão que se aturar por pelo menos uma hora, até que alguém boceje educadamente e diga que está ficando tarde, ou até que você finja algum tipo de situação de emergência e saia correndo, em vez de considerar esse encontro como perdido e deixar o nível de empolgação baixar, reconheça que é possível garimpar ouro aqui.

Uma de minhas clientes de Chicago uma vez estava num encontro às escuras pavoroso arranjado pela irmã. Em vez de se fechar e não se esforçar muito para engrenar a conversa durante o jantar, ela decidiu aproveitar o que fosse possível e perguntou

casualmente para o cara: "Como você conhece mulheres solteiras em Chicago?" Ele contou boas experiências com encontros
relâmpago pelo site HurryDate. Ela jamais havia pensado nessa
opção, mas depois de ouvir tantos elogios, ela decidiu tentar
uma sessão no mês seguinte, na qual conheceu o homem com
quem se casou. Quando alguém lhe pergunta como ela conheceu o marido, ela sorri e diz "Num encontro às escuras". Ou
seja, ela tirou vantagem de um horrível encontro às escuras, que
a guiou rumo ao cara certo.

Além disso, tente *curtir* seus encontros pelo que eles são —
uma chance para conhecer gente nova — em vez de ficar concentrada em encontrar o cara certo. Afinal, é apenas uma hora,
ou duas! Todos têm algo interessante a dizer se você for paciente
o bastante para fazer boas perguntas e ouvir de verdade. Mesmo
se não houver química romântica alguma, encontre algo que
ele saiba e que você desconheça. Se ele for fanático por esportes
e você não entender nada do assunto, pergunte: "Qual foi o
jogo de beisebol mais emocionante que você já viu?" Você provavelmente vai gostar da história dele, e eu prometo que essas
dicas virão a calhar algum dia com um cara a quem você queira
impressionar.

Você também pode dividir a mesa com alguém que não tem
nada a ver com você, mas que pode ser perfeito para outra amiga solteira. Nesse caso, espere algumas semanas após o encontro
e mande um e-mail para ele, oferecendo-se para apresentar sua
amiga. A mensagem pode ser assim:

> Oi, Jim!
> Foi ótimo conhecer você há algumas semanas. Eu
> sei que não temos muito em comum, mas acho que
> você é ótimo e queria saber se estaria interessado

em conhecer uma amiga minha. Acho mesmo que vocês poderiam dar certo. Se gostar da ideia, é só me responder e eu mandarei mais detalhes sobre ela. Espero que você esteja bem!

Abraços, Jane

Isso não só gera um karma positivo, como talvez algum dia a sua amiga ou aquele cara cujo encontro com você não deu certo devolva o favor. Lembre-se de que mesmo os piores casos de encontros com propaganda enganosa — aqueles que são mesmo incuráveis — ainda podem gerar algo positivo.

Se você é a Propaganda Enganosa...

O que é sexy:	O que não é sexy:
1. Revelar algumas de suas qualidades	1. Exagerar nas suas qualidades
2. Mudar o enfoque de algo que pode ser negativo	2. Mentir descaradamente
3. Prepará-lo antecipadamente para o choque	3. Esperar que o choque diminua quando ele se impressionar com sua personalidade
4. Ser indicada para um cara por ser uma "ótima garota"	4. Ser indicada para um cara por ser uma "ótima garota, mais linda que uma modelo e mais inteligente que o Einstein"
5. Definir corretamente as expectativas	5. Criar expectativas impossíveis

RAZÃO NÚMERO 4 PARA ELE NÃO TER LIGADO DE VOLTA

A Patricinha

> "Ela procurava um '10 com louvor': um cara que é nota 5 em termos de beleza, mas com 5 milhões no banco."
> David, 37 anos, Long Island, Nova York

> "Ela só falava 'Compre para mim, me leve para sair, me dê isto'."
> Mark, 52 anos, Los Angeles, Califórnia

> "A definição dela de tragédia era se a faxineira não aparecesse para trabalhar."
> Jared, 28 anos, Atlanta, Georgia

Homens não ligam de volta para a Patricinha por vários motivos. Geralmente custa muito, em termos financeiros, ou é exigente demais em seus gostos específicos, seja um sushi ou uma bolsa. Ela se mostra muito interessada em dinheiro e às vezes é considerada falsa ou superficial. Esse tipo de mulher espera que um homem tome conta dela, tanto em termos financeiros quanto emocionais. Seja uma filhinha de papai, uma profissional bem-sucedida ou só uma garota ambiciosa, ela não quer se casar apenas com homem, mas com um estilo de vida.

Não surpreende que os homens desconfiem da Patricinha. Ela causa pesadelos com Paris Hilton ou Zsa Zsa Gabor. Homens — tanto ricos quanto pobres — sabem que dinheiro faz diferença no circuito dos encontros. Mas como nas letras bregas de música country, eles só querem ser amados pelo que são. Os homens não querem alguém que se aproveite deles financeiramente ou questionem se seus sentimentos são verdadeiros. E eles definitivamente querem se sentir reconhecidos.

Você é a Patricinha?

A Patricinha engloba cinco categorias de comportamento descobertas em minha pesquisa. Alguma delas bate com o seu?

DETETIVE FINANCEIRA

Assim como os homens escolhem mulheres pela beleza, as mulheres às vezes escolhem os homens pelo dinheiro, ou pelo potencial para ter dinheiro. Essa dinâmica não é nova, mas hoje em dia a internet facilita e valida essas conexões (vide os sites www.richorbeautiful.com e www.millionairematch.com). Fora desses sites, porém, as mulheres têm uma desvantagem quando se trata de avaliar a quantidade de dinheiro, pois o patrimônio líquido está cada vez menos transparente no mundo real. Lá se foram os bons tempos em que a estrutura de classes sociais e o sangue azul eram sinais visíveis de riqueza. A segurança financeira não é mais algo fácil de descobrir.

Se um homem se diz desempregado, significa que ele é um milionário da internet aposentado, que ele tem uma herança ou não consegue parar num emprego? E se ele for sócio num escritório de advocacia? Você pode supor que ele ganhe muito bem, mas talvez o grosso do contracheque dele vá para pagar pensão, empréstimo estudantil ou fica no banco porque ele é um tremendo pão-duro. E se o cara falar da "casa para esquiar no Colorado"? Será um ricaço ou um Zé Ninguém? Você não faz ideia se ele tem uma mansão em Aspen ou um casebre caindo aos pedaços no meio do nada que divide com um monte de gente. Portanto, quando a Patricinha quer avaliar se um cara é rico o bastante para ela, sua única opção é brincar de detetive.

O que parece divertir os homens com quem falei era o quanto as mulheres são transparentes nesse jogo de detetive, mesmo quando se acham sutis. Gordon, 36 anos, empresário da cidade de Nova York, diz conhecer todas as perguntas capciosas: "As mulheres ouvem que sou empresário e não sabem como avaliar minha situação financeira. Então jogam perguntas para sondar, como 'Seu apartamento tem um ou dois quartos?', 'Você tem carro?', 'Sua empresa lhe dá opções de ações?' Elas se acham muito sutis." Outras perguntas desse tipo que causam risos nos homens são "Que tipo de carro você dirige?", "Onde você mora?", "O seu pai trabalha em quê?", "Em qual hotel você ficou na viagem?", "Quanto tempo você deixa seu barco parado?". Para homens divorciados: "Você paga pensão?" E, por fim, a minha favorita: "Você viaja em voos comerciais?"

Dale, 37 anos, banqueiro de investimentos em Denver, Colorado, disse: "Eu morei em Manhattan por um tempo e notei como as mulheres de lá faziam perguntas mais diretas sobre a profissão, enquanto as mulheres do Colorado perguntavam sobre o que eu fazia nas horas vagas, ao ar livre. No fundo, é tudo igual. Não importa se as perguntas são sobre meu cargo ou que tipo de equipamento esportivo eu tenho, ainda acho que elas querem calcular quanto eu ganho. Eu achava que me livraria disso ao mudar para cá. Mas meu cargo de 'diretor-gerente' e minha *mountain bike* da marca Orbea têm o mesmo efeito, no fim das contas. A única diferença agora é o meu endereço."

George, 48 anos, engenheiro de software de Los Angeles, Califórnia, diz que é muito difícil achar mulheres sinceras em Los Angeles: "Eu tenho dois carros, um Toyota Prius e um Corvette, mas saio propositalmente com o Prius em um primeiro encontro, para afastar quem só quer meu dinheiro." E Gerry, 64 anos, corretor de seguros de Hartford, Connecticut, revela: "Sei o que as mulheres realmente querem ouvir, mas gosto de brincar com elas. Às vezes, solto que estou devendo cinco meses de aluguel ou estourei os limites dos meus cartões de crédito (o que é mentira) só para testar quanto demora até elas olharem para o relógio e calcularem em quanto tempo elas podem educadamente terminar o encontro."

SekouWrites, o escritor nova-iorquino de 36 anos, lembrou-se de uma conversa em que descobriu não ser rico o bastante para sua parceira, Elizabeth. Ela tinha acabado de se mudar para um apartamento novo, exatamente como ele, e os dois

> "[As mulheres geralmente me perguntam] 'Sua empresa lhe dá opções de ações?' Elas se acham muito sutis."

estavam se divertindo comparando histórias sobre a decoração de seus novos lares. Mas de repente ele sentiu que tudo tinha ido por água abaixo. Elizabeth falava de cores de tinta Ralph Lauren e sofás de couro italiano, enquanto ele pensava "Eu mal posso comprar móveis da Ikea, que é uma loja barata, e nem *sabia* que tintas eram feitas por marcas famosas". Ele ironizou: "Quando ela falou dos lençóis de algodão egípcio com 500 fios, eu sabia que dormiria sozinho naquela noite, nos meus lençóis de algodão barato."

MIMADA

Os homens também reclamaram de mulheres que pareciam ser exigentes ou mimadas. Nick, 22 anos, bombeiro de Ft. Collins,

Colorado, lembrou de perguntar à sua parceira "Como foi seu dia?" e ela respondeu "Ah, foi difícil! Não consegui fazer as unhas porque precisei escrever um relatório. E não consegui tempo para tirar um cochilo..." Nick pensou que se aquele fora um "dia difícil", ela era muito mimada para o gosto dele. Malcolm, 66 anos, editor em San Diego, Califórnia, disse que uma mulher declarou durante um encontro: "Meu momento favorito do dia é quando volto para casa depois da minha governanta ter feito a faxina. Tudo está tão limpo e organizado." Malcolm disse que a palavra "governanta" soou esnobe e todo o comentário lhe pareceu desagradável. Depois ela fez outras menções indicando gosto sofisticado, o que o levou a concluir que jamais poderia manter o estilo de vida dela com o salário que ganhava. Supondo que eles não seriam compatíveis (sem saber se ela se importava com a renda dele, ou se precisava dela), ele nunca ligou de volta.

O alto custo não foi definido apenas pelo papo sobre manicures e governantas. Ser exigente, difícil de agradar ou delicada demais também entra nesta categoria. Wayne, 37 anos, consultor de informática em Raleigh, Carolina do Norte, contou ter encontrado uma mulher que disse ter viajado com seu travesseiro hipoalergênico e depois emendou com "Só vou ao médico na Clínica Mayo" e "Sou muito sensível a ruídos, preciso da minha máquina de ondas sonoras para dormir". Wayne supôs: "Ela não parecia exatamente capaz de lidar com as incertezas da vida, o que considero uma qualidade importante numa parceira." Barry, 26 anos, editor de revista nova-iorquino, me deu um exemplo sobre pedir água em restaurantes: "O garçom perguntou se queríamos água da torneira ou mineral e [minha parceira] quis mineral, mas só se fosse Evian. Como se não bastasse ela não querer água da torneira, não queria *qualquer* água mineral, tinha de ser uma determinada marca!" Esse é o tipo de mulher impossível de agradar, ele concluiu.

EGOCÊNTRICA

Às vezes os homens descrevem uma atitude da Patricinha como "o mundo gira ao redor dela". O interessante é que esse tipo de cara normalmente quer que o mundo gire ao redor dele! Austin, 27 anos, residente de medicina num hospital em Staten Island, Nova York, tinha ficado de plantão na véspera do primeiro encontro com Sasha. Ele ligou para ela às dez da manhã para decidir onde almoçariam, e falou que estava exausto, mas doido para vê-la. Ela sugeriu que eles se encontrassem num café perto do apartamento dela no Upper East Side. Austin passou cerca de noventa minutos caminhando até o litoral, pegou a barca e o metrô para encontrá-la. Antes mesmo de o encontro começar, ele já estava ressentido com o fato de Sasha ter escolhido um local conveniente para ela, sem levar em conta a situação dele. Ele disse acreditar sinceramente no cavalheirismo, mas completou com "Sugerir um lugar mais perto de um residente que passou a noite trabalhando em Staten Island teria feito uma enorme diferença".

Durante o almoço, Austin e Sasha bateram um ótimo papo e descobriram ter muito em comum. Ele a achou bonita, mas viu que definitivamente não era para o bico dele "por ser o tipo que procurava o número 1". Quando pedi alguns exemplos que o levaram a esse estereótipo, ele lembrou-se de dois fatos (além da escolha do local do restaurante): Sasha havia contado uma história sobre um amigo que lhe pediu ajuda quando estava de mudança, mas ela fingiu estar com dor nas costas para não ir. Ainda segundo ele, durante o almoço, o duto do ar-condicionado jogava vento frio nela, e Sasha perguntou se ele se importava em trocar de lugar (sem pensar que o duto de ar fosse incomodar *a ele*). Seriam esses alguns comentários aleatórios e inócuos feitos pela Sasha ou o verdadeiro caráter dela? Nunca saberemos, pois Austin não ligou de volta.

Jonathan, 68 anos, professor de biologia de Princeton, Nova Jersey, lembrou-se de perguntar a uma mulher onde ela gostaria de jantar. Ela sugeriu um restaurante chamado China Garden, mas Jonathan disse ter estado lá há pouco tempo. A resposta foi: "Ah, você conhece? Que ótimo, então vamos lá." Jonathan quis dizer para escolherem outro lugar, pois estava cansado de lá. Mas, segundo ele, isso nem passou pela cabeça da mulher. Jonathan contou: "Ela era muito egocêntrica, pois queria ir ao China Garden e não estava nem aí se eu já tinha ido lá e poderia querer algo diferente. Esses pequenos detalhes servem como janela para a personalidade de alguém."

Eu descobri que não gostava de Jonathan depois da entrevista. Queria ter dito a ele para, da próxima vez, ser sincero quando tivesse preferência por algum restaurante. Afinal, ele havia perguntado onde *ela* queria jantar, para começo de conversa. Por isso, queria saber se a resposta dele pedia uma pergunta crucial nesta pesquisa: como é possível prever a forma que um homem vai interpretar o que você diz? A resposta, claro, é que não é possível prever (ou controlar) como alguém percebe cada palavra dita por você. Mas se você descobrir um *padrão* através de Entrevistas de Saída personalizadas onde vários homens tiveram percepções semelhantes a seu respeito, este feedback consistente (mesmo de homens com os quais você não queria namorar) pode indicar o que está levando você a não receber convites para segundos encontros.

IMPOSSÍVEL DE BANCAR

Um resultado triste da síndrome da Patricinha é que um homem pode achar que jamais *será* ou *terá* o bastante para você, mesmo se você gostar dele de verdade, sem se importar com a conta bancária. Costumo ouvir mulheres especularem inadequadamente que, se um homem não ligou de volta, foi porque ficou intimidado pela personalidade dela, mas de acordo com os homens da pesquisa, eles ficaram mais "intimidados" (ou foram afastados) pelas *manias* delas.

Anna, uma de minhas clientes, descobriu esse problema. Após fazer seis Entrevistas de Saída para ela, descobri que três dos seus ex-parceiros achavam que seriam incapazes de sustentar o estilo de vida com o qual ela estava acostumada e por isso decidiram não vê-la de novo. Paul, 26 anos, roteirista de humor de Burbank, Califórnia, foi um deles. Ele lamentou porque, embora estivesse atraído por ela, não queria "pegar muita areia para meu caminhão". Ele descreveu seu salário como médio e deu um exemplo de quando eles falaram no primeiro encontro sobre a paixão por esquiar. Anna sugeriu que talvez ele pudesse esquiar com ela em Vail, onde a família tinha um prédio de apartamentos. Ele sabia que não teria dinheiro tão cedo para uma viagem desse tipo. Paul também notou os brincos de diamantes e o Mercedes que ela estacionou no restaurante. Anna realmente havia gostado de Paul e não estava procurando (ou precisando de) um cara rico. Ela disse: "Posso me sustentar financeiramente e, além disso, quem disse que roteiristas de humor não podem enriquecer algum dia?" Mas a impressão errônea que ela passou aos caras com quem saiu era a de que eles precisavam sustentá-la, ou pelo menos ter dinheiro o bastante para estar no mesmo nível que ela.

Em outra ocasião, eu fiz uma Entrevista de Saída para uma amiga chamada Monique. Ela é dinâmica, linda e tem um ótimo emprego. Ela não é rica, mas ganha bem e gosta de apreciar as coisas boas da vida. Liguei para um cara de quem ela havia gostado e que não havia ligado de volta. Ele se chama Richard, tem 33 anos e é especialista em segurança de dados em Long Island, Nova York. Monique achava que ele não tinha ligado de volta porque estava saindo com outra pessoa, mas descobri que não era isso. Primeiro, Richard contou uns motivos vagos pelos quais eles não eram compatíveis, mas depois que eu pressionei um pouco, ele admitiu que um incidente no restaurante ficou na sua cabeça e foi um ponto de virada nos primeiros 15 minutos do encontro. O garçom veio à mesa para perguntar o que eles queriam beber. Monique pediu uma taça de champanhe. Richard imediatamente pensou: "Hmmm. Ela está acostumada com o que é bom." E falou na entrevista: "Por um lado, acho champanhe chique, então isso era algo positivo sobre ela, mas por outro, champanhe é caro. Fiquei um pouco nervoso porque eu tinha a intenção de pagar o jantar."

Richard deixou bem claro que ela ter pedido champanhe ou ele não querer pagar pelo champanhe não foi o motivo para não ter ligado de volta. O motivo foi que o pedido dela o fez pensar que eles eram diferentes demais. Depois do champanhe, ele começou a analisá-la nos mínimos detalhes para ver se estava no mesmo nível financeiro que ele. Quando ela falou de uma futura viagem a Paris e ele notou o relógio cheio de diamantes, acreditou ter feito uma avaliação precisa sobre ela. Richard ficou inseguro sobre sua situação financeira? Provavelmente. A situação financeira dele importava para Monique? Não. Desde que ele tivesse um trabalho e parecesse inteligente, ela achava que ele tinha potencial. Infelizmente, eles nunca tiveram a chance de esclarecer suas atitudes em relação ao dinheiro porque ele não a chamou para sair de novo.

Eu disse a Richard que achei muito interessante como ele se lembrou da taça de champanhe um ano após o encontro — isso realmente o impressionou — e perguntei se ele não se importava se eu contasse alguns detalhes da nossa conversa à Monique. Ele permitiu se eu achasse que isso poderia ajudá-la. Richard acreditava que ela era uma boa pessoa, mesmo sendo alguém que ele "não pudesse bancar" e que eles fossem "muito diferentes". Quando contei à Monique a história do champanhe, ela disse: "Por que eu deveria pedir num encontro algo diferente do que peço quando saio com meus amigos?" Ela também não fazia ideia de que o champanhe custava mais do que um drinque comum e, portanto, não entendeu por que isso indicava um gosto por objetos caros. Depois, ela riu dos comentários sobre a viagem a Paris e o relógio, dizendo :"É óbvio que ele tem problemas." Monique tem razão em alguns pontos. Porém, se ela quisesse sair com ele de novo, o que importava, *sinceramente*, era a percepção *dele*. No caso do Richard, ele ficou desconfortável com os sinais exteriores de riqueza e quando somou essas pequenas "evidências de patricinha" ao longo da noite, decidiu não levar o relacionamento adiante.

Embora Monique tenha gostado dele inicialmente, ela não ficou tão chateada por eles não terem saído de novo. Mas seria uma pena se essas pequenas percepções erradas impedissem que outro cara, de quem ela realmente gostasse, ligasse de volta para ela algum dia.

Outro elemento da categoria Patricinha que ouvi várias vezes dos homens era o sentimento muito "romântico" de que eles não poderiam bancar *o divórcio*. Muitos homens se sentiram injustiçados pelos acordos de divórcio e eram particularmente cuidadosos ao encontrar as Patricinhas. Martin, 49 anos, administrador hospitalar em Berkeley, Califórnia disse: "Tive sorte: ela levou tudo, mas deixou a autoestima. Eu agora me pergunto após um encontro: 'Ela é alguém de quem eu gostaria de me divorciar?' Sei que isso parece cínico, mas com as taxas de divórcio atuais, é uma pergunta válida. Você deveria se casar com alguém que não vai saqueá-lo em circunstâncias adversas. Ih, eu pareço muito amargo?" (Amargo, ele? Imagina...) Isso mostra que os homens ficam particularmente sensíveis à questão do dinheiro se já passaram por uma divisão de bens. O principal critério para a próxima esposa deles? Alguém com atitudes de baixo custo ou renda própria suficiente.

FALTA DE RECONHECIMENTO

Às vezes o problema não é dinheiro, e sim sua *atitude* em relação a ele que pode rotulá-la como Patricinha. Por exemplo, a forma como você lida com a chegada da conta do jantar acaba sendo um momento em que ele a observa com atenção e interpreta a sua atitude.

Contas de restaurante geralmente causam ansiedade para as mulheres no primeiro encontro. O que fazer? Ignorá-la? Pegá-la? Oferecer-se para dividir? Quais serão as implicações do seu ato? As mulheres me perguntam frequentemente sobre isso, por isso procurei saber a opinião masculina. Por telefone e na pesquisa feita pela internet, perguntei como os homens preferiam que as mulheres reagissem a uma conta de restaurante num primeiro encontro. 84% dos homens escolheram "Eu espero pagar a conta no primeiro encontro".* Segundo eles, importante mesmo era uma sensação de *reconhecimento* e mencionaram preferir um gesto de "fingir que vai pegar a bolsa" do que simplesmente ignorar a conta, pois significa que ela reconheceu

---

* 11% dos homens escolheram "Eu espero dividir a conta"; 3% optaram por "A pessoa que marcou o encontro deve pagar" e 2% decidiram que "A pessoa que ganha mais deve pagar".

o gesto dele. Esperar que ele pague tudo é uma das razões que costuma levar ao rótulo de Patricinha. E um sincero "obrigada" significa muito.

PARECE FAMILIAR?

Você pode não ter notado as semelhanças entre as histórias sobre a Patricinha contadas até aqui com o seu estilo de vida, visto que nem sempre é fácil se reconhecer nas histórias alheias. Por isso, use as perguntas de autoavaliação a seguir para verificar se os homens estão estereotipando você como a Patricinha antes de começarem a conhecê-la de verdade.

No trabalho...

❑ Você anda "vestida para matar"?

❑ O seu ambiente de trabalho recompensa o lucro que você dá à empresa em vez de grandes ideias ou trabalho árduo?

❑ Em análises de desempenho ou feedbacks casuais de colegas de trabalho, já lhe disseram "Tente tratar melhor as secretárias e o pessoal administrativo"?

Com os amigos e a família...

❑ Seu círculo mais íntimo é composto principalmente de pessoas ricas (a ponto de você não saber mais como é o estilo de vida de quem não tem muito dinheiro)?

❑ Já lhe disseram educadamente "Espero que você consiga aquela promoção, ganhe na loteria ou encontro um homem que possa bancar seu gosto pelo luxo"?

❑ Se alguém tenta lhe arrumar um encontro às escuras, você pergunta na hora "Em que ramo ele trabalha?"?

NUM ENCONTRO OU COM UM NAMORADO ANTERIOR...

❑ Ao ler o cardápio, você faz o pedido sem olhar o preço?

❑ Algum cara já apontou para suas joias e perguntou "São verdadeiras?"?

❑ Você já deixou de ficar atraída por um cara no primeiro encontro por não achá-lo capaz de bancar o estilo de vida que você deseja?

SUA FILOSOFIA PESSOAL...

❑ Você acredita que um "verdadeiro cavalheiro" deveria pagar tudo num encontro?

❑ Ao viajar, você espera ser paparicada?

❑ Você tem orgulho do que conquistou financeiramente e acha que não é preciso esconder isso?

Se você respondeu sim a mais de cinco perguntas, então pode ser considerada (ou erroneamente considerada) como a Patricinha. Não há duvida de que você é inteligente, sofisticada e tem alto nível de exigência, e claro que você não deve mudar sua essência, mas pode pensar em ajustar o que você diz e faz num primeiro ou segundo encontro. Os homens que não sabem o quanto você é sensacional podem achar que você é a Patricinha e perder a chance de conhecê-la melhor nos próximos encontros.

E agora? O que você precisa fazer?

Se você se identificou com a Patricinha, aqui estão quatro sugestões para colocar seus pés no chão e descobrir mais sobre ele num segundo encontro.

1) PARE DE PERGUNTAR

Sabe qual é verdade? É quase impossível avaliar precisamente a situação financeira de um homem durante um primeiro encontro. Então pare de tentar descobrir. E se você tentar, será um desperdício de energia. Se seu parceiro *realmente* tiver muito dinheiro, ele provavelmente já conheceu várias interesseiras e sabe como detectá-las e evitá-las, ou criou um plano para esconder a riqueza (como George, que dirige o Prius em vez do Corvette). Um homem com muito dinheiro sempre vai querer saber se você gosta dele pelo que ele é. Se ele *não* tiver dinheiro, pode disfarçar isso pegando emprestado o carro de luxo de um amigo, usando um Rolex falso ou pagando o jantar num restaurante caro com um cartão ouro cheio de dívidas. Simplesmente não há como saber de cara o que é verdade e o que é mentira. O que você *vai* fazer é afastá-lo com perguntas nada sutis. Se o relacionamento for adiante, você vai acabar descobrindo a situação financeira dele.

2) DIVULGUE SEU LADO "PÉ NO CHÃO"

E se você estiver sendo considerada Patricinha erroneamente? Você está sinceramente disposta a encontrar homens de situações financeiras variadas, mas tem má reputação por ter dinheiro e gostar de gastá-lo. Nesse caso, é preciso divulgar ativamente o seu lado pé no chão, com palavras e atos. Num primeiro encontro, tenha cuidado para não parecer pretensiosa e mencionar sua bolsa Prada ou o fato de você ter comprado um jatinho com amigos. Não sugira os restaurantes mais sofisticados nem peça bebidas caras. Se você está buscando parceiros pela internet, crie um perfil que destaque sua personalidade "de baixo custo". Uma das minhas amigas tinha uma ótima frase que usava para o perfil no site de relacionamentos. Ela escrevia: "Sou o tipo de garota que senta no banco do meio e deixa o cabelo secar ao vento." Ao dizer que não tem problemas com o banco do meio, que ninguém quer num carro ou avião e que nem precisa de um secador de cabelos, ela se retratou com precisão como uma pessoa pé no chão. Ela atraiu um monte de caras ótimos que queriam conhecê-la, e muitos comentaram essa frase quando escreveram para ela.

Outro homem, Nate, 26 anos, dono de uma loja de animais em Cleveland, Ohio, disse algo que ele amou numa garota que conheceu, chamada Samantha. Ele disse que a pegaria em casa às oito da noite e Samantha respondeu: "Perfeito! Vou chegar da academia por volta das 19h e vou ter tempo o bastante para tomar banho e estar pronta às 20h!" Ele mal pode acreditar no que ouviu: uma garota capaz de tomar banho e se arrumar em apenas uma hora? Foi um pequeno detalhe que deixou uma ótima impressão.

3) CONCENTRE-SE NELE

Lembre que um homem interessado num relacionamento sério quer saber se você seria uma boa parceira, alguém que não está sempre pensando em si mesma em primeiro lugar. Eu sei que é difícil saber quando está parecendo egoísta em toda pequena situação que surgir, mas da próxima vez que ele perguntar qual sua preferência (se é para o encontro ser perto da sua vizinhança ou dele, se é para ir ao jogo de basquete dos Knicks ou ao show da Celine Dion), lembre-se de que a pergunta dele não é para saber o que é melhor, mais fácil e mais atraente para *você*. Não estou dizendo que você deva fazer tudo por ele ou se transformar numa daquelas garotas sem opinião própria, mas se misturar um pouco de cada estilo logo no começo (às vezes ceder de acordo com as necessidades dele, outras vezes ele fazer o mesmo pelas suas necessidades) já vai ter meio caminho andado.

4) MOSTRE UM RECONHECIMENTO SINCERO

Durante o primeiro encontro, escolha algumas formas de demonstrar explicitamente que está gostando dele. Sobre a questão de quem paga a conta num encontro, você pode se oferecer para dividir (e agradecê-lo se ele pagar tudo), ou pagar pelo estacionamento ou pelo sorvete depois do jantar, ou ainda dar a ele um presentinho no estilo "piada interna" (sobre algo divertido que vocês conversaram antes do encontro). Se ele chamá-la para sair mais algumas vezes, você pode comprar ingressos para shows ou se oferecer para fazer o jantar. E sempre agradeça imediatamente quando ele pagar por algo, em vez de guardar a gratidão para o fim da noite — pode ser tarde demais e ele já ter uma opinião formada a seu respeito. Seus agradecimentos podem ser pequenos e discretos, não é preciso derramar-se em elogios toda vez que ele saca o cartão de crédito ou paga o táxi. Gratidão em excesso soa falsa e destaca o dinheiro de forma constrangedora.

Além disso, concentre-se em agradecê-lo pelos *gestos* dele, não só pelo que ele paga. Se ele a leva para um restaurante perto de sua casa (bem longe de onde ele mora), agradeça antecipadamente por ser gentil o bastante para escolher um lugar perto de você. Esse tipo de apreciação ganha muito mais pontos do que agradecê-lo somente quando chegar a conta do jantar.

Uma forma diferente de mostrar reconhecimento é se concentrar em quem ele é como pessoa. Em primeiro lugar, tente dizer diretamente por que você ficou intrigada o bastante para sair com ele (supondo que o motivo real não tenha sido o iate dele). Essa é uma bela forma de fazer um elogio sincero ao notar algo específico sobre o comportamento dele ou algo inteligente ou bem-humorado que ele tenha dito — desde que não esteja relacionada a sinais superficiais de status financeiro. Isso demonstra que você gosta dele por algo que o dinheiro não pode comprar.

Se você é a Patricinha...

O que é sexy:	O que não é sexy:
1. "O que você mais gosta de fazer nos fins de semana?"	1. "Qual o seu hotel favorito em St. Barts?"
2. Perguntar como foi o dia dele	2. Perguntar sobre o bônus de fim de ano dele
3. Saber mais sobre a família dele	3. Saber mais sobre os bens da família dele
4. Deixar o cabelo secar ao vento	4. Contar para ele que você vai ao mesmo cabeleireiro que a Paris Hilton
5. "Puxa, obrigada por ser tão paciente comigo no campo de golfe hoje. Você é um ótimo professor."	5. "Nossa, que tacos de golfe bonitos! São Callaway de titânio?"

**RAZÃO NÚMERO 5 PARA ELE
NÃO TER LIGADO DE VOLTA**

A Louca para Casar

"Parecia que ela estava me entrevistando para ser doador de esperma."
Wade, 40 anos, St. Louis, Missouri

"Entendo que uma mulher precise saber se estou procurando algo sério, mas minha resposta sincera sempre é 'Sim, se a pessoa certa aparecer'. Então como isso ajuda a decidir se eu tenho potencial?"
Matthew, 43 anos, Wilmington, Delaware

"Acho que nossos e-mails ficaram tão intensos com tanta rapidez que ela achou que éramos almas gêmeas antes mesmo de nos conhecermos pessoalmente."
José, 27 anos, Phoenix, Arizona

A Louca para Casar é a mulher cuja missão consiste em conseguir um namorado, um marido, um filho ou todas as opções anteriores.* Ela está concentrada em usar seu tempo de forma eficiente para fechar o negócio e não está interessada em algo casual. Não importa se ela tenta ser sutil ou se decidiu botar as

---

* Homens com idades entre 36 a 49 anos tiveram probabilidade 91% maior que homens de outras idades de citar a Louca para Casar como a principal razão para não ligar de volta.

cartas na mesa, a Louca para Casar recebe cada parceiro com uma entrevista. Seu foco, infelizmente, tem o efeito exatamente oposto ao que ela deseja.

Ao encontrar a Louca para Casar, o homem se sente avaliado como futuro marido e pai; e não é que ele não queira esse posto, ele só não sabe se quer isso *agora*. É cedo para dizer. Eles ficam com medo de perder a espontaneidade ou se sentem culpados por desperdiçarem o tempo de uma garota boazinha como você. Às vezes eles se sentem como num episódio ruim do reality show *The Bachelor* quando veem comentários ou gestos exagerados que aconteceram cedo demais.

Ninguém gosta de perder tempo. A eficiência é bem-vinda. Talvez você tenha acelerado a busca por um parceiro porque o último cretino com quem namorou arrastou a relação por três anos até você perceber que ele nunca ia querer compromisso sério. Você não quer cometer o *mesmo* erro de novo. Talvez você tenha acabado de fazer 40 anos e seu relógio biológico esteja apitando. Talvez você esteja se sentindo sozinha, não importa se tem 22 anos e acabou de se formar na faculdade ou 52 e acabou de se divorciar. É ótimo saber o que quer e correr atrás disso, mas o segredo é não se sabotar no meio do caminho.

Você é a Louca para Casar?

A Louca para Casar engloba quatro categorias de comportamento na minha pesquisa. Alguma delas lhe parece familiar?

ENTREVISTADORA

Uma mulher entrevistadora geralmente acha que está sendo sutil quando avalia se o parceiro está pronto para um relacionamento sério. Ela leu alguns livros sobre relacionamentos, então sabe que afasta os caras se for direto ao assunto e está ciente de que não pode dizer com todas as letras no primeiro encontro: "Isso vai ficar sério?" Por isso, ela tenta entrar pelos fundos. Gary, 31 anos, dono de franquia de Orlando, Flórida, contou de uma mulher que disse, duas horas após o início do primeiro encontro: "Eu tenho uma dúvida. Talvez você possa me ajudar. Estou realmente gostando da nossa noite, mas uma amiga quer me arrumar um encontro às escuras esse fim de semana. E agora eu *não sei* o que dizer a ela..." Gary ficou embasbacado. Ele achou que a mulher era ótima, mas a pergunta subitamente o irritou e respondeu com a primeira frase que lhe veio à cabeça: "Bom, acho que é cedo demais para sermos um casal." Você pode imaginar que ela não gostou do comentário. Sua resposta malcriada foi "Nunca disse que deveríamos ser um casal, nós acabamos de nos conhecer! Eu estava só pensando se... bom... deixa pra lá. Vou dizer para a minha amiga que topo." Isso acabou imediatamente com o clima e eles nunca mais voltaram a se encontrar.

Joshua, 29 anos, técnico de futebol de Santa Fé, Novo México, lembrou-se de uma mulher que fez algumas perguntas céticas no primeiro encontro sobre ele estar pronto para um compromisso sério, incluindo: "Quanto tempo durou seu último relacionamento?" Ele achou que ela queria mesmo era saber se ele era mulherengo. Ele disse que as mulheres acham que, por ser bonito e trabalhar com esportes, não estaria falando sério sobre querer alguém especial. Ele é sensível quanto a esse tipo de pergunta, que costuma ouvir com frequência, e diz que está sinceramente interessado em encontrar alguém com quem possa ter um relacionamento profundo, mas quando a mulher começa duvidando dele, a decepção é imediata. Joshua reclamou: "Estou cansado disso, sempre acontece."

Harris, 31 anos, banqueiro de investimentos, em Seattle, Washington, contou a história de uma mulher com quem começou a trocar mensagens no Facebook. Eles tinham amigos em comum e ele queria chamá-la para sair, mas a vontade passou quando ela mandou a seguinte mensagem: "Olhei no site da empresa em que você trabalha e vi como você é bem-sucedido, mas não gosto das coisas materiais. Sou muito mais pé no chão. Você acha que um relacionamento poderia dar certo entre nós?" Harris disse que não a culpa por tentar ser prática, mas a pergunta pegou mal — foi como pular para a última página de um livro policial para saber quem matou. Como ele poderia especular sobre o futuro deles se o relacionamento amoroso nem tinha começado?

Os homens me falaram várias vezes sobre sentirem-se obrigados a determinar se tinham intenções sérias ou não. E eles não estavam falando de perguntas casuais vindas de alguém que queria honestamente saber mais sobre eles. As perguntas eram muitas, ensaiadas demais e, às vezes, pessoais demais. Elas aumentavam de intensidade ao longo da noite, começando com "Você tem irmãos e, se tiver, eles têm filhos? Você é muito ligado à sua família?" passando por "Cansei desse negócio de sair, e você? A maioria dos seus amigos está casada?" até "Onde você se vê em cinco anos? Seu apartamento é próprio ou alugado? Você já morou com alguém ou já ficou noivo?" e chegavam até a "Você não fez vasectomia, fez?"

O problema com esse processo de entrevista é que, mesmo se você conseguir todas as respostas que procura, elas não necessariamente dizem tudo sobre o cara. Você precisa ter cuidado especial com a síndrome do falso positivo. Aaron, 42 anos, engenheiro de Alexandria, Virginia, me contou de uma mulher de quem ele realmente havia gostado ao final do primeiro encontro. Ela perguntou diretamente se ele estava interessado em algo sério. Como ele queria vê-la de novo, respondeu assim: "Não a conheço o bastante para saber no que isso vai dar, mas em teoria, sim. Estou procurando por alguém para compromisso a longo prazo... Sou uma pessoa que acredita em relaciona-

> "Eu não queria me sentir culpado se a relação não desse certo, então me afastei em vez de arriscar e desperdiçar o tempo dela."

mentos longos." Ele deu a ela alguns exemplos, citando uma namorada com quem morou por sete anos e outro relacionamento de três anos. Mas me pergunto se ela estava pensando o mesmo que eu. Será que relacionamentos de longo prazo que fracassaram provam compromisso ou incapacidade de compromisso? De qualquer modo, a vida pregressa amorosa não é prova confiável de nada. Assim como o mercado de ações, o desempenho passado não prediz o desempenho futuro, seja bom ou mal.

Mike, 45 anos, gerente de fundos de cobertura em Nova York, me deu um ponto de vista diferente. Ele admira as mulheres que põem as cartas na mesa: "Uma mulher que encontrei semana passada foi sincera e disse: 'Não estou querendo um rolo. Quero achar o cara certo e começar uma família. Você quer o mesmo?'" A reação dele não foi nem um pouco negativa. Pelo contrário, ele gostou da sinceridade dela. E gostou muito dela, pois era alguém que sabia o que queria e não tinha medo de correr atrás disso. Mas ele não ligou de volta. Mike me contou que tinha acabado de sair de um relacionamento de quatro anos morando juntos. Por isso, ele *não tinha certeza* de quais seriam seus planos para o futuro e esclareceu que o problema real era a culpa: "Eu não queria me sentir culpado se a relação não desse certo, então me afastei em vez de arriscar e desperdiçar o tempo dela."

GRUDENTA

Às vezes, o desejo de se casar não se mostra como perguntas do tipo entrevista, mas em comentários e comportamentos carentes ou grudentos. Quando uma mulher começa a dizer cedo demais que a sensação de intimidade está cada vez maior e é mútua, a imagem da Louca para Casar imediatamente vem à tona. Kent, 28 anos, contador de Washington, D.C., dava um beijo de boa-noite numa mulher ao final do primeiro encontro quando ela cochichou: "Posso passar a noite aqui? Só para ficarmos abraçadinhos e dormir?" Ele achou que ela não tinha a intenção de fazer sexo, mas a pergunta soou muito carente e cortou o clima do beijo na hora. Kent evitou a pergunta e prometeu ligar no dia seguinte, mas não ligou. Ele me disse que agora se sente mal por ter feito isso.

Hayden, 24 anos, designer gráfico de Seattle, Washington, descreveu uma garota que mandou torpedo quando ele foi ao banheiro durante o encontro. Na verdade, ele adorou, pois ninguém tinha feito isso com ele antes e ele achou engraçado. Hayden pediu licença para sair da mesa e, três minutos depois, ela mandou um torpedo enquanto ele estava no mictório: "Estava pensando em você." Foi uma brincadeira, ele pensou. Ele sorriu e respondeu: "Você pode fugir desse cara com quem está agora — ele parece ser um chato — e me encontrar lá fora?" Mensagens de flerte foram trocadas rapidamente até ele voltar à mesa. Hayden contou: "Eu estava *adorando* aquela garota."

Mas, segundo ele, a moça começou a ficar muito insegura e passou a fazer perguntas que ele interpretou como "Ela queria garantias de que eu estava tão empolgado quanto ela." Por exemplo, primeiro ela perguntou se ele estava se divertindo e depois se ele estava saindo com mais alguém. Durante a sobremesa ela quis saber o que ele ia fazer no fim de semana, o que Hayden considerou como indireta para sugerir um próximo encontro. Ele disse que tinha planejado viajar com amigos para esquiar, e ela pareceu decepcionada. Ele começou a desconfiar. Quando Hayden a estava deixando em casa uma hora depois, estava frio e ele ofereceu emprestar suas luvas para ela. A resposta foi: "Isso foi tão gentil, obrigada! Devolvo da próxima vez que a gente se encontrar." O plano de pegar algo emprestado para devolver depois era tão óbvio que ele logo deu uma desculpa de que precisava das luvas para o fim de semana esquiando. Hayden terminou a noite com as luvas no bolso e nenhuma intenção de vê-la de novo. Eu me pergunto o que ela acha que aconteceu entre o "Encontre-me lá fora" e o "Tchau".

Andrew, 31 anos, fisioterapeuta de Filadélfia, Pensilvânia, respondeu ao anúncio que coloquei no site Craigslist em que procurava homens solteiros para falar sobre suas experiências amorosas. Ele me contou sua estratégia de "temporada de encontros". Andrew diz que conhece muitas mulheres pela internet e vai a encontros ao longo de um ano, exceto no período "fora da temporada", que vai do dia de Ação de Graças até o Dia dos Namorados (entre novembro e fevereiro nos Estados Unidos). Ele explicou que esse cronograma é semelhante ao dos atletas, que usam o período fora da temporada para descansar, recuperar-se e concentrar-se em outros objetivos. Segundo Andrew, a maioria das mulheres tendem a ficar carentes na época de festas, pois querem presentes (de Natal e Dia dos Namorados) e tempo (ir à festas de Natal, conhecer a família, sair no Réveillon). Por isso, faz sentido sair de cena durante esse período.

Embora tenha achado a estratégia de Andrew ridícula, incluí o ponto de vista dele porque é muito interessante em termos sociológicos. Não só porque a filosofia dele descreve o estereótipo da Louca para Casar, mas também por mostrar que homens têm encontros com tanta frequência que precisam de uma temporada de *descanso*! Isso se encaixa na mudança no mundo dos relacionamentos discutida no Capítulo 1. Os encontros online dão aos homens a ilusão de terem infinitas opções.

EXAGERADA!

Algumas mulheres exageram ao considerar um primeiro encontro mais do que realmente é. Elas podem se apegar cedo demais e deixar isso transparecer em pequenos detalhes. Hugh, 31 anos, editor de cartões comemorativos em Kansas City, Kansas, mencionou uma mulher que lhe avisou durante o jantar que as lentes dos óculos dele tinham marcas de dedo. Ela se inclinou para frente, tirou seus óculos e os limpou com o guardanapo. Ele se lembrou desse pequeno gesto porque "parecia que éramos um casal que vivia junto há anos. Foi meio esquisito ver alguém que acabei de conhecer limpando meus óculos". Outros homens se disseram constrangidos quando apelidos como "meu amor" ou "querido" surgiam no primeiro encontro, pois pareciam íntimos demais.

Steven, 42 anos, escritor de Honolulu, Havaí, teve um encontro com uma moça que conheceu através do site Chemistry.com. O perfil dela era interessante, e eles começaram a se corresponder. Ao longo de dois anos, eles trocaram mensagens longas e pessoais por e-mail. Ele estava empolgado para encontrá-la, até a véspera do encontro. De acordo com Steven, "Ela começou a exagerar. Quero dizer, nós trocamos ótimos e-mails, mas nem havíamos nos encontrado e alguns comentários dela pareciam muito exagerados". Quando pedi detalhes, ele me encaminhou um dos antigos e-mails dela para que eu pudesse ver com meus próprios olhos. A moça escreveu: "Já contei que realmente gosto do nome Steven? Soa agradável quando digo

Por que ele não ligou de volta? | 137

a mim mesma e me peguei dizendo seu nome silenciosamente e com certa regularidade esses dias." Ele foi encontrá-la, mas ficou decepcionado. Ele explicou que o tom dos e-mails começou a soar assustador e o levou a chegar ao encontro com uma atitude cínica.

A história de Steven serve de exemplo não só para diminuir o tom dos seus e-mails como também a ter cuidado com sua privacidade. Atenção ao que você escreve pela internet para um homem que mal conhece. Algum dia ele pode encaminhar um e-mail particular seu para uma pessoa que está escrevendo um livro!

Às vezes, exagerar simplesmente significa fazer referência ao futuro antes que um homem expresse a vontade de ter outro encontro. Os homens descreveram mulheres que no primeiro encontro ofereceram ingressos para um jogo de basquete dos Celtics dali a três semanas, para ver *Wicked* na Broadway no mês seguinte, para emprestar *O caçador de pipas* depois da próxima reunião do clube do livro e as que convidaram para viajar à casa que seus amigos dividiam nos Hamptons no verão seguinte. Esses homens disseram que obviamente sabiam o que estava por trás dessas ofertas. Era a pergunta implícita: "Vamos nos ver de novo?" Pressionados a tomar uma decisão rápida e prematura no meio de um encontro quando eles ainda não haviam pensado se desejavam um segundo encontro, eles começavam a se afastar.

Peter, 32 anos, garçom de Hanover, Nova Hampshire, recordou-se de uma mulher que o convidara para passar a tarde no parque enquanto tomava conta do sobrinho. Ele achou meio esquisito para um primeiro encontro, mas ela explicou que era o único horário livre que tinha naquele fim de semana. Peter disse que acabou sendo divertido, pois ele adora crianças.

Porém, eles só se viram mais uma vez, porque ela "trouxe seis selos no segundo encontro." Eu perguntei: "Hein?" Aparentemente, ele tinha mencionado por acaso que tinha tarefas a cumprir, incluindo a necessidade de comprar selos. Quando ela apareceu para o segundo encontro, mostrou os selos e disse: "Agora você pode passar mais tempo comigo em vez de resolver suas tarefas." Ele disse que a primeira frase que lhe passou pela cabeça foi: "Epa! Pode cancelar sua assinatura da revista *Noivas & noivos*, querida!"

"Nossa", eu pensei após desligar o telefone com o Peter. Tomar conta de criança + selos = Louca para Casar? Os homens podem ser *sensíveis demais*! Reconheça que às vezes uma circunstância inocente ou um pequeno gesto com a intenção de ser "carinhosa" pode fazê-lo associar você a todas as mulheres superprotetoras que ele namorou no passado. Você não está saindo no vácuo: está pagando o preço por todos os comportamentos exagerados que vieram antes de você.

> Você não está saindo no vácuo: está pagando o preço por todos os comportamentos exagerados que vieram antes de você.

FILHOS

Você já deve ter ouvido a velha piada sobre como se livrar de um homem solteiro: basta dizer que o ama e quer ter filhos com ele. Claro, é só uma piada e você sabe muito bem que não deve olhar no fundo dos olhos dele após os aperitivos e começar a escolher nomes de bebês. Mas falar sobre crianças é perigoso até mesmo para pessoas experientes em encontros amorosos. Anil, 43 anos, médico e pai solteiro de Chicago, disse que a "discussão

Por que ele não ligou de volta? | 139

sobre filhos" no primeiro encontro com Jane até começou bem. Ele tem dois filhos e diz isso às mulheres logo de cara. Para Jane, ele revelou a idade e um pouco da personalidade de cada filho. Ela deu uma resposta adorável a princípio. Em vez de perguntar sobre a situação de custódia, como a maioria das garotas fazia, ela saiu-se com: "Eu invejo você por ter dois filhos lindos." Quando ele estava se sentindo atraído, ela fez alguns comentários sobre o desejo de ter seus próprios filhos. Anil disse que provavelmente gostaria de ter mais filhos algum dia, especialmente com uma mulher que ele amasse, mas o fato de ela ter dito isso claramente o deixou nervoso porque ele não *tinha certeza* do que poderia querer no futuro. Ele sentiu uma pressão interna para não levar o relacionamento adiante *se por acaso* ele decidisse não ter mais filhos. Por isso, ele não ligou de volta.

Wade, 40 anos, arquiteto de St. Louis, Missouri, uma vez conheceu uma mulher que passou rapidamente das perguntas inocentes sobre a família dele (onde ele foi criado, onde os irmãos moravam etc.) para um interrogatório intrometido sobre a genética dele. "Ela chegou a perguntar, em vários momentos durante a noite, quais foram minhas notas no vestibular e se alguém na minha família tinha histórico de alcoolismo." Segundo ele, "parecia que ela estava me entrevistando para ser doador de esperma".

Os homens estão tão sensíveis em relação ao relógio biológico gritante das mulheres, especialmente se elas estão entre os trinta e os 40 e poucos anos, que nem é preciso dizer a palavra "filho" para deixá-los em pânico. Rick, 37 anos, empresário de Las Vegas, Nevada, contou: "Fiquei olhando quando ela fez carinho num cachorro na calçada. Você precisava ver! Ela dizia: 'Ah, cachorrinho, você é tão lindinho! Que gracinha de bichinho!'" Rick interpretou essa afeição tão efusiva pelos animais como "Nossa, ela quer muito um filho... Está na cara. Foi como se eu visse os óvulos dela pulando pela calçada!".

Difícil acreditar, mas Rick ainda está solteiro, meninas. Se alguém quiser o telefone dele, é só me mandar um e-mail pedindo...

PAUSA

Você pode estar pensando a essa altura que o que um homem gosta ou não é apenas uma questão pessoal. Por exemplo, Rick viu uma mulher fazer carinho num cachorro e concluiu que ela estava desesperada por um filho, enquanto Mitch (que foi citado na seção da Chefona) pensou que sua parceira ignorava o cachorro e concluiu que ela não era maternal. Quero fazer uma pausa aqui a fim de enfatizar algo importante sobre minha pesquisa com as Entrevistas de Saída. Os atos e palavras aparentemente triviais das mulheres, como acariciar um cachorro, *acumularam-se* até chegar num estereótipo. Claro que caras diferentes respondem de modo favorável ou desfavorável às mesmas situações. Mas, com poucas exceções, o fracasso do encontro geralmente não foi por apenas uma atitude ou palavra. Foi um acúmulo de "dicas" sobre um mesmo tema que resultou num estereótipo negativo. Em outras palavras, se você fez perguntas durante o jantar sobre a genética dele, depois lamentou o fato de todas as suas amigas já estarem casadas, disse termos carinhosos como "querido" ou "amor" e *depois* fez um carinho exagerado no cachorro, ele provavelmente concluiu que você era a Louca para Casar. Não foi só o carinho no cachorro.

A chave para lidar com essa situação no próximo encontro depende de qual estereótipo você se encaixa mais. Vamos pegar de novo o exemplo do cachorro: se você acha que alguns dos caras com quem saiu podem tê-la rotulado como a Chefona, você pode tentar demonstrar *mais* afeto com o bichinho. Se, por outro lado, você sabe que é ligeiramente doida para achar um marido e ter filhos (isto é, a Louca para Casar), é melhor *evitar* muitas demonstrações de amor pelo bichinho.

PARECE FAMILIAR?

Você pode não ter notado as semelhanças entre as histórias sobre a Louca para Casar contadas até aqui com o seu estilo de vida, visto que nem sempre é fácil se reconhecer nas histórias alheias. Por isso, use as perguntas de autoavaliação a seguir para verificar se os homens estão estereotipando você como a Louca para Casar antes de começarem a conhecê-la de verdade.

No trabalho...

❏ O seu ambiente de trabalho valoriza os executivos "que fazem chover" (isto é, os que trazem novos negócios)?

❏ Em análises de desempenho ou feedbacks casuais de colegas de trabalho, você já foi elogiada por seu "instinto assassino"?

❏ Você é a pessoa no seu departamento a quem seus chefes recorrem para "fazer o trabalho andar"?

Com os amigos e a família...

❏ Você sente pressão para se casar, seja de parentes intrometidos ou por que todos os seus amigos são casados?

❏ Você costuma dizer "Acho que ele pode ser o cara certo" ou "Escolhi os nomes dos nossos filhos durante a sobremesa, sem que ele soubesse"?

❏ Você costuma ouvir (em qualquer contexto) "Tenha paciência..."?

NUM ENCONTRO OU COM UM NAMORADO ANTERIOR...

❑ Você já confessou acidentalmente durante um primeiro ou segundo encontro coisas do tipo "Tenho uma queda por você..." ou "Faz muito tempo que não me sinto assim"?

❑ Algum cara já lhe disse "Bem, a pergunta parece um pouco prematura..." ou "Não vamos botar a carroça na frente dos bois..."?

❑ Você tende a usar verbos no futuro quando está num encontro, por reflexo ou hábito?

SUA FILOSOFIA PESSOAL...

❑ A frase "Vamos ver o que acontece" te deixa maluca?

❑ Você quer ter muitos filhos e sente a pressão interna para começar logo?

❑ Se você está ansiosa sobre algo, sente uma forte necessidade de resolver tudo rapidamente, não importa qual seja o resultado?

Se você respondeu sim a mais de cinco perguntas, então pode ser considerada (ou erroneamente considerada) como a Louca para Casar. Não há duvida de que você é pragmática, eficiente e quer ter uma família, e claro que você não deve mudar sua essência, mas pode pensar em ajustar o que você diz e faz num primeiro ou segundo encontro. Os homens que não sabem o quanto você é sensacional podem achar que você é a Louca para Casar e perder a chance de conhecê-la melhor nos próximos encontros.

E agora? O que você precisa fazer?

Se você se identificou com a Louca para Casar, aqui estão cinco sugestões para ajudá-la a respirar fundo e não ir com tanta sede ao pote.

1) ABORDE OS TEMAS CERTOS

Como em quase tudo na vida, o equilíbrio é bem-vindo. Faça carinho no cachorro feliz da vida, mas não fique obcecada pelo bichinho. Diga que quer compromisso sério, mas não pareça excessivamente concentrada nisso nem despreocupada demais. E quando o assunto for crianças? Embora a maioria das mulheres seja esperta o bastante para não falar logo sobre o desejo de procriar, é preciso ter cuidado e tratar o assunto "filhos" de forma equilibrada. Você não quer parecer ansiosa demais nem cometer o erro oposto de indicar falta de instinto maternal ou que você não é uma pessoa protetora (conforme avisado na seção da Chefona). Especialmente quando estiver em idade fértil, a melhor forma de lidar com essa situação é mencionar casualmente os filhos de outra pessoa — sua sobrinha ou o bebê da mesa ao lado — num comentário breve. Que tal algo como "Isso me lembra o livro do Dr. Seuss que li para minha sobrinha no fim de semana passado, *Ah, os lugares aonde você irá!* Você conhece? É o meu favorito" ou então "Olha que engraçado, parece que aquele bebê está prestes a pegar o bolo de chocolate direto do prato da mãe!". Um comentário desse tipo demonstra que você não é imune a bebês, mas é o tipo de pessoa que gosta deles. *Mas*, imediatamente após o comentário, dê uma declaração peremptória, como "Não posso nem pensar em ter filhos agora, mas adoro crianças!". Essa abordagem deve surtir a reação desejada: você tem instinto maternal, mas não vai ovular durante a sobremesa.

2) NÃO ROUBE AS FALAS DELE

Nunca fale a respeito do futuro no primeiro encontro, *em qualquer circunstância*, a menos que ele faça isso primeiro. Não diga

"Quando vamos nos ver de novo?". Esta fala é dele. Muito menos "Quais são os seus planos para o fim de semana?". Esta fala também é dele. E se você estiver num dilema porque precisa de companhia para a festa beneficente que vai dar na próxima semana, mas ele não falou em sair de novo? Sinto muito, mas você *não pode* convidá-lo. Leve seu irmão. E se você tiver dois ingressos para um concerto no sábado que vão se perder se você não convidá-lo? Chato, hein? Mande-os para mim, aos cuidados do meu editor. Seja forte na sua decisão de não mencionar o futuro cedo demais porque, na cabeça de um homem, ingressos para algo a ser feito na próxima semana podem levar a conhecer seus pais mês que vem e pronto: subitamente você virou a Louca para Casar.

3) SEJA DIFERENTE

Com tantas mulheres na luta para descobrir se o namorado novo está pronto para um relacionamento sério ou se é uma perda de tempo, você precisa destacar-se da multidão e ser diferente. Nos primeiros encontros, não faça perguntas envolvendo a genética dele, o potencial financeiro, os relacionamentos anteriores ou a opinião atual dele sobre relacionamento sério. Faça perguntas úteis para conhecê-lo como pessoa, em vez de um futuro marido ou doador de esperma, como "Você está lendo algum livro interessante agora?" ou "O que você mais gosta de fazer num domingo de manhã?". Esses assuntos são bem abertos e lhe permitem saber o que é importante para ele em vez daquilo que está nos seus planos. Isso vai diferenciá-la das outras Loucas para Casar que ele já conheceu.

4) NÃO SE ESQUEÇA DA DIVERSÃO

Um dos maiores problemas da Louca para Casar está no local onde a maioria dos primeiros encontros acontece: restaurantes.

Em geral, duas pessoas sentam-se à mesa uma de frente para a outra e conversam por duas ou três horas. É muita falação. Se você tende ao comportamento de Louca para Casar, é fácil cometer um lapso e entrar em terreno perigoso. Por isso, pense em sugerir um encontro diferente, mais ativo, como jogar boliche ou fazer um piquenique no zoológico, para evitar a possibilidade (e a tentação) de cair nas armadilhas da Louca para Casar no primeiro encontro. Se faltar assunto, você pode se concentrar na atividade em vez de fazer perguntas intrometidas para quebrar o silêncio. Ajude a evitar esse problema criando um ambiente ativo e tudo dará certo.

5) LEMBRE-SE DA CAIXA DE BOMBONS

"A vida é como uma caixa de bombons: você nunca sabe o que vai encontrar", disse Forrest Gump. O mesmo ocorre nos encontros, onde você escolhe um cara e arrisca: se der certo, ele estará pronto para um compromisso sério. Às vezes, porém, você pode acabar perdendo tempo. Não importa se ele indicar que está a fim de um relacionamento sério ou se deseja aproveitar a vida no primeiro encontro, os homens dizem que não é o fato de elas perguntarem de forma pouco sutil sobre a atitude deles em relação ao compromisso, mas o desespero que isso transmite que é a principal causa do fim de um relacionamento antes mesmo de começar. Seja qual for o caso, nós sabemos que, independente do que ele disser, tudo está em jogo quando a mulher certa aparecer (seja você ou a próxima). Sinto muito, mas é preciso gastar algum tempo antes, para ver se a relação vai progredir como você quer.

Você viu aquele ótimo episódio de *Friends* em que uma das namoradas do Ross queria mandar um cartão de natal conjunto para a família e os amigos dos dois? Ele ficou com medo de que o cartão definisse o relacionamento deles como sério demais e disse "Ainda não chegamos lá". Em seguida, a namorada perguntou: "Então *onde* estamos?" Em vez de respondê-la, ele tentou dar sinais de que estava comprometido: começou gravando uma fita para ela e acabou lhe dando a chave do apartamento (mas trocou a fechadura logo em seguida).

Durante ou após um ótimo primeiro encontro, o seu sr. Potencial (como o Ross) provavelmente está mais próximo de gravar uma fita para você do que lhe dar a cópia da chave do apartamento. Se você não consegue suportar essa ambiguidade no início da relação, pode acabar o pressionando a demonstrar rapidamente os sentimentos, deixando o rapaz desconfortável. Como consequência, ele vai retirar esse gesto apressado depois, quando perceber que não está pronto para isso.

Se você é a Louca para Casar...

O que é sexy:	O que não é sexy:
1. "Oi, você é o Mike?"	1. "Oi, você é a minha alma gêmea?"
2. "Que bom ver você."	2. "Quando vou vê-lo de novo?"
3. Perguntas abertas	3. Perguntas com respostas certas ou erradas
4. "Que criancinha linda."	4. "Aposto que teríamos filhos lindos."
5. "Amo sorvete de iogurte geladinho."	5. "Desculpe, não posso vê-lo na terça porque vou congelar meus óvulos."

RAZÃO NÚMERO 6 PARA ELE NÃO TER LIGADO DE VOLTA

A Língua Solta

"Não faço ideia do que seja 'endometriose', mas não parece coisa boa!"
Ted, 24 anos, Park City, Utah

"Para mim, é uma questão de medir a dramaticidade. Se eu não achar exagerada, ela consegue a minha atenção, mas se for muito dramática, estou fora."
Matt, 48 anos, Austin, Texas

"Ela já começou falando que o pai havia traído a mãe. Dava para ver que ela tinha problemas para confiar nas pessoas. E isso costuma ser apenas a ponta do iceberg."
Darryl, 32 anos, Lexington, Kentucky

"Costumo fazer vista grossa para muita coisa se ela for gostosa. Pelo menos no começo."
Zachary, 27 anos, Ft. Lauderdale, Flórida

A Língua Solta divulga informações negativas sobre si mesma num primeiro encontro, geralmente sem nem perceber. Isso costuma ser rotulado como "bagagem" e cai com força total no lado dos "contras" na inevitável lista mental que ele cria para você em tempo real durante o primeiro encontro. As solteiras já *deveriam* saber que não devem revelar a bagagem num primeiro encontro, certo? Por isso, fiquei surpresa com a quantidade de vezes que essas escorregadas foram relatadas pelos homens. As mulheres não só falavam sobre seus problemas físicos e emocionais, mas a maioria delas *não fazia ideia* de que as informações reveladas não eram positivas e, mais importante, que levavam diretamente ao fracasso do encontro.

Muitos homens contaram que toda garota ótima tem lá o seu "porém", como em "Ela era ótima! O tipo de garota que eu procurava. Porém..." Eles sabem que ninguém é perfeito. O problema é que eles não conhecem você o suficiente para avaliar se a bagagem em questão vai ser leve ou pesada. Compreensivelmente, os homens tendem a pensar no pior: características negativas vão acabar sendo mais sérias do que o que foi revelado inicialmente. Diante da *incerteza* de um problema ou característica difícil de lidar pelos próximos cinquenta anos, a maioria dos homens prefere desistir.

Eu falo com solteiras o tempo todo, por isso conheço o outro lado dessa história. Geralmente as mulheres não cometem o erro de principiante de revelar a bagagem cedo demais. Acontece que muitas veem a revelação de certos fatos como forma de "se abrir" ou de "criar um vínculo", e não como a confissão de um segredo sombrio. E algumas mulheres estão apenas tentando ser eficientes, pois não querem perder tempo com um cara que não consegue lidar com os problemas dela. Outras simplesmente definem certos fatos como "peculiares" ou "é assim que eu sou". E às vezes elas bebem um pouco, ficam ligeiramente embriagadas e acabam confessando algo de que se arrependem no dia seguinte.

Você é a Língua Solta?

A Língua Solta engloba quatro categorias na minha pesquisa. Alguma delas se aplica a você?

BAGAGEM FÍSICA

A bagagem física geralmente entra no quesito do histórico médico. Na maioria das histórias que ouvi, ela não era visível externamente, então as mulheres *podiam* escolher não revelar o problema no primeiro encontro. Eles ouviram de tudo, do grave ao simples, passando por questões sexuais. Os vários exemplos descritos pelos homens tinham diabetes, síndrome da fadiga crônica, doença de Reynaud, colesterol alto, tendinite, ter sobrevivido a um incesto na infância, ter feito aborto, não ter relações sexuais há vários anos, intolerância a lactose e herpes.

Um problema pode ser revelado inocentemente, mas um cara pode não saber como avaliá-lo, mesmo se não for nada sério. Bryce, 40 anos, guia de turismo ecológico de Jackson, Wyoming, lembrou-se de um primeiro e único encontro quando ele e a mulher conversavam sobre a paixão comum pelo ciclismo. Ela disse que tinha dificuldade para decidir o que comer antes de um longo passeio de bicicleta, e ele sugeriu uma marca de barra de cereal. Ela disse: "Ah, não posso comer esse tipo de barra por causa do meu problema de açúcar no sangue." Bryce não quis se intrometer, mas esse fiapo de informação ficou na cabeça dele ao longo da noite. Ele passou a observar a refeição da parceira (ela deixou metade da refeição no prato) e, quando pediram a sobremesa, ela disse que não podia comer nada com chocolate. Por isso, Bryce ficou preocupado achando que ela tinha algum distúrbio alimentar esquisito, ou então diabetes. Ele nunca ligou de volta para descobrir. Essa resposta me irritou. Primeiro eu disse que ela poderia não estar com fome, não ter gostado da comida, estar de dieta ou simplesmente empolgada com o encontro e não querer comer demais na frente dele. Quanto às barras de cereal, todos têm casos de certos alimentos que não descem bem por algum motivo, não há problema nisso.

Então eu perguntei: "Você está dizendo que se ela fosse diabética, você não gostaria de vê-la de novo?" A resposta foi: "Não. Não foi isso que eu quis dizer... Deixa para lá." (*Ops, aparentemente essa não é a melhor forma de estender o assunto com o entrevistado!*). Mas obviamente ele não conseguiu parar de se preocupar com a saúde da parceira, apesar dos argumentos racionais dados por mim ou da desaprovação que inadvertidamente expressei. Talvez ele seja um cretino, mas tirando esse exemplo, ele não parecia ser esse tipo de homem durante a hora que passamos conversando. Bryce apenas ficou desconfortável com essa pequena informação revelada sobre o açúcar no sangue e mudou de ideia quando observou outras possíveis pistas.

Então vamos ser sinceras: se dois homens igualmente bonitos e desconhecidos estivessem na sua frente e alguém perguntasse: "Com quem você gostaria de sair: o Desconhecido Número 1, que tem diabetes, ou o Desconhecido Número 2, que não tem diabetes?" você provavelmente escolheria o Desconhecido Número 2. Pelo fato de não saber mais nada sobre eles e talvez por ter uma compreensão limitada do que seja diabetes, você escolheria o que não tem um problema de saúde. Isso não faz de você uma má pessoa, apenas humana. Mas se você conhecer melhor esses dois caras e o Desconhecido Número 1 for inteligente, engraçado e carinhoso e o Desconhecido Número 2 for sem graça e egoísta, a escolha provavelmente será outra. O que quero dizer é que revelar qualquer bagagem cedo demais impede que alguém decida corretamente se quer conhecê-la melhor.

Paul, 37 anos, designer gráfico de Toronto, Canadá, estava num primeiro encontro com uma garota que conheceu numa viagem para esquiar. Quando a garçonete perguntou o que eles iam beber, ela pediu água com gás. Alguns minutos

Por que ele não ligou de volta? | **151**

depois, a moça explicou que não bebia álcool porque a mãe era alcoólatra. Paul não sabia muito sobre o alcoolismo, mas sabia de um fato: a doença pode ser hereditária. Eu expliquei a Paul que a vida era cheia de incertezas, e talvez as probabilidades de que a parceira dele ou os filhos pudessem se tornar alcoólatras não fosse maior do que a de ser atropelado por um ônibus enquanto atravessa a rua. Ele disse: "Pois é, também acho. Sei que parece um pouco irracional, mas foi o que passou pela minha cabeça. Acho que *qualquer característica* potencialmente negativa é uma bola fora no primeiro encontro. Bom, você me pediu para ser *sincero!*"

Uma das entrevistas mais emocionantes que fiz foi com Greg, de 25 anos, programador de computadores de Knoxville, Tennessee, que, relutantemente, contou uma situação da qual se sente culpado até hoje: ele saiu com uma mulher que revelou no primeiro encontro ter sido diagnosticada com a doença de Hodgkin aos 16 anos. Ela contou que estava totalmente curada agora e era uma pessoa mais forte por ter vencido o câncer. Greg disse: "É impressionante ter vencido o câncer. Quero dizer, ela [parecia ser] uma pessoa forte. Realmente gostei da moça: era engraçada, bonita, madura... Mas quando cheguei em casa, pesquisei sobre a doença de Hodgkin na internet e descobri que a radio e a quimioterapia afetam os órgãos reprodutivos e fiquei realmente dividido. Queria entender a situação dela mas, sei lá... Eu definitivamente quero ter filhos algum dia." Greg adiou a decisão de ligar para ela de novo e, algumas semanas depois, encontrou outra pessoa. Segundo ele, essa foi uma das atitudes mais covardes que já teve, e me fez repetir a promessa de não revelar seu nome verdadeiro neste livro.

Eu me dei conta de que mesmo os caras legais são humanos. Pode não ser realista pedir para eles lidarem com algo pesado e incerto demais quando acabaram de conhecer a garota. Greg poderia até ter avaliado o histórico (e o futuro deles) de forma diferente se tivesse tido mais tempo para conhecê-la melhor antes da moça ter revelado sua história. Esses exemplos de Bryce, Paul e Greg mostram como os homens agem num primeiro encontro quando as Línguas Soltas revelam informações limitadas ou incompletas: eles imaginam o pior.

BAGAGEM EMOCIONAL

No território dos primeiros encontros, quando duas pessoas se conectam de primeira e estão se conhecendo melhor, elas obviamente querem saber mais uma sobre a outra, mas há uma série de campos minados. Uma revelação popular que ouvi de vários homens, especialmente em Nova York e Los Angeles, dizia respeito a fazer terapia ou tomar antidepressivos. Termos como "analista" e "remédios" eram temas comuns de conversas em primeiros encontros. Glenn, 36 anos, repórter fotográfico da cidade de Nova York, lembrou-se de um encontro divertido com uma mulher chamada Laura, com quem rolou química. Ele ficou realmente atraído por ela. Num determinado ponto ele disse a ela: "Contei à minha terapeuta que tinha um encontro hoje." Ela riu e respondeu: "Também contei ao meu terapeuta que tinha um encontro hoje!" Eles fizeram piadas sobre seus terapeutas por um tempo e depois "ficaram" apaixonadamente no táxi antes de ele deixá-la em casa. Glenn prometeu ligar, mas nunca o fez. Segundo ele, quanto mais pensava em Laura, mais percebia que estava repetindo um padrão: envolver-se com mulheres emocionalmente complicadas. No passado, sua terapeuta havia observado que isso nunca terminava bem. Retruquei: "Como você sabe que ela é emocionalmente complicada?" Glenn respondeu: "Por ter me contado que fazia

Por que ele não ligou de volta? | **153**

terapia. Não sei quais são os problemas dela, mas eu já tenho os meus para lidar."

Achei a história do Glenn particularmente interessante. Não só por seu padrão injusto de "dois pesos e duas medidas" mas porque *ele* foi a primeira pessoa a mencionar a palavra "terapeuta" durante o encontro. Nesse caso, Glenn sem querer armou para Laura, e ela mordeu direitinho a isca da Língua Solta. Ele deixou uma armadilha invisível ao fazer a primeira referência à sua terapeuta, mesmo fazendo soar como algo bonitinho. Ele indicou que não havia problema em fazer terapia, por isso ela ficou à vontade para contar sua história. Mas como ele não a conhecia suficientemente bem para perguntar por que ela fazia ou precisava de terapia, ele tirou conclusões precipitadas depois do encontro. Não é que Laura devesse ter mentido sobre a terapia, mas não precisava responder com um comentário do tipo "eu também" (especialmente pelo fato do Glenn não ter lhe *perguntado*). Quando Glenn disse ter contado à terapeuta sobre ela, Laura poderia teria mexido a cabeça e, em tom de brincadeira, dito: "Ah, é? E o que você contou a ela a meu respeito? Algo bom, eu espero!"

Outro incidente envolvendo a Língua Solta aconteceu com uma mulher cujos pais eram divorciados. Chuck, 30 anos, técnico jurídico de Iowa City, Iowa, contou sobre uma ótima conversa que teve com uma mulher chamada Rebecca no primeiro encontro. Eles se deram bem porque ambos tinham pais separados e falaram sobre crescer com sentimentos de culpa, raiva e abandono. Chuck achou que Rebecca realmente entendia a história de vida dele. Porém, mesmo gostando muito do encontro, Chuck decidiu não ligar de volta. Semelhante aos "dois pesos e duas medidas" do Glenn, ele afirmou: "O que realmente preciso é de alguém que seja o oposto de mim, alguém sólido como uma rocha, que seja uma influência estável." Obviamente, após um único encontro ele não fazia ideia se Rebecca era "estável" ou não, mas Chuck a estereotipou simplesmente porque eles conversaram muito sobre crescer com sentimentos turbulentos.

Também ouvi incidentes de Língua Solta ocorridos quando o homem perguntou à parceira: "Você parece tão legal, por que ainda está solteira?" Isso geralmente levava a mulher a entrar no modo de confissão ou autodepreciação, revelando algumas de suas características desagradáveis ou relacionamentos fracassados. Talvez ela tenha se arrependido da resposta depois, mas no calor do momento foi impossível evitar a reação, quase um reflexo, de esconder o quanto ela era sensacional e admitir algum problema bem secreto. É difícil ouvir um elogio, mas você deveria imaginar que todo cara que faz essa pergunta está tentando agradá-la. A única resposta nesse caso é: "Obrigada! É que ainda não encontrei a pessoa certa."

> "Não sei quais são os problemas dela, mas eu já tenho os meus para lidar."

SOA O ALARME

Algumas bagagens parecem tão graves que os homens ouvem o alarme soar imediatamente. Eles nem precisam chegar em casa e pensar se vão ligar de volta: as revelações acabam com o encontro na hora. Preston, 49 anos, dono de livraria de São Francisco, Califórnia, descreveu um encontro com uma mulher que lhe disse, após três taças de vinho, que o pai já fora preso por violência doméstica. Preston não queria fazer parte daquele drama familiar. Outros homens contaram sobre mulheres que falaram de tudo, de superar o vício em drogas a ter sido presa por furtar em uma loja, passando por admitir ter distúrbios alimentares e ter um filho com deficiência. Não importa o quão impressionantes fossem as histórias em termos de superação de adversidades ou se elas entraram no quesito "estamos nos conhecendo melhor" ou "apenas sendo sincera", a notícia era demais para eles. Eram muitos estereótipos para os homens questionarem, processarem e racionalizarem num primeiro encontro. Acredito que nenhuma dessas histórias acabaria com encontros de forma permanente se fossem reveladas mais tarde num relacionamento. Quando alguém a conhece o suficiente para equilibrar suas características positivas com a bagagem, a equação fica totalmente diferente. Tudo é uma questão de sincronia e apresentação. (Veja mais sobre isso na seção "E agora? O que você precisa fazer?".)

PECULIARIDADES E CONTROVÉRSIAS

As histórias mais interessantes para mim foram aquelas em que as mulheres pareciam não fazer a menor ideia de que revelavam informações polêmicas sobre si mesmas. Por exemplo, ouvi histórias de encontros fracassados por que as mulheres revelavam que fumavam, eram extremamente "chatas para comer", liam tarô, tinham vivido uma experiência lésbica, levaram dois anos a mais para se formar na faculdade, perderam a virgindade aos 13 anos, foram demitidas de um emprego ou tinham três gatos (Observação: essas informações não são todas de uma só mulher, estou falando de *oito* moças diferentes!). Algumas revelaram que jamais haviam viajado para fora dos Estados Unidos e outras admitiram que ainda moravam com os pais. Eu imagino que a maior parte dessas mulheres achou que estava apenas falando de si ou fazendo uma piada sobre hábitos ou situações peculiares. Mas os homens interpretaram como uma forma de bagagem. Eu percebi que o rótulo de Língua Solta ia além de revelar problemas físicos ou emocionais. Englobava *qualquer característica incomum* revelada a um estranho que não tivesse um contexto mais amplo para processar a informação.

Durante uma Entrevista de Saída para uma cliente de 37 anos, descobri um exemplo que ele chamou de "estranho" e ela de "admirável". A moça revelou durante o encontro que não tinha um relacionamento sério há quinze anos. Ela se orgulhava disso, pois demonstrava que os homens com quem ela *realmente* se envolvia eram muito especiais. O parceiro dela não viu dessa forma e supôs que só podia haver algo errado com ela.

Outra Entrevista de Saída que realizei revelou uma situação em que minha cliente mencionou no primeiro encontro que, por motivos religiosos, desejava permanecer virgem até o dia do casamento. Segundo a moça: "Achei que demonstrar minhas convicções sobre Deus e abstinência sexual seria algo *bom* para quem pensa em casamento. A maioria dos homens cristãos gostaria disso numa esposa... Além do mais, é algo muito importante para mim, então se ele não puder lidar com isso, melhor que eu saiba logo antes que seja tarde demais." Eu respondi: "Pare com esse papo de virgem!" Não é que a virgindade até o casamento seja uma decisão ruim. Na verdade, é algo que tem aumentado nos últimos tempos, só não é o tipo de informação a ser dada no primeiro encontro. Não sei a quantidade exata, mas talvez seja o tipo de informação a ser dada no quinto encontro. A maioria dos homens (mesmo "os bons cristãos") que ouve esse papo cedo demais pensa: "A conta, por favor!"

Mesmo que não se identifique com esses exemplos, pense no que mais é possível dizer aos seus parceiros que *pareça* nobre ou positivo para você mas possa ser problemático para quem não a conheça direito. As pessoas que tiveram os encontros mais bem-sucedidos que já vi tinham a capacidade de se afastar e ver a situação objetivamente, como se estivessem assistindo a si mesmas na TV.

Por falar em TV, é preciso enfatizar que admitir assistir a muita televisão pode ser problemático num encontro. Uma amiga descreveu uma troca de e-mails no JDate com um cara que perguntou se ela via muita TV. Ela respondeu: "Sim, com certeza!" e citou seus três programas favoritos. Em seguida, ele perguntou: "Você lê muitas revistas ou jornais?" A resposta foi: "Não muito." Depois disso, ele mudou de assunto. Parando para pensar, ela percebeu que ele devia ter perdido o interesse por achar que ela só ficava sentada vendo televisão e não tinha cérebro. Infelizmente, ele nunca fez a pergunta de um milhão de reais: "Você lê muitos livros?" Acontece que a moça é editora (o que ele não sabia), e lê cerca de 15 livros por mês. Ela certamente tem cérebro. Quanto à TV, a verdade é que ela costuma perder seus programas favoritos e só assiste cerca de três horas por semana. Mais uma vez, é importante perceber que por trás da superfície da pergunta sobre TV há uma tentativa de estereotipar sua inteligência e nível de atividade. Seja proativa e responda com a história completa: se você admitir ver muita TV, não se esqueça de mencionar quanto tempo passa em atividades intelectuais e fazendo exercícios físicos.

Algumas pessoas admitem passar tempo demais na internet. Philip, 64 anos, diretor de publicidade de Chicago, Illinois, recordou-se de uma conversa em que ele descreveu uma conta que estava tentando pegar de um varejista online. A mulher falou que sabia tudo sobre compras online por ser "viciada no eBay". Primeiro ele achou engraçado e eles fizeram piada sobre as horas que ela passava online e os itens estranhos adquiridos pela moça. Mas Philip logo começou a se preocupar se a palavra "viciada" fora usada a sério. Ela tinha uma paixão incrível na voz ao descrever os objetos que comprou e vendeu, e entrava em detalhes elaborados sobre estratégias para dar lances e qualificações do vendedor. A moça chegava a ler livros para melhorar as vendas no eBay e disse ter ganhado 38 mil dólares no site de leilões virtuais no ano anterior (e este nem era o emprego dela). Isso não era um comportamento "divertido", concluiu Philip, que começou a vê-la de modo mais cético e durante o resto do encontro e nunca ligou de volta.

A moça do eBay me lembrou da época em que um cara me apelidou de Garota Dr. Pepper durante um encontro na faculdade e nunca me ligou de volta. Como a esta altura do livro você já tem contexto suficiente para não me julgar, vou compartilhar um pouco da minha bagagem: oi, meu nome é Rachel e não bebo qualquer refrigerante. Eu só bebo Dr. Pepper Diet, e obsessivamente. Venho fazendo isso desde a quarta série. Minha média costuma ficar entre seis e oito latas por dia. Costumava pensar que essa situação do refrigerante era um pequeno fato pessoal a meu respeito que animava a conversa quando conhecia alguém novo. Não é algo que se costuma ouvir com frequência, certo? Porém, depois de ter falado sobre essa peculiaridade num primeiro encontro com um cara a quem chamarei de Bozo (o codinome desagradável foi dado de propósito porque ele não me ligou de volta. Amarga, eu? Imagina.), fiquei sabendo pela amiga da minha colega de quarto que o Bozo tinha me apelidado de Garota Dr. Pepper. Não só ele não tinha me chamado para sair de novo (e eu *realmente* tinha gostado do rapaz), como contou para todos os amigos que eu era meio maluca. Foi quando percebi que qualquer obsessão, não importa o quanto ela pareça simpática ou inofensiva para *você*, pode não ser tão bem interpretada por estranhos que não sabem que o resto da sua personalidade é (relativamente) "normal".

Você esperaria que esse tipo de informação — sobre assistir TV, comprar no eBay ou beber Dr. Pepper Diet— fosse considerado "bagagem"? Eu não esperaria. E pelas histórias que os homens me contaram, a peculiaridade de uma pessoa pode ser um sinal de alerta para quem não conhece você. Então, se sua história envolve algo levemente obsessivo, deixe-a para depois.

PARECE FAMILIAR?

Você pode não ter notado as semelhanças entre as histórias sobre a Língua Solta contadas até aqui com o seu estilo de vida, visto que nem sempre é fácil se reconhecer nas histórias alheias. Por isso, use as perguntas de autoavaliação a seguir para verificar se os homens estão estereotipando você como a Língua Solta antes de começarem a conhecê-la de verdade.

NO TRABALHO...

❑ O seu ambiente de trabalho é formado por um grupo bem unido e, às vezes, rolam fofocas?

❑ Em avaliações de desempenho ou feedbacks casuais de colegas de trabalho, já lhe disseram "Tente manter a vida pessoal separada da vida profissional"?

❑ Quando você é apresentada a um novo colega de trabalho, ele ou ela costuma descobrir algo muito pessoal a seu respeito na primeira conversa?

COM OS AMIGOS E A FAMÍLIA...

❑ Você vem de uma família onde todos falavam abertamente de seus problemas e sentimentos?

❑ Seus amigos frequentemente dizem "Pare, eu não preciso saber disso!"?

❑ Alguém já lhe disse "Você sabe que isso não é considerado normal fora de Nova York, não é?"?

NUM ENCONTRO OU COM UM NAMORADO ANTERIOR...

❑ Quando você está nervosa ou numa situação desconfortável, costuma beber demais?

❑ Você usa a frase "Meu terapeuta diz..."?

❑ Se a relação está indo realmente bem com um cara novo, a conversa rapidamente descamba para a revelação de detalhes pessoais mútuos?

SUA FILOSOFIA PESSOAL...

❑ Você acha que "se ele não conseguir lidar com isso, é melhor que eu descubra de uma vez"?

❑ Você é o tipo de pessoa que gosta de "pôr as cartas na mesa"?

❑ Você acha que não há nada de errado em confidenciar detalhes pessoais a um estranho sentado ao seu lado no avião ou num banco de praça?

Se você respondeu sim a mais de cinco perguntas, então pode ser considerada (ou erroneamente considerada) como a Língua Solta. Não há duvida de que você é sincera, autêntica e não quer saber de joguinhos e mentiras, e claro que você não deve mudar sua essência, mas pode pensar em ajustar o que diz e faz num primeiro ou segundo encontro. Os homens que não sabem o quanto você é sensacional podem achar que você é a Língua Solta e perder a chance de conhecê-la melhor nos próximos encontros.

E agora? O que você precisa fazer?

Sempre digo que amo as pessoas que eu amo "apesar de" tanto quanto "por causa de". Apesar de a minha amiga Gina geralmente se atrasar uma hora quando marca de sair comigo, eu a amo porque ela é a pessoa mais leal e engraçada que conheço. Porém, eu só faço vista grossa para as falhas das amigas atrasadas, egoístas ou reclamonas porque eu as conheço suficientemente bem para ver e valorizar todas as qualidades e aceitar os defeitos. Numa situação de primeiro encontro, se eu soubesse seus principais defeitos, tenho certeza que muitas das minhas melhores amigas não teriam chegado ao segundo encontro comigo!

Se você se identifica com a Língua Solta, veja cinco sugestões que ajudam a fazer um relacionamento decolar, dando ao casal tempo suficiente para avaliar e saber mais sobre o outro.

1) MANTENHA O FOCO

Algumas mulheres me contaram que não importa o tamanho do esqueleto escondido no armário (qualquer coisa que vá de infertilidade a ser adotada, passando por um histórico familiar de câncer de mama), elas se sentem desonestas se não revelarem o problema de cara. Mas eu acredito que essas mulheres não dão o foco certo ao problema, permitindo que um desafio em suas vidas — não importa se passado ou atual — tenha papel central em suas mentes e as definam. Elas supõem (geralmente sem perceber) que não importa qual seja o problema, ele se torna maior que todas as qualidades juntas. Por exemplo, se você não pode ter filhos, como encara essa situação? Você é uma mulher infértil querendo namorar alguém que não quer filhos ou já tem filhos? Ou você é acolhedora, inteligente e vibrante, e revelará fatos particulares sobre seus órgãos reprodutivos se e quando o relacionamento ficar sério e o assunto se tornar relevante? Eu não considero a última atitude como desonesta; eu chamaria de valorizar o que há de melhor e ter o direito à privacidade. Um homem apaixonado terá maior probabilidade de ver as opções com outros olhos: se ele quiser ter filhos, a adoção ou barriga de aluguel pode ser uma boa opção desde que ele *fique com você.*

Claro que sempre há o risco de o homem ir embora quando descobrir seu segredo. Após alguns encontros faz sentido discutir um problema importante e descobrir se é algo com o que ele possa lidar, para não perder seu precioso tempo com o cara errado. Num primeiro encontro, porém, em vez de usar sua bagagem para filtrar homens que mal a conhecem, vale a pena usar seu tempo para conhecer os valores, interesses e a visão de mundo um do outro. Esse foco aumenta as chances de suas qualidades superarem os defeitos na cabeça dele mais tarde. O mesmo aviso vale para você e, claro, você também vai avaliar a bagagem *dele* posteriormente.

Quando chega a hora de discutir problemas difíceis, preste atenção não só ao que está dizendo mas também a como se diz. Sinais importantíssimos são enviados por meio da comunicação verbal e não verbal. Cruzar os braços e ter um olhar resignado enquanto diz "Você vai descobrir cedo ou tarde, então é melhor saber...", é garantia de fazer qualquer um ranger os dentes e agarrar a borda da mesa de tanta ansiedade.

2) USE UM TORNIQUETE

Lembre-se de que pessoas espertas em encontros são como jogadores de xadrez: estão sempre pensando várias jogadas adiante. Se você sabe que há algo a seu respeito que pode ser polêmico, certifique-se de que sua conversa no primeiro encontro não siga por um caminho que forçará você a revelar ou ficar tentada a mentir sobre o problema. Se algo difícil surgir na conversa, use um "torniquete", de modo a parar o sangramento antes que piore. Digamos que você seja ateia radical. Isso não é exatamente uma bagagem, mas é algo que pode ser peculiar ou polêmico para um cara religioso. Pessoas com crenças diferentes se apaixonam o tempo todo e a relação dá certo, mas diferenças religiosas podem certamente acabar com um primeiro encontro. Então quando perguntar o que ele fez no fim de semana passada e ouvir "Fui à igreja no domingo com minha mãe", afaste qualquer discussão religiosa inserindo uma pergunta para mudar de assunto: "Sua mãe? Que ótimo, eu não sabia que ela morava na cidade. Fale mais sobre ela..."

3) SEJA BREVE

É fundamental ter primeiros encontros curtos se você for a Língua Solta porque a síndrome de "dar informações demais" é sua inimiga. Se você passa uma hora com um cara num primeiro encontro em vez de duas, a probabilidade de falar algo que não deve é 50% menor. Seu primeiro encontro deve ser mais parecido com a revista *Seleções* do que com a *Enciclopédia Britânica*. Mantenha a conversa leve e interessante, e deixe as histórias sérias para quando vocês se conhecerem bem o suficiente a ponto de compartilhar esse tipo de informação.

4) EVITE A ARMADILHA DO VÍNCULO

Um encontro não é uma confissão com seu padre, pastor, rabino ou terapeuta. É ótimo se você quiser ir além da conversa superficial dos primeiros encontros, esse é o instinto certo, mas saiba que criar um vínculo quando se trata de bagagem pode, na verdade, cortar o vínculo em vez de formá-lo (como visto nos exemplos de Glenn e de Chuck). É importante manter problemas pessoais para si quando sentir que o parceiro está tentando (intencionalmente ou não) fazer você revelar mais do que deveria. Quando ele repassar a conversa em casa mais tarde, poderá ter dúvidas (irracionais) sobre o que precisa e o com o que consegue lidar. Então, se a conversa é sobre a família, não conte aquele momento emocionante quando você descobriu que era adotada. Em vez disso, fale sobre a família amorosa que você tem agora ou conte uma história divertida das férias em família que deram errado, mas de um jeito que pareça algo saído da *Família Buscapé* em vez da família Manson.

E se os seus pais forem divorciados? Melhor não contar logo de cara. Se ele disser que os pais são divorciados, contenha a vontade de criar um vínculo falando dos traumas envolvendo padrastos e madrastas. É uma armadilha! Você pode dizer "Sim, meus pais também são divorciados... Pode ser uma situação muito difícil!", mas evite revelar "Ah, isso parece tranquilo quando comparado ao divorcio dos *meus* pais. Meu pai já está na terceira esposa, tenho duas meio-irmãs problemáticas e minha mãe acabou de se casar com um Testemunha de Jeová que conheceu num grupo de Jogadores Anônimos".

Agora, e se *ele* for o Língua Solta? Como lidar com as confissões graves ou mesmo chocantes dele num primeiro encontro? Primeiro, não imagine que, como ele falou primeiro, *não tem problema* se você confessar algo em seguida. Em segundo lugar, faça perguntas esclarecedoras para garantir que você entendeu bem o escopo do que foi dito. Talvez não seja tão ruim quanto parece. Se ele contou que é alcoólatra, vale perguntar se ele está sóbrio agora e há quanto tempo não bebe. Se ele não bebe há dez anos, talvez não seja tão ruim assim — só você pode decidir o que é bom para *você*, mas dê o benefício da dúvida se você

Por que ele não ligou de volta? | 165

gostar dele e passe mais tempo com o rapaz para conhecê-lo "de verdade". E não se esqueça de demonstrar empatia, não importa se você pretende vê-lo de novo ou não. Ele confiou algo muito pessoal a você e está observando-a para captar sua resposta. Mesmo se for algo que acabe com o encontro para você, tenha a educação de não fazer qualquer julgamento. Por outro lado, sua mãe jamais me perdoaria se eu não lhe dissesse isso: se for algo realmente horrível e inaceitável, corra!

5) DEFINA SEU "PROBLEMA"

Chega de falar de bagagem pesada: e se o seu problema for um pouco mais leve? Talvez você não seja muito atlética, tenha dívidas no cartão de crédito ou rompeu um noivado uma vez. Ou talvez então você ronque. Ou perde sempre suas chaves. Quando algo desse tipo deve ser mencionado para um cara novo? Bom, tudo é relativo. Primeiro defina exatamente *qual* é o seu problema. Digamos que você cozinhe muito mal. O que isso significa? Você é menos talentosa na cozinha comparada à sua amiga que passou um ano numa escola de culinária na França? Talvez você não adore cozinhar, mas existam três pratos que você faça realmente bem. Pelo menos ninguém morreu de intoxicação alimentar após uma refeição feita por você, não é mesmo? Você pode estar dando a si mesma uma má reputação, pois dependendo de como se vê (e se descreve ao parceiro) a "bagagem" pode não representar qualquer problema para ele.

Conforme descrito no conselho para a Propaganda Enganosa, é bom definir expectativas realistas e mencionar alguns dos seus problemas "leves", mas defina-os com clareza. Isso evitará levar a autodepreciação a um ponto que deixe a situação maior na cabeça dele do que é na realidade.

Pontos extras

Quer ganhar pontos extras aqui? Tente o velho truque de fingir. Afinal, os homens estão sempre procurando pelo "porém", então por que não se divertir assustando-os um pouco? Pode servir para aliviar a tensão do primeiro encontro. Uma das minhas clientes disse uma vez ao parceiro num sussurro confessional: "Antes de seguirmos adiante, preciso contar um segredinho a meu respeito..." Claro que ele pensou imediatamente: "Ah, não. Lá vem... O que será desta vez? Hepatite C? Fanática pelo Bon Jovi? Um membro artificial?" Em vez disso, ela apontou para um pequeno prato no centro da mesa, sorriu e disse "Eu *adoro* azeitonas verdes." Em seguida, comeu três. (Vale lembrar que ela não comeu *vinte* e se transformou na Louca da Azeitona Verde!).

Se você é a Língua Solta...

O que é sexy:	O que não é sexy:
1. Conversação	1. Confissão
2. Introspecção e paciência	2. Diarreia verbal
3. Revelar a bagagem no quinto encontro	3. Revelar a bagagem no primeiro encontro
4. "Adoraria saber mais sobre você."	4. "Aqui estão uns fatos que você deve saber a meu respeito."
5. Contar que você ama ler biografias de cortar o coração	5. Contar a ele a *sua* biografia de cortar o coração

RAZÃO NÚMERO 7 PARA ELE NÃO TER LIGADO DE VOLTA

A Impossível de Conviver

"Quem quer pisar em ovos pelo resto da vida?"
Randy, 34 anos, Burlington, Vermont

"Não quero que ela seja feita de otária, mas um pouco de compaixão faz a diferença."
Grant, 29 anos, Londres, Inglaterra

"Era como tentar abraçar um porco-espinho."
Walt, 41 anos, Detroit, Michigan

A Impossível de Conviver é uma mulher que não parece gentil, é impaciente ou facilmente irritável. Ela pode se achar certa ou ter comportamento passivo-agressivo e ser rápida para atacar quem a chateia, não importa se é um estranho ou amigo. Ela pode ter traços da Louca para Casar, em termos de maneirismos intrometidos, agressivos ou de contrainvestigação, mas os homens não percebem a atitude dela como vinda de um relógio biológico ativado. Eles acham que vem de questões mais profundas envolvendo raiva ou apenas um temperamento difícil. Ela é o símbolo daquela frase famosa do filme de 1983, *Laços de Ternura*, na cena em que John Lithgow diz ao balconista mal-educado: "Ah, você deve ser de Nova York."

Os homens captam a atitude irritadiça numa parceira e ficam tensos e nervosos, esperando não ser o próximo a ouvir uma resposta atravessada. Alguns disseram com todas as letras: "Ela meio que me assustou!" Jim, 33 anos, ilustrador de livros de Filadélfia, Pensilvânia, comentou: "Quem quer acordar todo dia e perguntar se ela é a Médica ou a Monstra?" Até a Bíblia diz "Melhor morar numa terra deserta do que [com] a mulher rixosa e iracunda" (Provérbios, 21:19).

Fiquei surpresa ao ouvir algumas dessas observações das trincheiras do primeiro encontro porque eu achava que, não importa o quanto uma mulher possa ser insuportável, ela seria esperta o bastante para esconder essas tendências no começo do relacionamento. Imaginei que reclamações e respostas atravessadas surgissem depois, quando as pessoas abaixavam a guarda. Por isso, fiquei surpresa com a quantidade de escorregadas (ou "interpretações errôneas") que ouvi nas Entrevistas de Saída.

Segundo minhas observações, quando os homens querem namorar sério, eles tendem a procurar uma pessoa verdadeiramente atenciosa. Claro, quem não escolheria a boazinha em vez da malvada para conviver a longo prazo? Certamente há homens que conseguem decifrar a Cruela Cruel, mas esse não costuma ser o caminho para um relacionamento saudável e de longo prazo. Não importa como essas mulheres são rotuladas — arrogantes, pavios curtos ou instáveis — os homens se mostram instintivamente cautelosos em relação a elas. E eu jamais encontrei uma mulher que não fosse arrogante, pavio curto ou instável em pelo menos uma ocasião. E você? Jamais conheci a Madre Teresa, mas apostaria cinquenta rúpias que até ela tinha dias ruins de vez em quando e não fazia questão de esconder. Enquanto ouvia algumas das histórias meticulosas contadas pelos homens sobre a Impossível de Conviver, eu me vi querendo retrucar: "Dê um tempo para ela!" (Sim, eu sei: é o sujo falando do mal lavado.)

Por que ele não ligou de volta? | 169

Você é a Impossível de Conviver?

A Impossível de Conviver engloba três categorias de comportamento na minha pesquisa.* Alguma delas bate com o seu?

MAL-EDUCADA COM O PARCEIRO

Os homens não mencionaram muitos comentários antipáticos e sem rodeios voltados diretamente a eles, mas quando o fizeram, eles se lembraram das frases palavra por palavra. Eu imagino que essas frases depois alimentaram competições entre solteiros sobre quem teve o pior encontro. Jeff, 26 anos, assistente pessoal de Buffalo, Nova York, recordou-se do comentário da parceira depois que ele descreveu seu trabalho: "Você é assistente pessoal? Está brincando? Quer dizer, você é *secretário* de alguém?" Eles se casaram um ano depois (brincadeirinha!). Peter, 31 anos, arquiteto de São Francisco, Califórnia, disse que jamais esquecerá a noite em que o cartão de crédito foi recusado no bar quando tentou pagar a conta, e a parceira (que ele conhecia há meia hora) retrucou com um sorriso nos lábios: "Eu não saio com pobres."

Porém, esses exemplos gritantes foram anomalias. Ponto para as mulheres que se autoeditam. As histórias mais sutis sobre a Impossível de Conviver me intrigaram, aquelas em que o cara me contava a versão dele de uma "história de guerra" mas a mulher provavelmente não fazia ideia do quanto havia se saído mal naquele encontro. Landis, 27 anos, banqueiro de Denver, Colorado, recordou-se de um segundo encontro com Shelly.

---

* Homens divorciados tinham probabilidade 104% maior que homens de outros estados civis de citar a Impossível de Conviver como a principal razão para não ligar de volta.

Ele a levou a um jogo de futebol americano dos Broncos, no qual encontrariam um amigo dele. Quando chegaram perto do estádio, ele ficou feliz por achar um lugar barato para estacionar e comentou com a Shelly: "Que pena que não consegui avisar [ao meu amigo] sobre esse local para que ele pudesse economizar um pouco." Shelly respondeu: "Não se preocupe. Não é seu dinheiro mesmo." Segundo Landis, o comentário dela demonstrou falta de consideração e, junto com outros exemplos similares daquele encontro, ele encontrou motivos suficientes para não vê-la de novo.

Um comentário interessante veio de Harlan, 33 anos, gerente de marca em Cincinnati, Ohio, que me contou sobre um encontro arranjado com a irmã de um colega de trabalho. Ele ligou para chamá-la para sair e quando eles estavam desligando, Harlan sugeriu: "Nós devíamos trocar fotos. Vou mandar uma foto minha por e-mail. Você pode mandar a sua também?" Ela hesitou e respondeu: "Veja bem, eu não estou interessada em homens que se importam tanto com minha aparência." Harlan ficou surpreso com a aparente arrogância, e justificou: "Gostando ou não, a maioria das pessoas está acostumada a arranjar encontros pela internet hoje em dia, nos quais sempre se vê uma foto. Quando você conhece alguém do jeito antigo — por um amigo ou colega de trabalho — não é absurdo pedir uma foto. Especialmente quando nós já tínhamos marcado o jantar! Eu não estava usando a foto para decidir se queria sair com ela... Claro que eu estava curioso para ver se ela era atraente, mas meu objetivo era reconhecê-la quando nos encontrássemos num restaurante lotado." Harlan afirmou que a foto não era necessária e eles se encontraram "às escuras" alguns dias depois. Ela era realmente bonita, mas ele não conseguiu tirar a impressão de arrogância graças ao comentário feito ao telefone. Ele ouviu atentamente durante o jantar para descobrir se ela era uma pessoa gentil ou não. Harlan relatou que ela parecia irritada quando ele teve dificuldade para estacionar o caro perto do restaurante e quando esqueceu que ela já havia lhe contado que tinha duas irmãs. Resumindo: "Ela não era simpática."

MAL-EDUCADA COM OUTRA PESSOA

Homens relataram vários incidentes em que o comportamento grosseiro de uma mulher não foi direcionado a eles pessoalmente. Às vezes, bastavam alguns comentários feitos a um garçom para deduzir toda a personalidade dela. É provável que você também julgue os caras assim. Brett, 25 anos, estudante de MBA na Kellogg School for Management em Chicago, Illinois, é gay e disse que notou a verdadeira personalidade de um cara quando ele fez o seguinte comentário para o garçom: "Eu *preciso* de molho ranch." Segundo Brett "Não houve um 'por favor' ou 'quando você puder'." Ele descreveu o tom do parceiro como "esnobe". Brett captou esse tipo de atitude outras vezes ao longo da noite e decidiu que não estava interessado.

Às vezes você pode ser sua pior inimiga. Os homens ouviram histórias contadas pelas mulheres sobre algo que aconteceu no escritório, ou a um de seus amigos ou na infância, e concluíram a partir daí que ela era a Impossível de Convier. Grant, 29 anos, gerente de hotel-butique de Londres, Inglaterra, lembrou-se da história de uma garota chamada Julie. Durante o encontro com Grant, ela reclamou de uma colega de trabalho que estava grávida de seis meses, cansada o tempo todo e com problemas de saúde. A colega se ausentara do escritório por vários dias e o fardo dos projetos em dupla caiu nos ombros de Julie, que, ao reclamar com o Grant sobre o péssimo dia no trabalho, disparou: "Estou cheia das pessoas inventarem desculpas o tempo todo para não trabalhar. Ela escolheu ter um filho, então por que eu tenho que sofrer?" Grant não podia acreditar no quanto Julie era insensível com alguém que vivia uma situação difícil. Ele disse: "Não quero que ela seja feita de otária, mas um pouco de compaixão faz a diferença."

Não ser *autêntica* também era uma parte importante na aura da Impossível de Conviver. Alguns homens temiam que as parceiras estivessem mentindo sobre sua verdadeira natureza se observassem breves momentos de comportamento agressivo. Phil, 41 anos, corretor de valores na cidade de Nova York, contou que viu algo nos primeiros dois minutos com uma mulher chamada Andrea, e que isso definiu sua perspectiva para a noite toda. Ele chegou na casa da parceira quando ela terminava de falar com a mãe ao telefone. Andrea sorriu, fez um gesto para que ele se sentasse e entrou na cozinha (sem fechar a porta). Pelos próximos dois minutos ele ouviu uma conversa muito grosseira entre mãe e filha. Ela retrucava tudo que a mãe dizia com frases do tipo "Eu *sei* disso! Você não acha que eu já *sei* disso?" e "Você *acha* isso, não é?" O tom era hostil e impaciente. Não demorou muito para Andrea desligar o telefone, voltar para a sala de estar e cumprimentar o Phil cordialmente, agindo como se nada tivesse acontecido. Ele não chegou a ver o que chamou de "a gêmea malvada" da moça pelo resto da noite, mas admitiu que estava cético com relação a ela durante o jantar e se perguntou várias vezes se o que Andrea dizia era verdade. Apesar de achá-la bonita e inteligente, ele disse que os modos da parceira ao telefone "o assustaram logo de cara [e] o deixaram preocupado se havia algo por baixo daquela fachada". Ele não marcou um segundo encontro.

Isaac, 26 anos, coordenador de recursos humanos de Charlotte, Carolina do Norte, contou ter percebido a natureza traiçoeira de uma mulher durante o primeiro encontro quando ela viu uma amiga passar pela mesa onde eles jantavam. Sua parceira, Sarah, deu um sorriso largo e levantou-se para beijar o rosto da amiga, com quem teve uma conversa rápida e aparentemente cordial. Dez segundos depois de a amiga ter ido embora, Sarah revelou seus verdadeiros sentimentos sobre a mulher, dizendo que ela era arrogante e metida a certinha, chegando até a mencionar boatos de que a "amiga" tinha um relacionamento com um homem casado. Isaac mal acreditou que fora enganado: pelo cumprimento que testemunhou, ele supôs que as duas eram boas amigas. Com isso, concluiu que Sarah não era sincera e que também era fofoqueira.

O TESTE DE BOAS MANEIRAS

Como já fiz minha confissão do Dr. Pepper, posso contar outra história pessoal, desta vez sobre meus pais: há muitos anos, minha mãe e meu pai queriam garantir que meu irmão mais velho, Derek, trouxesse uma mulher verdadeiramente gentil para nossa família. Por isso, eles criaram um "teste de boas maneiras" para algumas de suas namoradas. Derek convidava a moça para encontrar nossa família e lanchar num lugar que nem existe mais em Denver, o Soda Straw, um salão de sobremesas espalhafatoso e antiquado, onde as crianças iam basicamente para comemorar aniversário. Minha mãe saía sorrateiramente da mesa para contar à anfitriã que era aniversário da namorada do meu irmão naquela noite. Isso significava que, alguns minutos depois, todos os garçons e garçonetes do Soda Straw surgiriam pulando e cantando alegremente em direção à nossa mesa, soariam um sino, segurariam uma fatia de bolo confeitado com uma vela brilhante e cantariam uma versão boba porém entusiasmada do "Parabéns a Você". Era costume de todos os clientes do restaurante se juntem à cantoria e a aniversariante devia ficar de pé *em cima da mesa* durante a singela homenagem.

Desnecessário dizer que as pobres namoradas do meu irmão ficavam perplexas. Em vez de entrar na brincadeira da noite, elas protestavam, chocadas: "Não! Não é o meu aniversário! Vocês cometeram um erro!" enquanto meu pai piscava para a garçonete, balançando a cabeça de modo compreensivo e dizendo: "Ela está envergonhada..." Minha mãe estimulava a multidão: "Continuem cantando!" Por que o meu irmão topava este vexame eu nunca descobri. Mas a teoria da minha família era a seguinte: é preciso ter senso de humor, ou o casamento não dá certo. Uma garota tranquila que resolve tudo com uma risada é certamente o oposto da Impossível de Conviver. Minha história familiar pode ser excêntrica, mas preste atenção, garota: você pode ser a próxima vitima da "pegadinha" em que um homem a avalia com o detector de Impossíveis de Conviver!

PARECE FAMILIAR?

Você pode não ter notado as semelhanças entre as histórias sobre a Impossível de Conviver contadas até aqui com o seu estilo de vida, visto que nem sempre é fácil se reconhecer nas histórias alheias. Por isso, use as perguntas de autoavaliação a seguir para verificar se os homens estão estereotipando você como a Impossível de Conviver antes de começarem a conhecê-la de verdade.

No trabalho...

❑ Você bebe muita cafeína durante o dia, o que a deixa irritada ou um pouco agressiva?

❑ Você tem um trabalho que exige muito e frequentemente

chega em casa estressada?

☐ Seus colegas tendem a procurá-la quando precisam reclamar de algo?

COM OS AMIGOS E A FAMÍLIA...

☐ Alguém já lhe disse "Você conseguiria resultados melhores sendo mais gentil"?

☐ As pessoas costumam perguntar "Você está com raiva de mim?"?

☐ Alguém já aconselhou você a procurar um terapeuta para lidar com a raiva?

NUM ENCONTRO OU COM UM NAMORADO ANTERIOR...

☐ Os homens elogiam seu senso de humor sarcástico?

☐ Os caras costumam lhe dizer "Acho que você me interpretou mal, não foi isso que eu quis dizer"?

☐ Quando realmente está a fim de um cara, você gosta de "provocá-lo" dizendo-lhe algo levemente cruel?

SUA FILOSOFIA PESSOAL...

☐ Você acredita que o importante não é *como* se diz, mas sim *o que* se diz?

☐ Você costuma se aborrecer frequentemente na sua vida diária?

☐ Você é do tipo que mantém a guarda alta para evitar se machucar?

Se você respondeu sim a mais de cinco perguntas, então pode ser considerada (ou erroneamente considerada) como a Impossível de Conviver. Não há duvida de que você é durona e ninguém se aproveita de você, e claro que você não deve mudar sua essência, mas pode pensar em ajustar o que diz e faz num primeiro ou segundo encontro. Os homens que não sabem o quanto você é sensacional podem achar que você é a Impossível de Conviver e perder a chance de conhecê-la melhor nos próximos encontros.

E agora? O que você precisa fazer?

Uma noite, eu quis saber do Brian, 47 anos, executivo de empresa de petróleo de Houston, Texas, por telefone: "Que pergunta você se faz ao final de cada encontro para decidir se vai ligar de volta para uma mulher ou não?" Ele pensou por alguns segundos e respondeu: "Acho que eu me pergunto: 'Ela vai deixar minha vida mais agradável ou mais difícil?'"

Se você quiser conhecê-lo melhor e decidir se ele é alguém cuja vida você *quer* tornar mais agradável, veja cinco sugestões para ajudar a melhorar sua imagem de modo que você possa escolher um segundo encontro.

1) TENHA CONSCIÊNCIA

Consciência é 90% da lei dos encontros. Saiba que toda história que você conta, cada detalhe que fornece sobre si mesma, cada opinião que expressa serve de alimento para ele imaginar como você seria como namorada ou futura esposa. Sem o benefício de conhecê-la de verdade, ele não faz ideia se o comentário que você acabou de fazer sobre sua colega de trabalho grávida foi algo eventual depois um dia estressante ou se significa que você é uma pessoa desprovida de compaixão.

Tudo num primeiro encontro se torna uma metáfora, como você está vendo ao longo deste livro. Quando por exemplo, você diz ao parceiro que não fala mais com sua melhor amiga de faculdade por causa de uma discussão, ele pode achar que você é rancorosa e julga demais as pessoas. Quando brinca que prefere passar o Dia de Ação de Graças numa solitária em Alcatraz a passar com seus parentes em Des Moines, você pode achar que está sendo divertida, mas ele pode pensar que você não gosta da sua família ou que vem de um lar problemático (mesmo

> Tudo num primeiro encontro se torna uma metáfora.

se for o caso — afinal todas nós viemos de um lar assim —, guarde isso para depois). Lembre-se de editar suas histórias "engraçadas" para retratá-la da melhor forma possível, não só no primeiro encontro, mas durante os e-mails e ligações telefônicas pré-encontro também. Lembre-se: o Grande Irmão está sempre observando você!

2) DEIXE O TOM ARROGANTE DE LADO

Às vezes o problema não está no que você disse, mas no seu tom de voz. Tenho certeza que você sabe do que estou falando: do tom depreciativo, cáustico ou rancoroso que indica irritação. Se você não souber quando ele aparece, pergunte a amigos e familiares (deixe bem claro que você deseja um feedback *sincero*) e peça a eles que avisem quando esse tom aparecer sorrateiramente em sua conversa. Quando você se conscientizar dele, deixe-o de lado.

Quer um modelo de voz consistentemente amável? Um dos meus entrevistados contou que a voz dos sonhos dele seria igual à da Juliet, do seriado *Lost*.

3) ADMITA O ERRO

Quando enfiar os pés pelas mãos a primeira vez, admita. Não finja que não aconteceu. Os homens podem ser lerdos, mas não são cegos. Por exemplo, e se o seu parceiro derramou vinho tinto na sua blusa branca sem querer? Talvez você tenha ficado furiosa na hora e dito algumas palavras ríspidas para ele. Mesmo se você se recompuser rapidamente, é possível reconhecer o erro com: "Nossa, o que estou fazendo? Desculpe, eu reagi de forma exagerada porque costumo ficar nervosa no primeiro encontro. É claro que foi um acidente! [Rindo] Vem cá, derrame um pouco mais de vinho, aí vai parecer que faz parte da estampa!" Admitir que está errada, botar a culpa no estresse do primeiro encontro pela reação e terminar com uma piadinha faz maravilhas para espantar o incidente. Dessa forma, vocês podem voltar ao que interessa: continuar a se conhecer melhor sem aquela nuvem escura sobre a sua cabeça.

4) REMARQUE O ENCONTRO

Todas nós temos dias ruins e de mau humor. Se você sentir que não está no clima para apresentar o melhor de si naquela noite, remarque o encontro. É melhor criar um palco bem iluminado do que se apresentar às escuras, mas não se pode cancelar mais de uma vez com o mesmo cara, nem perto demais do horário do encontro. Do contrário, a falta de educação provavelmente será a única impressão deixada por você, com o risco de ele não querer nem o primeiro encontro. Se não houver uma emergência, acho que avisar com pelo menos oito horas de antecedência é o mínimo de educação. E de forma alguma faça o cancelamento por e-mail ou torpedo: ligue para ele ou deixe uma mensagem compungida na caixa postal do celular; esta é a única forma de passar sinceridade (além disso, veja meu conselho sobre cancelar encontros na categoria Atarefada mais adiante). Entenda que não há como tudo ficar perfeito ao mesmo tempo — leia-se: quando você não está inchada, seu cabelo não está com *frizz*

Por que ele não ligou de volta? | 179

e não há episódio inédito do seriado *Grey's Anatomy* na TV —, então eu não estou falando de cancelar o encontro caso ocorra *qualquer* circunstância adversa. Mas se você prevê um nível entre 8 de 10 na sua escala pessoal de estar insuportável, pense em ligar educadamente para cancelar.

5) SEJA RELAÇÕES-PÚBLICAS DE SI MESMA

Se você não sabe se consegue controlar seu lado arrogante com as táticas de defesa mostradas anteriormente, assuma o comando e seja sua relações-públicas. Crie uma marca pessoal positiva para você e reforce-a ao longo da noite. Antes do primeiro encontro, passe um tempo pensando em suas qualidades e lembre-se de histórias específicas do seu passado que possam demonstrá-las. Deixe que essas qualidades guiem as conversas durante o encontro. Você pode redefinir o que outros chamam de arrogância referindo-se a si mesma como ousada, atrevida ou audaciosa e também pode fazer de tudo para demonstrar qualidades que sejam especificamente o *oposto* da Impossível de Conviver, como compaixão, sensibilidade, consideração, bom humor e flexibilidade. Não estou dizendo para inventar nada. Pelo contrário, é preciso ser verdadeira, mas sei que dentro de cada Impossível de Conviver há uma mulher ousada com boas intenções.

Anote alguns dos seus atos ou palavras do passado — vale até voltar à infância, se quiser — para ativar sua memória antes de sair. Você pode contar no primeiro encontro sobre sua experiência como voluntária para as Olimpíadas Especiais ou uma história engraçada do seu trabalho recente como monitora no Boys and Girls Club.* Se ele disser "Pena que a chuva acabou

---

* Programa de creches voltado para cuidar de crianças cujos pais trabalham e que, por isso, ficariam sozinhas em casa o dia inteiro. *(N. da T.)*

com sua festa ao ar livre", você pode responder "Ah, tudo bem, do jeito que esse verão foi seco, fiquei feliz pela cidade ter conseguido a água de que precisava!". Reforce seu lado flexível e fácil de lidar.

George, 30 anos, veterinário de Omaha, Nebraska, falou que sua atual noiva contou uma história interessante no primeiro encontro quando ele perguntou: "O que você fez hoje?" Ela respondeu escolhendo algo que fizera naquele dia: ajudar uma vizinha idosa a procurar pelo cachorro perdido. Ele ficou emocionado com a história e disse que isso gerou a ideia de que ela era uma pessoa carinhosa desde o início. Lembre-se de que você pode guiar algumas das primeiras impressões do parceiro a seu respeito revelando histórias — escolhidas por você — que a enalteçam.

Se você é a Impossível de Conviver...

O que é sexy:	O que não é sexy:
1. Tom divertido	1. Tom seco
2. Mostrar empatia	2. Mostrar-se antipática
3. Reconhecer e desculpar-se por seus erros	3. Agir como se nada tivesse acontecido
4. Rir das piadas dele	4. Rir às custas de outra pessoa
5. Aproveitar uma oportunidade de mostrar seu lado sensível	5. Descontar seu mau humor nele

**RAZÃO NÚMERO 8 PARA ELE
NÃO TER LIGADO DE VOLTA**

A Negativa

"Ela não era exatamente a Miss Simpatia."
Baker, 25 anos, Austin, Texas

"Ela reclamava de tudo. Era como se eu estivesse visitando minha avó de 90 anos na Flórida: 'Está frio demais aqui, a sopa está sem sal, será que essas cadeiras poderiam ser mais confortáveis?'"
Harry, 40 anos, Providence, Rhode Island

"Amo quando uma mulher fica encantada com algo. As pessoas estão muito indiferentes hoje em dia."
Alberto, 29 anos, Los Angeles, Califórnia

A Negativa reclama de tudo: nada está bom. Ela também pode ser a garota amarga ou cética que sempre vê o copo meio vazio e não age como uma pessoa feliz ou animada.

Claro que se você está sem sorte nos encontros, provavelmente tem um bom motivo para agir assim. Ao preparar-se para outro encontro ruim arranjado pela internet, ainda magoada com o término de um relacionamento recente ou em dúvida se o cara certo realmente existe, você se pergunta: "Quando ir a encontros deixou de ser *divertido*?" Talvez o motivo de sua tristeza não esteja no encontro: seu chefe é um cretino, seu aluguel acabou de aumentar e o trânsito está sempre horrível. Apesar disso, os homens querem (e esperam) mulheres otimistas no primeiro encontro, então a situação acaba virando a história do ovo e da galinha. Você está triste por que os encontros são ruins ou os encontros são ruins por que você está triste?

No livro *Por que os homens se casam com algumas mulheres e não com outras?*, John Molloy escreve: "Quando perguntamos aos homens que acabaram de ficar noivos sobre o que os atraiu nas parceiras quando as viram pela primeira vez, a maioria citou o fato de ela ser positiva, bem-disposta, empolgada e otimista." Mas às vezes é difícil reconhecer quando você não está sendo positiva. Quando dou o resultado da Entrevista de Saída para minhas clientes Negativas, elas costumam responder: "Ele me chamou de cética? Mas eu achei que estávamos tendo uma conversa inteligente..." ou "Talvez eu fosse *exigente* em relação à comida, mas eu definitivamente não estava *reclamando*..."

Você é a Negativa?

A Negativa engloba quatro categorias de comportamento na minha pesquisa.* Alguma delas bate com você?

RECLAMAÇÕES

Reclamações se acumulam ao longo da noite. Gabe, 40 anos, militar de Atlanta, Georgia, descreveu uma mulher que não tinha nada de positivo a dizer. Ela reclamou por ele ter pedido costeletas de porco num restaurante grego (em vez de uma especialidade da casa), pelo banheiro ficar no alto de uma escada (em vez de ser no térreo), que as pessoas na mesa ao lado falavam alto demais e por ele ter bocejado quando o vinho o deixou

---

* Homens da Costa Leste dos EUA tinham probabilidade 56% maior do que homens de outras regiões de citar a Negativa como razão principal para não ligar de volta.

Por que ele não ligou de volta? | 183

sonolento. Ele me disse que não foi o vinho que lhe deu sono, e sim as *reclamações*.

Reclamações podem dar um tom negativo desde o início. Jesse, 29 anos, projetista de software de Seattle, Washington, chamou a Kerry para sair após conhecê-la no "Hurry Date", evento de encontro relâmpago. Ela tinha acabado de chegar à cidade e ele estava ansioso para mostrar alguns de seus locais favoritos. Mas quando Jesse perguntou "Do que você gostou em Seattle até agora?", Kerry respondeu: "Não estou gostando. Chove o tempo todo, os apartamentos são caros, meu trabalho é estressante..." Foi como tirar o ar de um balão, ele disse. O encontro perdeu o gás pelo resto da noite.

Às vezes as reclamações vinham polvilhadas numa história que a mulher contou. Stefan, 61 anos, fazendeiro em Driggs, Idaho, contou sobre as conversas que teve com Linda, uma mulher que conheceu no site ChristianMingle.com e que "tinha um futuro brilhante como crítica de turismo", ele disse sarcasticamente. Os dois se gostaram logo de cara porque adoravam viajar, mas ao descrever os passeios, ela fazia comentários como: "Roma não é mais o que era antes. Não dá nem para atravessar a rua sem ser atropelado por uma motocicleta" ou "Foi legal nadar no Mediterrâneo quando visitei Creta, mas a comida era horrível, não gostei do carneiro e a mussaca é gordurosa. Creta definitivamente é uma cidade você 'não pode deixar de perder'." Stefan nunca foi a Roma ou a Creta, mas ele esperava ir algum dia. Sem Linda, é claro.

CETICISMO

Os comentários céticos que ouvi pareciam reclamações, mas eram centrados em torno de declarações negativas genéricas sobre homens. Obviamente, é fácil entender como as mulheres se tornaram céticas em relação aos homens. Se um cara perdeu o interesse após levá-la para a cama, é natural pensar que todos os homens só querem sexo. Se o relacionamento sério terminou em decepção, é natural ficar cética quanto à capacidade humana de manter compromissos de longo prazo. Mas o ceticismo sem dúvida desestimula o próximo cara, que pode ou não merecer tanta amargura.

Garret, 29 anos, editor de vídeo de Scottsdale, Arizona, lembrou-se de uma mulher que conheceu através de um amigo. Ela fez comentários durante o primeiro encontro do tipo: "Homens só querem sexo" e "Tudo que os caras querem é ficar sentados no sofá vendo esportes na TV." *A posteriori*, ele disse que deveria ter desconfiado desse ceticismo, pois antes de eles se conhecerem, o amigo havia lhe mostrado uma imagem dela em sua página do MySpace. Na foto (tirada numa festa na casa desse amigo), a moça posou com uma garrafa de cerveja numa das mãos e uma placa na outra com os dizeres: "Isso deve me tornar atraente para os homens."

Outra história sobre ceticismo veio de Shane, um gerente de loja de 25 anos em Spartanburg, Carolina do Sul. Ele disse que a parceira, Carol, era tão absurdamente bonita que ele estava disposto a "aturar muita coisa por ela". Mas ao fim do encontro, a chama tinha se apagado. Ela era negativa demais. Shane alegou que Carol o prejulgou, dizendo: "Você deve ser o tipo de cara que gasta o salário todo em cocaína" e "Você deve ser o tipo de cara que não gosta de monogamia." Ele queria saber por que ela havia aceitado o convite para o encontro, se o achava tão desagradável. Shane nunca perguntou, apenas não ligou de volta.

Uma tarde, perto da minha casa, em Denver, Colorado, tive uma entrevista animada com o técnico de futebol da minha filha, um pai divorciado de 36 anos cujo apelido era Técnico T. Ele disse que respeitava muito as mulheres, especialmente por ter sido criado

> "As mulheres andam tão céticas que nem reconhecem um cara legal quando ele aparece."

por uma mãe solteira e por também criar uma filha sozinho. Ele sabe que é importante elogiar as mulheres e fazer com que elas se sintam reconhecidas. O Técnico T lembrou-se de um encontro com uma mulher realmente muito bonita. Ele sorriu e elogiou: "Nossa, você está linda." E ouviu uma resposta atravessada: "Você diz isso para todas." Ele comentou: "Se elogio uma mulher, sou chamado de falso. Se não elogio, sou insensível." Depois, já no restaurante, ele perguntou se ela queria outro drinque e ouviu: "Ah, claro, você só quer me embebedar e me levar para a cama!" O Técnico T concluiu: "Não havia como ganhar. As mulheres andam tão céticas que nem reconhecem um cara legal quando ele aparece."

PESSIMISMO

Ouvi várias histórias de mulheres que viam o copo meio vazio. Tobias, 61 anos, distribuidor de cosméticos em St. Louis, Missouri, contou empolgado à parceira, Ellen, sobre seus planos de expandir a empresa para fora do país, enfatizando a ousadia da atitude, que envolveria pegar uma segunda hipoteca da casa. Apesar disso, ele acreditava no sucesso da empreitada. Ellen jogou um balde de água fria: "Não sei. Você deveria ficar feliz com o que tem: uma bela casa e uma empresa sólida. Há muitas variáveis que podem dar errado: mudanças na economia, flutuações de moeda, impostos nos outros países... Eu não me arriscaria." Ele ficou desanimado com a atitude e comentou: "Quero uma parceira que me estimule a aproveitar as oportunidades!"

Por ser escritora, conheço muitas mulheres no mundo literário, especialmente editoras solteiras. Recentemente banquei a casamenteira para uma editora bonita e vivaz que conheço. Arrumei encontro para ela com um amigo negociador de arte em Manhattan, chamado Tate, que é um leitor voraz. Antes do encontro, ele me contou que estava doido para ouvir as histórias dos bastidores do mundo editorial. Mas quando descobri que Tate não quis um segundo encontro com a editora, perguntei o motivo (é lógico!). Ele revelou: "Depois de marcar encontros em Nova York por vinte anos, eu tenho um critério importante: prefiro quem vê o copo meio cheio. Você pode dizer se uma mulher é otimista ou pessimista pelo jeito que ela responde às perguntas mais básicas." Tate citou um exemplo: ele perguntou à minha amiga editora se o famoso *"slush pile"** do qual ele ouvira falar realmente existia e, se existisse, que tipos de manuscritos ela vira por lá. Ela contou alguns detalhes sobre vários manuscritos chatos e propostas ruins que leu e lamentou o fato de não haver mais obras originais. Segundo Tate, "Ela preferiu falar apenas a parte negativa do trabalho. Em vez de dizer 'Meu manuscrito favorito foi X', descreveu apenas os péssimos". Fiz questão de lembrar que *ele* tinha perguntando sobre *o slush pile*, conhecido por ter 999 manuscritos ruins para cada um que preste. A resposta foi: "Então eu estou procurando a garota que me conte sobre este *único* manuscrito bom."

---

* "Pilha de lama", em tradução literal. Termo pejorativo para os manuscritos não solicitados que são enviados diretamente por autores às editoras, sem o intermédio de um agente literário. *(N. da T.)*

MENSAGENS NÃO VERBAIS

Seth, 45 anos, gerente de academia em Newport Beach, Califórnia, descreveu o primeiro encontro com uma mulher de "energia negativa". Ele lembrou-se de alguns comentários feitos por ela sobre o dia no trabalho ter sido péssimo e disse estar aborrecida com a mãe. Completou: "A postura caída dela dizia tudo." Como trabalha numa academia, Seth presta atenção ao que o corpo fala e recomenda aulas de pilates para homens e mulheres se fortalecerem. Segundo ele, isso ajuda a sentar com a coluna reta, e boa postura indica autoconfiança e animação. Enquanto conversávamos, eu me vi ajeitando a posição na cadeira para ficar com a coluna reta. Não parecia natural, mas eu sabia que ele estava certo.

Adam, 28 anos, produtor de TV da cidade de Nova York, comentou: "As mulheres dão um clima de enterro ao encontro quando aparecem vestidas totalmente de preto." Ele ainda brincou: "Não quero namorar uma cigana e suas roupas coloridas, mas, puxa, mostre pelo menos uma cor além da escala de cinza para eu olhar a noite toda!"

Eytan, 37 anos, exportador de diamantes de Tel Aviv, Israel, lembrou-se de uma tarde passada com um grupo de amigos na praia. Por duas horas, ele adorou a conversa animada que teve com uma mulher atraente chamada Dahlia que conhecera naquele dia, mas quando alguém sugeriu que eles fossem nadar, ela foi a única a recusar. Enquanto todos mergulhavam nas ondas, ela ficou sozinha na margem. Ela disse a Eytan que não queria nadar, o que o levou a concluir que ela não era "divertida". Eu dei vários bons motivos para a recusa de Dahlia: "Não queria ser vista em trajes de banho; estava cansada; estava menstruada; tinha medo de água-viva..." e ele retrucou: "Sim, sim, talvez... mas eu gosto de garotas divertidas e despreocupadas. Ela parecia uma estraga-prazeres sentada lá, sozinha. Além do mais, eu conheço tantas mulheres... O fato de não ter dado certo com esta não é um problema."

Rajeev, 33 anos, consultor de tecnologia em Pittsburgh, Pensilvânia, contou do encontro com uma mulher a quem considerou "vibrante" e que "amava se divertir". Eles haviam saído uma vez, e ele relatou não se lembrar exatamente o motivo de não ter acontecido nada entre eles, mas, um ano depois, estava numa festa e a viu do outro lado da sala. Ele a reconheceu e pensou rapidamente: "Ah, sim! Eu gostei dela." Rajeev estava prestes a se aproximar e cumprimentá-la, talvez recomeçar algo, quando notou o olhar da moça: ela não estava feliz ou sorrindo. Parecia "séria", recordou-se. A moça não sabia que estava sendo observada, mas "ela parecia tensa, dava a impressão de que algo estava errado." Isso não batia com a lembrança positiva que ele tinha dela, por isso Rajeev não retomou o contato. Ouvi outros comentários de homens que olhavam para a parceira quando ela achava que não tinha ninguém olhando. Se o cara visse um rosto infeliz, começava a questionar se a moça era a pessoa positiva que ele queria numa parceira de longo prazo.

PARECE FAMILIAR?

Você pode não ter notado as semelhanças entre as histórias sobre a Negativa contadas até aqui com o seu estilo de vida, visto que nem sempre é fácil se reconhecer nas histórias alheias. Por isso, use as perguntas de autoavaliação a seguir para verificar se os homens estão estereotipando você como a Negativa antes de começarem a conhecê-la de verdade.

No trabalho...

☐ Os colegas costumam lhe perguntar "Está tudo bem?"?

☐ Seu trabalho é do tipo em que o sucesso depende de identificar ou lidar com problemas (como medicina, direito, capital de risco, atendimento ao cliente, psicoterapia, etc.)?

☐ Você está infeliz no emprego?

Com os amigos e a família...

☐ As pessoas costumam lhe dizer "Vamos lá, anime-se! A situação não está tão feia assim"?

☐ Sua mãe constantemente a repreende porque você não se senta com a coluna reta?

☐ Quando viaja ou janta fora, você geralmente é a pessoa do grupo que reclama com o gerente se algo dá errado?

Num encontro ou com um namorado anterior...

☐ Enquanto se arruma para o primeiro encontro, você já acha que não vai dar certo?

☐ Algum homem já lhe disse "Vamos tentar nos *divertir...*"?

☐ Quando está numa situação desconfortável, você tende a reclamar em vez de ficar quieta?

Sua filosofia pessoal...

☐ Você mantém suas expectativas baixas para evitar a decepção?

☐ Você tem preferência por livros e filmes deprimentes?

☐ Mais da metade do seu guarda-roupa é formado por roupas pretas?

Se você respondeu sim a mais de cinco perguntas, então pode ser considerada (ou erroneamente considerada) como a Negativa.

Não há duvida de que você é realista, perspicaz e meditativa, e claro que não deve mudar sua essência, mas pode pensar em ajustar o que diz e faz num primeiro ou segundo encontro. Os homens que não sabem o quanto você é sensacional podem achar que você é a Negativa e perder a chance de conhecê-la melhor nos próximos encontros.

E agora? O que você precisa fazer?

Eu ministrei um seminário sobre encontros em Manhattan há alguns anos. Quando falei sobre o estereótipo da Negativa, mencionei que os homens gostam de mulheres otimistas. Uma mulher de 30 e poucos anos, vestida de preto, rapidamente levantou a mão e disse: "Sem querer ofender, mas você não sabe do que está falando!" (*Tudo bem, eu não me ofendi*). Ela me contou que *todos* os amigos dela em Nova York são céticos e enfastiados e muitos são casados! Além do mais, é *divertido* reclamar de mau atendimento, filmes ruins e taxistas idiotas.

Minha resposta para ela foi: "Não estou sugerindo que as mulheres se transformem em clones felizes e saltitantes da Shirley Temple ou mudem de personalidade. Meu objetivo é esclarecer o quanto primeiras impressões são precárias para alguém que não a conhece muito bem." Não acho que tenha convencido a mulher, mas acredito que se você tem apenas noventa minutos de primeiro encontro para causar uma primeira impressão e reclama metade do tempo, o cara pode facilmente pensar que você se parece com a mãe amarga do Tony Soprano. Deixe o seu lado crítico surgir mais tarde, quando ele a tiver conhecido bem. Ou deixe-o dar uma olhadinha no seu lado malvado no primeiro encontro, *desde que você equilibre-o com mais energia positiva do que negativa.*

Embora muitos homens gostem — e especificamente *procurem* — sarcasmo e críticas inteligentes, a maioria prefere a imagem inicial de uma pessoa feliz quando estão em busca de um relacionamento saudável e sério. E eu ouvi mais isso de homens nova-iorquinos, que têm fama de céticos!

Então, se você é a Negativa, veja seis dicas para ajudá-la a se animar, permitindo que *você* escolha o homem para quem vai querer sorrir ou fazer cara feia da próxima vez.

1) USE A PROPORÇÃO 3:1

Os homens gostam de alguém com personalidade, então é óbvio que você não vai manter um sorriso estampado no rosto a noite toda e dizer: "Está tudo maravilhoso! Eu amo o mundo!" Porém, tente criar um equilíbrio que mostre mais o lado positivo. Para cada comentário sarcástico ou negativo, faça três positivos. (Esta proporção também é recomendada no conselho para a Propaganda Enganosa). Por exemplo, diga a ele logo de cara o quanto ficou impressionada por ter encontrado um ótimo restaurante, que você amou o camarão apimentado e achou o vinho excelente. Depois, pode soltar a ironia e comentar o uso de pauzinhos num restaurante tailandês, visto que eles não existem na Tailândia. Usando a proporção 3:1, o copo fica sempre ¾ cheio!

2) NÃO C*GUE ONDE VOCÊ COME

Esse não é um título atraente, eu sei. Não use essa expressão num encontro, por favor! A ideia é que, se você tem problemas com raiva ou depressão, desabafe com um terapeuta, amigos ou família em vez dos homens com quem sai. Isso não envolve apenas evitar assuntos negativos (conselho para a Língua Solta), como também evitar expressar a frustração com a vida diária ou decepções pessoais. Em vez disso, tente ligar para um amigo ou amiga uma hora antes de cada encontro. Deposite as reclamações do dia nessa pessoa, liberando assim a cabeça apenas para bons pensamentos pelo resto da noite. Você pode mandar um presente para seu pobre amigo ou amiga no dia seguinte para agradecer por ter ouvido o desabafo.

Lembre-se, estou falando apenas para evitar comentários melancólicos durante os primeiros encontros. Claro que se o relacionamento ficar sério, seu parceiro deve ser uma pessoa com quem você possa ser sincera em relação a todos os seus sentimentos: os bons, os maus e os realmente horrendos.

3) FILTRE OS ASSUNTOS

Todos têm seus pontos fracos que, se descobertos, liberam uma cascata de energia negativa. Nem me lembre daquele namorado de faculdade que me traiu, no chefe horrendo que tive em 1994 ou que os garçons sempre perguntam "Como está a comida?" *apenas* quando você está de boca cheia! Você sabe quais são seus pontos fracos, então evite conversas que trarão más lembranças e causarão comentários arrogantes da sua parte. Você pode e deve guiar os assuntos para temas leves no primeiro encontro. Pense em coisas boas. Cative-o com histórias divertidas sobre sua vizinhança excêntrica na infância, sua experiência quase religiosa andando na neve no Canadá ou o melhor *cheesecake* com cappuccino e caramelo que você comeu num pequeno restaurante perto de Ventura Beach.

4) FILTRE AS FOTOS

A história de Garrett, mencionada anteriormente, sobre a mulher com a cerveja e a placa na mão na página do amigo dele no MySpace, pode ter gerado percepções especificamente céticas sobre a moça e sobre ele, mas traz à tona um conselho importante quanto a fotos na internet: é preciso analisar *todas* as suas fotografias que estão online (postadas em sites de encontros, redes sociais e sites de fotos como o Shutterfly ou Snapfish, onde é possível mostrar um álbum para um cara que acabou de conhecê-la). Pense em como cada foto pode ser percebida de várias formas por alguém que não a conhece: passa uma imagem de cética, promíscua, louca, esquisita? Ou de esportiva, artística, ligada na família, simpática? Certifique-se de que as fotos projetam a imagem positiva que você deseja passar.

5) CONCENTRE-SE NO SEU CORPO

Coluna reta. A mensagem não verbal da boa postura sinaliza confiança, disposição e atitude positiva. Se você tende a curvar o corpo para frente, pense em algo para lembrar a si mesma de sentar direito, como talvez ajustar a postura sempre que tomar um gole da sua bebida. Além disso, não cruze os braços, pois esta linguagem corporal é séria demais. E ponha um sorriso nesse rosto! (Você não odeia essa expressão? Desculpe, eu não estou ficando piegas, mas, por favor, sorria.) Mesmo se estiver no canto da sala numa festa ou evento social, pense numa piada ou história engraçada para (re)energizar sua expressão facial. Você nunca sabe quem pode estar vendo.

6) AUMENTE O VOLUME

Isso pode parecer simples, mas não há nada melhor do que tocar sua música favorita *realmente* alto enquanto se arruma para um encontro. Se você teve um dia estressante ou sabe que não confia nos homens, tenho certeza que existe uma música que melhore o seu humor. Todo mundo tem uma música assim.

A minha é *Sweet Home Alabama*. Pois é, eu sei que isso me faz voltar a meados dos anos 1970 quando o Lynyrd Skynyrd era popular na época do meu ensino fundamental. Porém, antigo ou não, quando ouço as primeiras notas da canção, já me sinto instantaneamente mais alegre. Sempre que a sua "música do bom humor" tocar, aumente o volume antes do seu próximo encontro.

Se Você é a Negativa...

O que é sexy:	O que não é sexy:
1. Um pouco de cor no seu guarda-roupa	1. O uniforme de viúva italiana: preto da cabeça aos pés
2. "Aproveite o dia!"	2. "É melhor prevenir do que remediar!"
3. "Obrigada, adorei o elogio."	3. "Aposto que não sou a primeira mulher a ouvir isso."
4. "Fazia tempo que eu não me divertia tanto!"	4. "Há tempos que eu não me divirto."
5. "Eu valorizo um homem bom."	5. "Não existem mais homens bons."

RAZÃO NÚMERO 9 PARA ELE NÃO TER LIGADO DE VOLTA

A Ligada no Ex

"Fiquei realmente curioso para saber por que ela se divorciou, então eu perguntei sobre o ex-marido dela. O problema era o quanto ela parecia *amarga*... Não foi exatamente afrodisíaco."
Pete, 39 anos, Boston, Massachusetts

"Ela contou que foi traída pelo namorado. Primeiro eu fui compreensivo, mas depois comecei a pensar: 'Se esse cara correu o risco de perdê-la, deve haver algo de errado com ela que ainda não percebi...'"
Jasper, 30 anos, Filadélfia, Pensilvânia

"Ela ficou o tempo todo falando sobre seu último relacionamento, e isso ocupou boa parte da conversa. Fiquei entediado e, sinceramente, não estava nem aí para o assunto."
Saul, 61 anos, Palm Springs, Califórnia

A Ligada no Ex é a mulher que não esquece o ex-namorado ou ex-marido e vai desde falar demais sobre o ex num encontro até fazer breves menções a ele. Também vale para as que se referem aos homens que as decepcionaram ou fazem alusões a um padrão de comportamento ótimo estabelecido por alguém especial no passado.

Nunca falar sobre o ex num primeiro encontro é um conselho que aparece em todos os artigos sobre encontros que já li.

É o grande fator "dã!", uma daquelas diretrizes óbvias do senso comum. Porém, só porque algo faz parte do senso comum, não significa que seja uma prática comum. A Ligada no Ex merece ser discutida porque os dados me dizem que ela existe. Ouvi 201 histórias de mulheres que revelaram algo (consciente ou inconscientemente) sobre um ex-namorado ou ex-marido que influenciou diretamente para o homem não querer vê-la de novo. De alguma forma, as mulheres sabem que isso é errado, mas simplesmente não conseguem resistir. Porém, assim como qualquer outro comportamento ruim, como fumar, comer demais ou gastar muito com sapatos, faz a gente se sentir tão bem naquele momento...

Mas é uma situação impossível de vencer. Por exemplo, diga-me: há *alguma* forma agradável de falar "Meu ex-namorado me traiu"? Se parecer magoada, ele vai achar que você ainda gosta do cara. Se parecer furiosa, ele vai sair correndo da sua amargura. Se você parecer distante, ele pode achá-la fria ou sem emoções. Se expressar algo positivo sobre o ex, corre o risco de fazer o parceiro agir de modo competitivo, ciumento ou temer que você ainda goste dele. Não há caminho seguro. Além do mais, conversas sobre os ex podem ser muito irritantes e chatas.

Você pode estar pensando: "Tudo bem, mas eu não sou assim. Eu não falo sobre meu ex." Porém, por baixo da superfície do que é falado durante um encontro, as mulheres podem cair na armadilha e se mostrarem Ligadas no Ex de formas sutis, sem ao menos mencionar a palavra "ex".

Você é a Ligada no Ex?

A Ligada no Ex envolve quatro categorias de comportamento na minha pesquisa. Alguma delas bate com você?

MENÇÕES ÓBVIAS

Mesmo que seja fascinante descobrir mágoas passadas de alguém e embora estas mágoas certamente tenham ajudado a moldar quem você é atualmente, elas não têm lugar no cardápio do primeiro encontro. Essa categoria tem algo em comum com a Língua Solta (revelar algo indesejável), mas se concentra especificamente nos ex e merece um rótulo específico. Os homens me contaram histórias de mulheres que reclamavam de ex que as traíram ou que tinham estrabismo, riam dos ex que consideravam idiotas e lamentavam os ex com pavor de compromisso. De modo bem sincero, os homens disseram não conhecer a mulher o suficiente para se importar com isso. Cruel, mas verdadeiro.

Dick, 64 anos, advogado de Washington, D.C., fez a analogia: "Sair com uma mulher amarga que acabou se divorciar é como entrevistar alguém que não para de reclamar do último emprego. Não, obrigado!" Kamaal, 31 anos, produtor de rádio em Atlanta, Georgia, contou ter ficado estarrecido ao ouvir de uma mulher que estava divorciada há um ano, mas tinha um filho de seis meses. Ela falou sem rodeios: "O bebê é resultado de uma transa de reconciliação com meu ex-marido." Então tá.

Jason, 25 anos, programador de computadores em Austin, Texas, notou a tatuagem no tornozelo da parceira durante o encontro. Parecia algum tipo de pássaro e ele perguntou: "O que é isso?", ouvindo como resposta: "Ah, eu fiz para o meu ex-namorado na faculdade. Era um pássaro do amor para simbolizar nosso compromisso. Não me parece uma boa ideia hoje em dia!" Jason teve uma mistura de sensações: primeiro, ele sabia que toda vez que olhasse para o tornozelo da moça, começaria a pensar nela com outro cara. Além disso, embora ele a tivesse achado "moderna", passou a considerá-la idiota ao fazer uma tatuagem por um cara qualquer na faculdade (e ainda por cima admitir o erro).

Vários homens na minha pesquisa falaram sobre brincar de "Quantos foram?" (isto é, perguntar com quantas pessoas você já fez sexo). Nenhum deles ligou de volta para a mulher. O jogo sempre parecia acontecer casualmente no primeiro ou no segundo encontro, num clima de brincadeiras e confissões na madrugada. Caso alguma mulher ache uma *boa ideia* revelar essa informação, vamos deixar bem claro: não faça isso. Não importa se o número fornecido por você seja verdadeiro ou falso, sempre será o número errado no estágio inicial do namoro (poucos, muitos ou complicado demais). E jamais sinta-se obrigada a responder se ele disser a quantidade primeiro. A única resposta correta seria: "Vamos falar mais disso quando nos conhecermos melhor."

MENÇÕES SUTIS

Não há brechas para perdoar a Ligada no Ex. Por favor, não tente encontrar alguma! Embora seja fácil evitar menções, comparações ou histórias diretas sobre os ex, a Ligada no Ex ainda é citada como alguém que acaba com o encontro mesmo quando a palavra "ex" nem chega a ser pronunciada.

Geralmente a culpa está nas palavrinhas "nós" ou "nosso(a)". Bridger, 29 anos, chef em San Antonio, Texas, lembrou-se de uma mulher que usava esses pronomes tabus durante o encontro. Ela havia morado com um cara por dois anos, mas jamais contou isso a Bridger (ele ficou sabendo pela amiga em comum que os apresentou.) Contudo, os comentários feitos durante o almoço estavam salpicados de referências indiretas ao ex. Primeiro ela disse: "Não gostamos de deixar nosso cachorro num canil quando viajamos." Um pouco depois, saiu-se com: "Que coincidência, nós também fomos a essa praia no México!" Em algum ponto ela também mencionou "aquele parque perto do nosso apartamento". Ele disse que se sentiu "segurando vela" no próprio encontro e, como consequência, perdeu completamente a animação.

Falei também com uma mulher que se esqueceu de um álbum de fotos na página do Facebook que se chamava "Os Melhores Dias da Minha Vida". Ela havia postado as fotos no ano anterior, depois de ótimas férias com o então namorado. Jamais tinha passado pela cabeça dela apagar tudo quando terminaram, visto que os dois ainda eram amigos. Mas um novo possível namorado que navegasse pelo perfil da moça provavelmente veria o álbum, ficaria desconfortável e até acharia que ela ainda sente algo pelo ex ou que teria muita dificuldade de superar os "melhores dias" da vida dela. Ter fotos do ex na página de rede social é um campo minado sutil porém perigoso.

Declarações genéricas sobre homens também invocaram os ex. Jonas, professor de 37 anos de Charleston, Carolina do Sul, disse a uma mulher no primeiro encontro que acabara de malhar com um personal trainer. A reação dela foi: "Ah, você provavelmente vai desistir em duas semanas. Sei como os homens são." Não só Jonas não gostou da energia negativa da moça (que lembrava a Impossível de Conviver e a Negativa), como prestou atenção na referência implícita a outros namorados. Segundo ele, quando uma mulher "sabe como os homens são", está basicamente dizendo: "Saí com um bando de idiotas e você tem que se esforçar muito, mas muito mesmo para provar que é diferente!" Isso não evoca exatamente sentimentos de luxúria e romance por parte dele.

Outros homens citaram exemplos de mulheres que disseram: "Tenho dificuldades para confiar nas pessoas" ou "A sinceridade é extremamente importante para mim." A implicação, sem precisar dar nome aos bois, era que alguém as traiu no passado. A maioria dos homens não gosta de bisbilhotar, embora alguns não consigam resistir, mas o resultado desse tipo de comentário foi um só: acabar com o clima do encontro.

As suposições das mulheres em relação aos homens com base em relacionamentos anteriores nem sempre são passadas de forma negativa, mas podem ter efeitos adversos mesmo assim. Randall, 34 anos, comissário de bordo em San Diego, Califórnia, descreveu uma mulher que abriu a porta para recebê-lo e exclamou, emocionada: "Nossa, você foi pontual! Você não imagina como é bom quando um cara chega na hora para um encontro!" Esse comentário era para ser um elogio, mas o pensamento rápido que lhe passou pela cabeça foi: "Ih, acho que ela saiu com vários." Randall disse que isso o desanimou, mas ele não conseguiu definir bem o motivo.

Gabriel, 28 anos, gerente de construção de Montreal, no Canadá, contou não ter chamado Sharon para um segundo encontro porque os dois tinham personalidades bem diferentes: ela era expansiva e ele, quieto. Eu lembrei a ele que geralmente casais de naturezas opostas se complementavam. Gabriel concordou e explicou ter compartilhado com Sharon a mesma sensação — de que ele gostava de mulheres expansivas para equilibrá-lo. Mas ela respondeu: "Já me disseram que domino as conversas, então é um alívio estar com alguém que *goste* da minha personalidade!" Gabriel disse que não tinha pensado em Sharon como dominante até ela ter mencionado a palavra. O pensamento começou a incomodá-lo e o fez questionar por que os outros achavam que ela dominava as conversas. Será que Sharon era expansiva *demais*? E, como num passe de mágica, ele retirou "expansiva" da coluna de prós e passou para a coluna de contras na tabela mental.

Qual a diferença entre Sharon citar sua tendência a dominar a conversa e criar expectativas realistas (conforme foi aconselhado para a Propaganda Enganosa)? São duas: o tom e a falta de atitude positiva. Gabriel descreveu o comentário de Sharon como meio amargo em vez de ser autodepreciativo de um jeito leve e bem-humorado. Além disso, escolhendo a palavra "dominar", ela não aproveitou a oportunidade para melhorar ou modificar algo que considerava um problema. Talvez uma forma melhor de dizer isso fosse: "Obrigada pelo elogio! Às vezes meu estilo me causa problemas — estou tentando ouvir mais do que falar —, mas eu me divirto muito conversando com as pessoas."

MENÇÕES ENGANADORAS

Philip, 51 anos, advogado em Atlanta, Georgia, confessou sua vontade de saber porque o ex não estava mais na parada. Ele perguntou a uma mulher, Justine, por que ela havia se divorciado e ouviu a resposta: "Meu ex-marido e eu nunca discutimos. Ele cresceu numa família branca, anglo-saxã e puritana, onde tudo era jogado para debaixo do tapete. Eu cresci numa família onde fomos ensinados e falar tudo, a enfrentar os problemas sem medo." Philip imaginou que discussões histéricas e aos gritos eram seu modo predileto de argumentar, mas talvez Justine só estivesse querendo dizer que valorizava quando se reconhece a existência de um problema para discuti-lo abertamente. Se esse era o caso, então a conversa sobre o ex passou uma impressão errada. Justine não o conhecia bem o suficiente para contar os detalhes — e nem devia ter feito isso — mas o resumo deu a Phillip o bastante para fazer uma suposição negativa a respeito dela. Esse tipo de falha na comunicação pode ser inevitável, mas esperamos que o comentário da Justine sirva de lembrete: nada de bom pode surgir ao falar do ex num primeiro encontro, *jamais.*

Romney, 29 anos, representante de laboratório farmacêutico de Austin, Texas, descreveu um encontro com uma mulher que contou ter rompido o noivado um mês antes do casamento. Quando perguntou o motivo, ela deu de ombros e disse que após namorar e morar com o sujeito por seis anos, ela percebeu que não era o homem certo para ela. Sabendo pouco, mas não o bastante, Romney se perguntou por que ela perdeu tanto tempo no relacionamento errado e por que aceitara o noivado. Ele achou que ela não sabia bem o que queria num parceiro ou então era esquisita ou instável. Romney não quis saber mais, mas tirou várias conclusões precipitadas e acabou transformando o fato numa situação da qual ela não conseguiria se sair bem, pelo simples fato de ter mencionado uma pequena informação que merecia mais explicações do que seria adequado discutir num primeiro encontro. Este é o perigo de mencionar *qualquer coisa* sobre o ex. Você se dá mal se der detalhes e também se dá mal se não o fizer.

MENÇÕES DISFARÇADAS

As conversas sobre os ex podem aparecer como "disfarce" para outras atividades, como: a mulher que quer "comparar" o parceiro ou demonstrar o quanto é desejável.

Vários homens relataram momentos em que foram comparados com algum ex-namorado ou ex-marido. Neil, 27 anos, webdesigner em Oakland, Califórnia, contou uma história interessante do encontro com Gail, que lhe perguntou, do nada: "O que deixa você furioso?" Parecia uma pergunta capciosa como as descritas na seção da Sem Graça. Neil não tinha certeza se havia entendido bem a pergunta, então quis saber mais:

"Você quer dizer o que me deixa furioso em geral, no trabalho ou nas estradas da Califórnia?" Ela respondeu "Sabe como é, quando você está bravo com alguma coisa, o que o faz perder as estribeiras? E como você reage quando está furioso?" Neil acabou lembrando de uma história sobre o chefe tê-lo culpado por algo que ele não fizera. Neil relatou ter enviado um e-mail furioso para o chefe, cheio de palavrões e com cópia para o chefe do chefe. Ao ouvir essa história, Gail sorriu. Aparentemente, ela gostou da resposta, mas Neil não soube o motivo até o fim da noite, quando ela confessou ter perguntado aquilo porque o antigo namorado era muito passivo. Nada o tirava do sério e, nas raras ocasiões em que ficava furioso, ele apenas se fechava, sem jamais enfrentar o problema. Gail considerava saudável extravasar a raiva, por isso aprovou a reação de Neil com o chefe. Segundo ela, isso mostrou que ele tinha "fogo".

Mas Neil não gostou da explicação. Tirando suas próprias conclusões, ele achou que ela fosse igual às outras garotas que ele conhecia, fascinadas por relacionamentos tumultuados. Ele queria uma parceira tranquila e sólida em quem pudesse confiar, por isso decidiu "não entrar nessa montanha-russa" e não ligou de volta para Gail. Eu não falei que nada de bom acontece quando se fala sobre o ex?

Há alguns anos, tive uma cliente chamada Ava, de 34 anos, advogada de Los Angeles, Califórnia, que ficou magoada quando Stuart, o homem por quem ela tinha uma queda há quatro meses, finalmente a convidou para sair, mas nunca ligou de volta. Apesar de ser atraente e bem-sucedida no trabalho, ela era meio insegura e achou que Stuart não a havia chamado para sair de novo por não ser tão bonita quanto as mulheres com quem ele costumava sair. Quando fiz uma Entrevista de Saída com o Stuart, ele acabou revelando que, embora tivesse gostado muito da Ava no começo, ela fizera várias menções a outros homens que estavam interessados nela e isso acabou minando o entusiasmo dele. Ava mencionou um cara no escritório que a chamou para um concerto no fim de semana, um ex-namorado que mandava e-mails dizendo o quanto desejava retomar o relacionamento e outros comentários do tipo. De acordo com Stuart, ela "parecia muito insegura" e "se ela estava tentando me deixar com ciúmes, teve o efeito oposto". Ele também comentou: "Mesmo no colégio, nunca gostei de namorar garotas populares, porque *eu* ficava inseguro ao pensar em todos os outros homens que queriam sair com elas." Ava foi pega de surpresa e revelou que a vontade de que Stuart gostasse dela era tão grande que provavelmente ela mencionou outros caras para ficar mais desejável. O tiro acabou saindo pela culatra.

PARECE FAMILIAR?

Você pode não ter notado as semelhanças entre as histórias sobre a Ligada no Ex contadas até aqui com o seu estilo de vida, visto que nem sempre é fácil se reconhecer nas histórias alheias. Por isso, use as perguntas de autoavaliação a seguir para verificar se os homens estão estereotipando você como a Ligada no Ex antes de começarem a conhecê-la de verdade.

NO TRABALHO...

❑ O sucesso do seu trabalho depende de estudar e entender o passado (por exemplo, professora de história, psiquiatra ou pesquisadora)?

❑ Às vezes você menciona o ex-marido ou ex-namorado em conversas com colegas?

Você já namorou um colega de trabalho e continua a vê-lo diariamente, dificultando a possibilidade de esquecê-lo completamente?

COM OS AMIGOS E A FAMÍLIA...

Você já ouviu carinhosamente "Está na hora de partir para outra"?

Você costuma manter contato ou se comunicar com um ex sem que ninguém saiba?

Você já usou a frase "Ele era o amor da minha vida" ou "Nós éramos almas gêmeas"?

NUM ENCONTRO OU COM UM NAMORADO ANTERIOR...

Você costuma comparar mentalmente o cara com quem está saindo pela primeira vez com seu ex?

Você acha importante obter certas respostas de um homem logo no início para não repetir erros de relacionamentos anteriores?

Você fica frustrada quando os homens ficam perguntando sobre os *seus* relacionamentos anteriores, já que você quer evitar o assunto mas, já que perguntaram, você se sente obrigada a responder?

SUA FILOSOFIA PESSOAL...

Você mantém alguma foto num lugar de destaque em casa de alguém com quem saiu no passado (só os dois juntos ou numa foto em grupo) por que estava realmente ótima na fotografia?

Você tem orgulho de entender a cabeça dos homens? ("Eles são todos iguais, de um jeito ou de outro!")

Se você faz terapia, passa muito tempo trabalhando os problemas que teve com o ex?

Se você respondeu sim a mais de cinco perguntas, então pode ser considerada (ou erroneamente considerada) como a Ligada no Ex. Não há duvida de que você é inteligente, e aprendeu o que funciona e o que não funciona para você, e claro que não deve mudar sua essência, mas pode pensar em ajustar o que diz e faz num primeiro ou segundo encontro. Os homens que não sabem o quanto você é sensacional podem achar que você é a Ligada no Ex e perder a chance de conhecê-la melhor nos próximos encontros.

E agora? O que você precisa fazer?

Todo mundo tem passado e é claro que isso influenciou quem você é atualmente. Relacionamentos antigos são um tema *lógico* de conversas cujo objetivo é conhecer o novo parceiro, mas estão longe de ser um assunto *inteligente*. Comprovadamente, existem homens que não se assustam ao ouvir sobre o ex, mas o problema é que você não sabe com antecedência se seu parceiro é um desses. Se você está Ligada no Ex, veja cinco dicas para manter o encontro à prova de ex de modo que *você* (e não o seu parceiro) decida quem fará parte do seu futuro.

1) NÃO MENCIONE O SEU EX

Dispensa explicações!

2) CUIDADO COM AS PERGUNTAS CAPCIOSAS

Repetindo o conselho para a Sem Graça, fique atenta às perguntas capciosas. A conversa sobre o ex pode entrar no assunto das formas mais inocentes: num minuto você está falando sobre como o parceiro gostou do seu perfil no site de encontros, especialmente dos comentários profundos que você escreveu sobre o que aprendeu nos relacionamentos anteriores. Então você responde: "Sim, eu enfrentei alguns problemas, mas quem nunca passou por isso, não é?" *Ótimo, manteve o clima positivo e não mordeu a isca de falar sobre o ex.* Mas agora ele está curioso e pergunta, da mesma forma gentil: "O seu ex-namorado foi infiel?" Um olhar doloroso toma conta do seu rosto e ele responde gentilmente, como o lobo falando com a Chapeuzinho Vermelho: "Chegue mais perto, minha querida, está tudo bem, você pode me contar tudo..."

Nossa, ele é um ouvinte *tão* dedicado! E, bom, foi *ele* quem perguntou! Querendo levar o encontro a um nível emocional mais profundo, você decide contar fatos mais pessoais, uma coisa leva a outra e pronto: você caiu na armadilha. Pelos próximos trinta minutos você revela todos os detalhes asquerosos do fim do relacionamento. Foi impossível evitar, e foi ele que a estimulou! Não importa se o seu monólogo foi melancólico, furioso ou realmente engraçado, pois ele vai pensar: "Será que ela ainda sente algo por esse cara? Por que ele a traiu? Não consigo parar de imaginá-la na cama com outro..."

Nada de bom surge ao falar sobre o ex! Então se você ouvir aquela voz do lobo com as roupas da vovó dizendo: "Por favor, conte-me o que aconteceu...", mude educadamente de assunto, diga que vai deixar essa história para quando vocês se conhecerem melhor, corra para o banheiro ou veja a próxima dica.

3) USE A REGRA DO UM-PARA-UM

Sejamos realistas. Mesmo se não falar do ex logo de cara, em algum momento você está fadada a cair numa situação de primeiro encontro em que um cara pergunta sobre o ex e não aceita sua resposta vaga porém adequada. Talvez seja até pior: ele pode falar da ex *dele* e não parar mais. É aqui que a minha regra do um-para-um entra em cena: diga uma frase sobre o ex no primeiro encontro, duas no segundo e assim sucessivamente.

Veja alguns exemplos de respostas curtas e vagas, porém adequadas, para o primeiro encontro. Se um homem perguntar diretamente sobre o último relacionamento ou por que vocês se separaram, você pode dizer:

→ "Ele é um cara ótimo, mas nós nos afastamos."
→ "Acabou que ele não era uma boa pessoa, mas aprendi muito nesse relacionamento."
→ "Nós éramos jovens e não tínhamos definido bem nossas prioridades."
→ "A verdade é que não nos comunicávamos muito bem, o que foi uma ótima experiência de aprendizado para mim."
→ "Nós não damos certo como marido e mulher, mas temos um bom relacionamento quando se trata dos nossos filhos."

Imediatamente após dizer uma dessas frases, acrescente: "Mas vamos deixar esse papo de ex para outra ocasião. Eu adoraria saber mais a sobre a sua viagem ao Vietnã..." Ao fechar a porta para esse assunto tabu no primeiro encontro e mudar de assunto, você manterá a energia do encontro positiva. Se ele pressionar para saber mais, sinta-se à vontade para citar com todas as letras esta regra do um-para-um. Isso deverá acabar com o assunto, e se você explicar a regra sorrindo e num tom de brincadeira, ele não vai se sentir mal.

Se um homem perguntar sobre o seu ex logo no primeiro encontro, jamais responda com uma pergunta sobre o último relacionamento *dele*. Aceite a ideia de que falar sobre ex é algo que não pode acontecer num primeiro encontro.

4) RESPONDA APENAS O QUE LHE FOR PERGUNTADO

Conforme discutido na seção da Língua Solta, lembre-se de responder apenas o que lhe foi perguntado. O excesso de informação é seu inimigo. Por exemplo, quando Jason, o cara citado anteriormente que saiu com a garota de tatuagem no tornozelo perguntou "O que é isso?", era preciso dar alguma resposta. Embora ela não pudesse mudar o que fez no passado, uma resposta melhor seria: "É um pássaro." Observe que ele não perguntou "*Por que* você fez essa tatuagem?" e certamente não perguntou "Você fez essa tatuagem por causa de um namorado?" Quando se trata de falar do ex, revelar apenas a informação perguntada (assim como uma testemunha num tribunal) e cortar os detalhes que não devem ser ditos num primeiro encontro é o bastante para deixá-la bem.

5) DESTRUA AS PROVAS

Não seja encurralada. Evite circunstâncias que lembrem o ex e que levem você a falar ou mentir sobre ele. Por exemplo, retire todas as fotos de antigas paixões que ainda estejam em seu apartamento, na carteira ou na página do Facebook ou Orkut, incluindo fotos em grupo nas quais ele aparece. Isso evita a pergunta "Quem é esse cara?". E não use nenhuma joia ou bijuteria dada por outro homem, evitando assim as armadilhas vindas de perguntas como "Que brincos lindos, você os ganhou de alguém?".

Se uma amiga em comum arrumou o encontro, lembre-se de pedir a ela para não falar dos seus relacionamentos anteriores. As amigas bem-intencionadas geralmente não *pensam antes de falar* e começam a revelar o seu passado sem perceber o dano que estão causando. Já consigo até ouvir: "Ah, Jim, minha amiga

Marla é ótima! Você vai gostar muito dela! E vai ser *tão* bom tirá-la de casa depois do fim do relacionamento com o namorado que dormiu com a irmã dela enquanto ela estava de férias... Você é o tipo de cara que pode *realmente* ajudá-la a confiar nos homens de novo!"

Veja bem, ex-maridos e ex-namorados são partes importantes da sua constituição psicológica. E você vai falar sobre eles algum dia, mas mantenha a boca fechada no primeiro e no segundo encontro. Não deixe o passado atrapalhar o futuro.

Se você é a Ligada no Ex....

O que é sexy:	O que não é sexy:
1. O presente e o futuro	1. O passado
2. Entusiasmo	2. Amargura
3. "Acho que a comunicação é muito importante num relacionamento."	3. "Que bom que você gosta do meu feedback. Meu ex-namorado falava que eu criticava tudo o que ele fazia!"
4. Contar uma história divertida sobre as férias que você tirou com sua irmã no mês passado	4. Contar uma história nada divertida sobre o ex-namorado que dormiu com a sua irmã enquanto você estava de férias
5. "Estou empolgada para saber o que o futuro me reserva."	5. "Vou usar meu passado contra você."

RAZÃO NÚMERO 10 PARA ELE NÃO TER LIGADO DE VOLTA

A Egocêntrica

> "Deus nos deu duas orelhas e uma boca por um motivo: devemos ouvir duas vezes mais do que falamos."
> Edmund, 68 anos, Palo Alto, Califórnia

> "Não era um encontro, era uma entrevista. Ela estava igual à maldita Barbara Walters."
> Finn, 33 anos, Concord, Nova Hampshire

> "É melhor ficar calado e ser considerado um tolo do que abrir a boca e eliminar qualquer dúvida."
> Abraham Lincoln, Springfield, Illinois

A Egocêntrica vive em seu próprio mundo e domina o encontro, seja falando demais ou direcionando a conversa. É como se estivesse num encontro para apenas uma pessoa, e isso pode ocorrer de diversas formas. A falação interminável pode ser resultado do nervosismo causado pelo primeiro encontro. O fato de estar concentrada em si mesma pode ser reflexo preciso de sua personalidade ou simples falta de noção. As perguntas podem ser uma tentativa de mostrar eficiência (não perder tempo com homens sem potencial), mas a proporção de troca de ideias na conversa está fortemente voltada para *ela* e *os objetivos dela*. Não importa quais sejam as causas, esse tipo de comportamento acaba com o encontro para os homens.

Você provavelmente já ouviu um milhão de vezes algum conselho do tipo "Não fale demais, ouça o que os outros têm a dizer". Isso pode parecer óbvio, mas espero que esta seção seja lida com o mesmo cuidado dedicado a um novo livro de dieta que basicamente lhe diz para comer do modo certo e fazer mais exercícios físicos. Por que ler o que você já sabe? Porque às vezes nós erramos justamente no mais simples e repetimos o erro insistentemente. Então mesmo que seu cérebro diga "Já sei disso...", não significa que você não precise de um lembrete.

Você é a Egocêntrica?

A Egocêntrica engloba quatro categorias de comportamento descobertas na minha pesquisa. Alguma delas bate com você?

A ENTREVISTADORA

Você viu nas histórias sobre a Louca para Casar que os homens não gostam de ser entrevistados como se fossem doadores de esperma ou saber do seu interesse em ter um relacionamento sério. Você viu na Patricinha que eles também detestam ser entrevistado sobre seus bens. Essa sensação também precisa ser explicada à Egocêntrica, mas aqui a mulher não está investigando apenas a genética, a capacidade de compromisso ou o saldo bancário do parceiro. Ela quer preencher todo o formulário do censo. A quantidade de perguntas dá uma atmosfera tensa e formal ao encontro. Carter, 27 anos, engenheiro de Baltimore, Maryland, disse: "Ela fazia uma pergunta atrás da outra, sem parar." A moça queria saber onde ele cresceu, quantos irmãos tinha, que faculdade fez, quais revistas ele lia e se ele era Democrata. Era como estar numa entrevista de emprego. Carter tinha a sensação de que havia respostas certas e erradas, mas não sabia se estava respondendo corretamente. "Não era exatamente uma atmosfera relaxante, por isso concluí que ela não fazia o meu tipo", comentou. Eu me pergunto se a parceira de Carter estava nervosa ou se tinha tomado muita cafeína, e se as perguntas rápidas refletiam *quem ela era de verdade.*

Damien, 22 anos, estudante de direito na Filadélfia, Pensilvânia, contou: "Eu não me importei com todas as perguntas. Se alguém tem que ficar confortável com interrogatórios sou eu. Estou estudando para ser advogado criminalista, foi um ótimo exercício. Quer dizer, eu não queria *me envolver romanticamente com ela,* mas gostei de ser avaliado desse jeito." Caso encerrado.

Nas minhas pesquisas em eventos de encontro relâmpago, ouvi muitas reclamações sobre a Egocêntrica. Considerando o formato desse tipo de evento, onde os casais têm oito minutos para se apresentar e se conhecer, fica obviamente difícil controlar o excesso de perguntas. Merrill, 31 anos, oficial do Exército de Ft. Rucker, Alabama, disse: "O problema é que você conhece várias mulheres numa noite, e essas perguntas básicas ficam muito *chatas* de responder." Já Trent, 29 anos, gerente de marca de Cincinnati, Ohio, contou: "Ao fim dos oito minutos [com uma garota], eu tinha respondido todas as perguntas, mas não sabia nada sobre *ela.* Como eu ia saber se queria vê-la de novo? Acabei criando o padrão de decidir de acordo com a aparência."

Payton, 45 anos, piloto de Los Angeles, Califórnia, falou numa entrevista por telefone sobre Rebecca, que conheceu no JDate. Payton tem um trabalho bastante peculiar: é piloto, mas só voa de vez em quando para uma companhia aérea particular. Ele também é instrutor de voo, dublê em Hollywood, bombeiro voluntário e fotógrafo. Rebecca pelo jeito não conseguiu estimar como ele ganhava a vida (compreensivelmente), por isso começou a questioná-lo no encontro. Segundo Payton, "Parecia uma cena de filme em que o cara está trancado na sala com um policial que o interroga. Ela perguntava: 'Então qual é o seu trabalho principal? E qual o nome da empresa? É trabalho ou hobby? Quantos dias por semana você fica lá?'". Ele explicou: "Eu me senti sugado e fiquei na defensiva. Ela estava mais interessada em meus dados do que em saber por que gosto do que faço." Para mim, parecia que a Rebecca estava desconfiada do histórico dele. Provavelmente eu também ficaria, mas ela poderia ter usado formas mais gentis de obter essas informações caso quisesse vê-lo de novo.

Geralmente, a verdadeira motivação para o interrogatório no primeiro encontro é o desejo de rotular o parceiro, colocá-lo numa caixinha e amarrar com um laço bonito. Ele é o Workaholic, o Playboy, o Nerd? Ou será o Maluco Obsessivo-Compulsivo, o Pai Solteiro Dedicado ou o Contador Chato? O problema está no fato de que estereotipá-lo rápido demais geralmente leva a conclusões enganosas. Extrapolar dados aleatórios obtidos com uma série de perguntas no estilo entrevista e tirar conclusões apressadas é exatamente o que os homens fazem com as mulheres (como você está vendo neste livro). Embora seja justo virar o jogo, a sua primeira impressão provavelmente será tão incorreta quanto a dele. E se suas técnicas de entrevista o avaliarem com precisão (de modo positivo) no primeiro encontro e você decidir que gosta dele? E se o interrogatório levar o rapaz a não ligar de volta, de que serviu, então?

A CHATA

Jeb, 31 anos, gerente de vendas de produtos eletrônicos em Indianápolis, Indiana, contou sobre uma mulher que tinha "um jeito rápido, *stacatto*, de falar. Ela parecia muito tensa, nervosa. Eu gosto de mulheres mais tranquilas e atenciosas". Os homens inventam vários apelidos para as tagarelas, desde "o grande bocejo" até "boneca fala tudo" passando por "realmente irritante".

Stanley, 30 anos, arrecadador de recursos para organizações sem fins lucrativos de Nashville, Tennessee, contou a história de uma mulher a quem chamou de "roxo na testa" porque ela praticamente o fez bater com a cara na mesa de tanto sono. Ele perguntou "Você está lendo algum livro bom no momento?" e ouviu uma ladainha de vinte minutos sobre o livro *Engordei ou minha roupa encolheu?* que ela viu no *New York Times Book Review* e comprou na Amazon, mas, como ia viajar quatro dias depois, não sabia se o livro chegaria antes disso. Então, ela tentou ligar para o atendimento ao cliente, mas não conseguiu obter uma previsão de chegada e só pegou o livro quando voltou da viagem e... Vou poupá-la do resto. Você já entendeu.

A "ENTROU POR UM OUVIDO E SAIU PELO OUTRO"

Uma das características da Egocêntrica é não saber ouvir. Quando as mulheres ficam concentradas em si mesmas num encontro, elas parecem não ser capazes de escutar os detalhes. Danny, 36 anos, empresário de Princeton, Nova Jersey, contou de um encontro com Jéssica, citando o exemplo de ter conversado animadamente com ela sobre seus planos de tirar férias no México. Eles falaram da viagem por mais de 15 minutos durante o jantar, e Danny contou que "sairia na sexta-feira e ficaria fora durante uma semana". No dia seguinte, Jessica mandou e-mail perguntando: "Vamos sair no fim de semana? Você está ocupado?" Ou seja, nem lembrou que ele estava viajando para o México na sexta-feira. Danny ironizou: "Ela não estava ouvindo? Isso aconteceu o encontro inteiro."

PEQUENA MISS AUTOCENTRADA

Às vezes os homens rotulam as mulheres de egoístas se elas não mostrarem interesse verdadeiro por algo que lhes dá orgulho.

Fiz uma Entrevista de Saída para uma cliente rotulada como Egocêntrica, uma mulher de 46 anos, de Toronto, que nunca havia se casado, chamada Suzanne. Um dos seus ex-parceiros, Tony, era um pai solteiro que contou não ter ligado de volta por um motivo simples: ela não tinha expressado o menor interesse no filho dele, de 6 anos. O menino era o que havia de mais importante na vida dele, e Suzanne não tinha feito uma pergunta sequer sobre a criança. De acordo com Tony, em alguns momentos durante o encontro foram feitas referências como "Meu filho e eu fomos ao zoológico fim de semana passado", mas Suzanne não se interessou em saber mais. Em vez disso, ela mudou de assunto para o que *ela* tinha feito no fim de semana. Tony constatou: "Como ela não tem filhos, achei que não se interessaria em ouvir sobre o meu, até porque Suzanne falava muito sobre si mesma."

Talvez Suzanne quisesse ser cuidadosa para não ficar babando no filho do Tony e evitar o rótulo de "louca por bebês". Esse é o instinto certo se você é a Louca para Casar (embora algumas perguntas educadas fossem bem-vindas), mas estimular Tony a contar mais sobre o filho seria adequado para a Egocêntrica.

Lance, 34 anos, vendedor de software em Stamford, Connecticut, deu um ângulo diferente para uma mulher cuja atitude era "O que isso pode me trazer de bom?". A história dele lembra a Patricinha no quesito de ser autocentrada, mas não em relação a dinheiro ou estilo de vida. Ele descreveu Carissa, com quem havia saído recentemente e que o ajudara a resolver um problema. Isso me pareceu interessante a princípio, então fiquei curiosa para saber onde essa história de encontro fracassado ia parar. Aparentemente, após o encontro ter se encerrado em Manhattan às duas da manhã, ele correu para a Grand Central Station, mas perdeu o último trem de volta para casa.

Lance precisava de um lugar para dormir e hesitou em ligar para Carissa, que morava a cinco quarteirões de distância, por temer que, se pedisse para passar a noite, ela acharia que era apenas uma desculpa para fazer sexo. Mas decidiu ligar e Carissa não se mostrou chateada, oferecendo gentilmente o sofá para ele passar a noite. Enquanto caminhava para o apartamento, Lance pensou: "Nossa, realmente gostei dela. Adorei o jeito que ela lidou com uma situação que poderia ser constrangedora."

Mas quando chegou na porta, Carissa o recebeu com o seguinte comentário: "Bom, agora você está me devendo uma. Como vou deixá-lo dormir no meu sofá, espero que você não se importe de me ajudar a colocar minhas cortinas novas amanhã. Preciso de uma mãozinha e, no fim das contas, é justo..." Ela parecia tentar ser divertida, mas ele não interpretou assim. Lance disse que não teria se importado em ajudar a colocar as cortinas se ela tivesse pedido no dia seguinte, mas colocar a situação como uma "troca" apagou os sentimentos favoráveis sobre a generosidade inicial de Carissa. Ao longo da conversa, ele me disse que queria uma mulher que sinceramente gostasse de ajudar os outros e que não veja a situação apenas visando o lado dela. Em suma, alguém que não avalie o que pode ganhar com isso. Quando deitou no sofá naquela noite, sozinho, Lance pensou no encontro e decidiu que o comentário sobre a cortina não era um exemplo isolado de egocentrismo. Ele descreveu outros comentários do tipo feitos por ela, como "Estou tentando cortar os carboidratos, então vamos evitar comida italiana" e "Vamos pegar a conta em vez de tomar café, porque a cafeína tira o meu sono", que culminaram na manhã seguinte com cortinas instaladas, um tchau educado e nenhuma ligação de volta.

PARECE FAMILIAR?

Você pode não ter notado as semelhanças entre as histórias sobre a Egocêntrica contadas até aqui com o seu estilo de vida, visto que nem sempre é fácil se reconhecer nas histórias alheias. Por isso, use as perguntas de autoavaliação a seguir para verificar se os homens estão estereotipando você como a Egocêntrica antes de começarem a conhecê-la de verdade.

No trabalho...

☐ Parte do seu trabalho consiste em entrevistar pessoas — e você é boa nisso?

☐ O seu trabalho recompensa quem é curioso e faz muitas perguntas (por exemplo, pesquisadora, cientista ou jornalista)?

☐ Você tende a dominar a conversa em reuniões de trabalho?

Com os amigos e a família...

☐ Você reclama que os homens adoram falar de si mesmos?

☐ Alguém já lhe disse "Você seria uma ótima repórter"?

☐ Num avião, você já achou a pessoa sentada ao seu lado mal-educada por colocar os fones de ouvido bem no meio da história que você estava contando?

Num encontro ou com um namorado anterior...

☐ Quando está nervosa ou desconfortável, você costuma falar muito?

☐ Num restaurante, ele geralmente termina a refeição primeiro (talvez porque você esteja falando demais)?

☐ No meio de um primeiro encontro, ele já lhe disse "Acho que já falamos muito de mim, mas eu não sei muito sobre *você*"?

SUA FILOSOFIA PESSOAL...

❏ Você tem muito interesse em saber o que motiva as pessoas e as faz agir de determinadas formas?

❏ Você tem orgulho por não cair em mentiras contadas por homens que conhece na internet, pois sempre descobre a farsa?

❏ O silêncio a deixa desconfortável?

Se você respondeu sim a mais de cinco perguntas, então pode ser considerada (ou erroneamente considerada) como a Egocêntrica. Não há duvida de que você é expansiva, curiosa e tem uma vida interessante, e claro que não deve mudar sua essência, mas pode pensar em ajustar o que diz e faz num primeiro ou segundo encontro. Os homens que não sabem o quanto você é sensacional podem achar que você é a Egocêntrica e perder a chance de conhecê-la melhor nos próximos encontros.

E agora? O que você precisa fazer?

Se você se identificou com a Egocêntrica, veja seis sugestões para corrigir o desequilíbrio.

1) PERGUNTE SEM ENTREVISTAR

Claro que primeiros encontros são feitos para as pessoas se conhecerem, e isso seria bem difícil sem fazer perguntas. A diferença entre perguntar e entrevistar consiste numa mistura de três fatores simples: **Deixá-lo à vontade** (crie uma conversa informal sobre como foi o dia; faça um elogio sincero a ele; peça uma bebida), **monitorar a quantidade de perguntas** (talvez não mais que uma pergunta a cada cinco ou dez minutos; deixe que o diálogo seja profundo em vez de abordar vários assuntos), e **fazer perguntas abertas** (em vez de perguntar "Você se dá bem com sua mãe?" use "Conte-me sobre a sua família". Em vez de "Você esquia?" pergunte "O que você gosta de fazer nos fins de semana?").

2) PERGUNTE SEM QUE ELE SAIBA

Querer confirmar o que um desconhecido fala é um instinto louvável, mas creio que alguém sorrateiro o bastante para mentir provavelmente será suficientemente esperto para manter a farsa durante o primeiro encontro. Se seu instinto diz que algo não está certo com esse cara, você pode se sentir melhor pesquisando no Google ou usando algum desses serviços para verificação de antecedentes.

Claro que você sempre deve encontrá-lo num local público, mas esperar pacientemente que ele se explique, forneça detalhes ou caia em contradição durante o curso natural da conversa pode ser uma estratégia melhor do que começar um interrogatório. Afinal, interrogatórios geralmente fazem você conseguir respostas, mas não o pretendente.

3) LIMITE A QUANTIDADE DE ÁLCOOL

A desinibição e os monólogos incoerentes podem ser resultado de muitos drinques. Apesar de ser algo óbvio, saiba qual é o seu limite e fique bem abaixo dele no primeiro encontro, mesmo se estiver nervosa. (Limitar o álcool é o melhor a fazer em qualquer primeiro encontro, independente do estereótipo com o qual você se pareça.) Se estiver ansiosa para um encontro, procure relaxar em casa antes que ele vá buscá-la: faça ioga, tricô, tome um bom banho ou até meia taça de vinho. Espera-se que isso a impeça de virar uma tagarela. E, ao chegar ao restaurante, beba goles pequenos!

4) EVITE HISTÓRIAS CHATAS

Se você se pegar dando uma resposta parecida com "Bom... e então... e aí... Ah, e então... Mas...", provavelmente está entediando o parceiro. Claro que é importante ir além de respostas monossilábicas e é preciso manter a conversa interessante e instigante, mas não faça comentários sobre pessoas que ele não conhece e evite detalhes exagerados com os quais ninguém se importa. Resuma a história e emende em outra. E, conforme mencionado na seção da Sem Graça, sempre faça o dever de casa antes de um encontro compilando uma lista mental de assuntos divertidos e interessantes para começar a conversa.

5) OUÇA AS ESPECIALISTAS

Há um livro muito inteligente chamado *Como falar para seu filho ouvir e como ouvir para seu filho falar*, de Adele Faber e Elaine Mazlish. Mesmo se você não tiver filhos e sua plateia for composta por homens (tudo bem, é discutível se alguns homens são realmente adultos!), esse livro é extremamente útil para a Egocêntrica. Num formato lógico, ele fornece as linhas gerais de excelentes habilidades de comunicação, começando com a simples consciência sobre as palavras que usa. Também demonstra como técnicas específicas de escuta podem fazer alguém se sentir como se valesse 1 milhão de dólares e como refazer certos comentários de modo a gerar respostas diferentes da outra pessoa. É leitura obrigatória para todas as idades!

6) PRESTE ATENÇÃO AO QUE IMPORTA PARA ELE

Uma das melhores coisas que se pode fazer num encontro é determinar o que é mais importante para o homem. Pode ser óbvio ou sutil, mas se você ouvir com atenção o tom de voz e captar a linguagem corporal, vai perceber como a atitude do parceiro muda quando ele é apaixonado por algo. Por exemplo, quando Tony (o pai solteiro mencionado anteriormente) falou sobre o passeio com o filho ao zoológico, Suzanne poderia ter perguntado quais foram os animais favoritos do menino e que outras aventuras pai e filho faziam juntos. Para mim, Tony não rotulou Suzanne de Egocêntrica por ela ter falado sobre si mesma, mas por ela não ter prestado atenção ao que ele mais gostava: o filho.

Obviamente, os homens querem saber mais sobre você — é por isso que eles a chamam para sair —, mas faz sentido que eles também queiram atenção para o que lhes dá orgulho. Seja o filho de 6 anos, o cachorro de estimação ou a motocicleta, tente identificar isso rapidamente, perguntar a respeito e mencionar o assunto depois. Ele não só vai ficar mais à vontade e se divertir mais por falar de algo que ama, como você vai conseguir saber mais a respeito do que o motiva, ao invés de fazer perguntas no estilo censo.

Além disso, quando se está num primeiro encontro, você provavelmente já sabe vários *fatos* básicos sobre o cara (talvez uma amiga tenha arranjado o encontro e falado sobre ele ou vocês tenham se conhecido pela internet, onde foi possível ver a lista de hobbies e comidas favoritas dele), mas você não sabe os *porquês*. Por que ele escolheu aquele primeiro emprego ou por que esse é o filme favorito dele? Perguntar os porquês por trás dos dados é a forma perfeita de mostrar interesse e mandá-lo para casa satisfeito. Com sorte, ele também vai querer saber os porquês por trás das suas informações quando chamá-la para sair de novo.

A maioria dos encontros de mão única, isto é, que giram apenas em torno de você ou dele, não leva a um segundo encontro.

Se você se perceber numa situação de mão única quando seu prato chegar na mesa, faça de tudo para corrigir isso na segunda metade do encontro e fazer dele uma rua de mão dupla.

Se você é a Egocêntrica...

O que é sexy:	O que não é sexy:
1. Perguntas abertas	1. Monólogos
2. Eu, ele, eu, ele	2. Eu, eu, eu, eu
3. Conversas	3. Discursos prolongados
4. Olhar para os olhos dele	4. Olhar para o espelho
5. "Eu fiz *trekking* na Amazônia."	5. "Naquela vez, quando viajei com a banda da escola..."

Além dos dez mais: mais fatores que acabam com um encontro

Os homens revelaram também outros fatores interessantes que acabam com um encontro. Aqui você vai encontrar um resumo da minha pesquisa sobre o 11º ao 16º motivos mais comuns citados pelos homens para não ligar de volta. Embora esses motivos não tenham sido mencionados com tanta frequência nas Entrevistas de Saída, vale repetir que o motivo mais importante de todos é aquele que bate com *você*.

RAZÃO NÚMERO 11 PARA ELE NÃO TER LIGADO DE VOLTA

A Seinfeld

A Seinfeld é a mulher cujo comportamento neurótico, irritante ou esquisito é descoberto pelos homens no primeiro encontro. Quem não gostou daquele episódio de *Seinfeld* em que Jerry termina com a namorada porque ela comia uma ervilha de cada vez? Essa é uma categoria impressionante — você pode analisar qualquer neurose, esperando que a dela não seja tão ruim quanto a sua. Os homens com quem falei citaram uma mulher que não se sentava em cadeiras de cinema por medo de piolhos, outra que tinha mais de duzentas figuras de anjo no apartamento, uma terceira que escrevia "huahuahuahua" nos e-mails (em vez de "rs" ou "hahaha"), e mais outra que organizava os sabores de iogurte em ordem alfabética na geladeira (o que me faz pensar se o de morango com ameixa fica na letra "A" ou na "M").

Houve várias histórias exageradas envolvendo animais, como "Meu cachorrinho só come filé mignon!" e "Essas meias para animais não são uma gracinha?". E ouvi três casos diferentes sobre uma mulher que escolhia restaurantes com base na "luz quente" (essas histórias vieram de três homens que moravam em Los Angeles, Califórnia, o que me deixou curiosa para saber se esta é uma característica de Los Angeles ou se eles saíram com a mesma mulher). Outra moça tinha um tique verbal irritante, o "Adivinha só". — por exemplo: "Eu tenho... adivinha só... treze guarda-chuvas!" E... adivinha só... nenhum segundo encontro!

Também ouvi diversas histórias envolvendo fobia de micróbios que alguns homens acharam esquisitas o bastante para não ligar de volta. Elas iam desde não tocar em maçanetas e corrimãos até limpar a borda da lata de refrigerante com o guardanapo antes de beber. Um cara queria que a mulher ouvisse a música favorita dele no iPod e tentou dividir os fones de ouvido, (uma parte no ouvido dele, outra no dela) mas a moça se recusou citando "micróbios de ouvido".

Claro que também houve todo tipo de idiossincrasias alimentares: a mulher que roía o pão como se fosse um esquilo, uma que só comia comidas brancas, outra cujo garfo de metal fazia barulho quando batia em seus dentes sempre que comia algo e aquela que usava o garfo para "amassar" toda a comida no prato antes de comer. Também não faltaram tipos semelhantes à Meg Ryan (no filme *Harry & Sally – feitos um para o outro*), cujos pedidos superexigentes no restaurante tinham uma lista de "acompanhamentos" e "exclusões" maior que o espaço no bloco de anotações do garçom.

Todo mundo tem uma "mania". Eu não fico de fora: tenho uma esquisitice na hora de comer queijo com biscoitos cream cracker. Quando preparo um lanche, corto pequenos pedaços de queijo e depois conto os biscoitos no prato na mesma proporção: seis biscoitos para seis pedaços de queijo. *Se não houver uma quantidade idêntica, eu fico maluca.* Se meu marido pega um pedaço de queijo do meu prato, saio correndo para cortar outro. Eu teria um treco se sobrasse um biscoito. Meu marido acha isso divertido e adora me provocar, mas tenho certeza de que ele acharia esse comportamento maluco e possivelmente acabaria com o encontro se descobrisse isso quando nos conhecemos.

O objetivo não é acabar com seu comportamento neurótico (até porque isso geralmente é bem difícil de fazer), basta diminuir ou escondê-lo no primeiro encontro, porque quem não a conhece direito vai acabar voltando para casa e dizendo a todos os amigos que você é maluca. E uma dica rápida para quem é chata para comer: ligue para o restaurante e peça uma cópia do cardápio por fax antes de ir. Assim você pode ficar à vontade para escolher algo que vá comer fazendo apenas uma modificação no prato. Se não conseguir achar nada, educadamente sugira outro restaurante porque você leu uma crítica maravilhosa sobre ele (ou dê outra desculpa qualquer). Não há problema em pedir o molho à parte ou para retirar a cebola, mas guarde os pedidos ultraexigentes para encontros futuros, quando o seu parceiro vai rir *com* você e não *de* você.

RAZÃO NÚMERO 12 PARA ELE NÃO TER LIGADO DE VOLTA
Eu Jamais Faria

O erro do Eu Jamais Faria ocorre quando a mulher faz uma declaração categórica, absoluta ou enfática no primeiro encontro e abala o homem. Um exemplo mostrado no Capítulo 1 foi o de Sophie, que declarou: "Eu jamais sairia de Nova York." Outros exemplos encontrados na minha pesquisa foram: "Eu jamais criaria meus filhos em uma [ou outra] religião", "Jamais mudaria meu sobrenome", "Nunca viveria num clima frio", "Eu jamais assistiria a uma aula de estudos bíblicos", "Eu jamais sairia com um fumante", "Nunca me casaria com alguém que já tivesse filhos" e "Eu nunca me casaria com um homem sem diploma de nível superior." Algumas declarações de Eu Jamais Faria foram feitas em perfis na internet ou para a amiga que estava arranjando o encontro que inadvertidamente repassou a informação para o cara ao descrever a mulher, já começando o relacionamento com o pé esquerdo.

Primas do Eu Jamais Faria são declarações absolutas ou enfáticas como "Eu Vou" ou "Eu Odeio". Exemplos encontrados na minha pesquisa foram: "Um dia eu vou morar no Japão", "Eu vou ter apenas um filho", "Meus filhos vão para um internato, como eu fui", "Vou continuar trabalhando em tempo integral depois de ter filhos", "Eu odeio gatos", Odeio acampar" e "Odeio praia."

Um cara pode até aceitar os seus "Eu Jamais Faria", mas por que testá-lo no primeiro encontro antes que ele a conheça melhor? E até onde o seu "nunca" é realmente um "nunca"? Não mate a mensageira, mas deixe-me dizer que *tudo* é negociavel quando se está verdadeiramente apaixonada. Não importa o que você pense, queira ou deteste agora, você estará disposta a olhar a situação de outro modo quando o cara certo vier. Eu **não** estou dizendo que você vai (ou que deva) mudar seus valores ou crenças por um homem, mas, por muitas razões práticas e imprevisíveis, suas opiniões e atitudes serão afetadas quando o "você" virar "nós".

Do meu ponto de vista privilegiado no mundo dos relacionamentos, testemunhei mudanças surpreendentes. Vejam três exemplos verdadeiros.

➜ Conheço uma mulher que amava o gato mais que a vida, mas conheceu um cara ótimo que era totalmente alérgico a gatos. Ela jurou que *jamais* abandonaria o bichano e quase recusou um segundo encontro com o rapaz. Eles acabaram se casando e fizeram um acordo: o vizinho cuida do gato, que ela visita quando volta do trabalho.

➜ Conheço outra mulher que faz parte de todas as organizações para judeus que existem. Ela morou em Israel por um ano, todos os amigos dela são judeus, o judaísmo é a *vida* dela. Claro que a moça jurou que jamais se casaria com um não judeu. Resumo da ópera: ela se casou com um não judeu. Ele é maravilhoso e se converteu recentemente (o que não estava disposto a fazer). Eles são incrivelmente felizes e têm um filho lindo de 5 anos.

→ A irmã do meu marido, nova-iorquina de coração, apaixonou-se por um homem que morava em Cleveland, Ohio. Ela disse que preferia *morrer* a morar em Cleveland. Como imaginar uma nova-iorquina radical morando lá? Você sabe o fim da história: eles se casaram, ela se mudou para Cleveland e acabou amando o lugar, para surpresa dela mesma. Dois anos depois, o marido mudou de emprego e agora eles moram em Los Angeles. A vida é imprevisível.

Eu poderia continuar eternamente, mas você já entendeu. Portanto, tenha cuidado com essas declarações enfáticas e categóricas num primeiro encontro porque *nunca se sabe*. A vida pode levá-la a um caminho totalmente diferente.

RAZÃO NÚMERO 13 PARA ELE NÃO TER LIGADO DE VOLTA

A Mal-Acompanhada

Diga-me com quem andas e te direi quem és. E aos olhos de um estranho, seus amigos e amigas dizem *muito* sobre *você*. Os comentários, comportamentos e crenças de seus amigos e família são sinônimos dos seus antes que ele a conheça bem.

Os homens fazem questão de dizer que os amigos de uma mulher dizem muito sobre ela, já que nossos amigos são as únicas pessoas que realmente escolhemos na vida. Já ouvi histórias sobre a amiga de uma mulher que fez um comentário racista, outra amiga que admitiu trair o namorado e uma terceira que tinha problemas com drogas. Havia ainda amigas que odiavam homens, e o cara que saiu com a mulher disse: "Eu vi o que aconteceria quando eu cometesse o primeiro erro, com *aquele* júri me avaliando." Outro homem concluiu que a mulher não era madura o suficiente para ele quando o amigo dela "fez referências a séries de TV muito recentes" e a amiga engraçadinha de outra mulher "esvaziou o saleiro da mesa e encheu de açúcar para fazer uma pegadinha". Não estou dizendo que eles fizeram associações *racionais*, mas, na ausência de dados suficientes a seu respeito, eles tiraram conclusões precipitadas.

Um homem descreveu a mulher de quem gostou inicialmente como "divertida", mas quando perguntou onde ela gostava de ir com as amigas, Lea citou um bar local que ele sabia ser frequentado pelos Hell's Angels.* Foi quando ele notou uma pequena tatuagem no ombro da moça e concluiu que bar de motociclistas + tatuagem = louca, decidindo que os dois não seriam compatíveis porque ele era mais conservador. Claro, de repente eles não nasceram mesmo um para o outro, mas ela poderia ser mais conservadora do que ele imaginava (talvez a "noite dos motociclistas" daquele bar seja às quartas-feiras e ela vá às sextas, dia dos mauricinhos, quem sabe?). Perceba que os lugares que você frequenta geralmente têm algum tipo de reputação (maluco, sem graça, esnobe etc.) que vai levar os homens a estereotiparem você por mera associação.

Alguns homens falaram de mulheres que queriam a aprovação das amigas durante o encontro, aquela situação de "dê uma

---

* O Hell's Angel Motorcycle Club é uma gangue de motociclistas cujos membros tipicamente pilotam motocicletas Harley-Davidson. Também são qualificados como moto clube e um sindicato do crime organizado. *(N. do E.)*

olhada nele" que fazem as mulheres parecerem inseguras por ansiarem pela validação alheia. Obter a aprovação coletiva das amigas sobre um traje de banho ou um novo corte de cabelo é uma coisa, mas sobre um parceiro, na frente dele e num primeiro encontro, é outra completamente diferente. Falei com um pai divorciado que contou a história da mulher que no segundo encontro o levou para ver o jogo de futebol do filho dela: os outros pais no parque, leais ao ex-marido, esnobaram o novato, que ficou obviamente muito desconfortável na multidão.

Algumas mães solteiras tiveram problemas ao apresentar um homem aos filhos cedo demais. Crianças mal-educadas ou mimadas faziam com que ela parecesse uma péssima mãe, levando o parceiro a perguntar onde estava se metendo. E os pais dos adultos também têm um impacto: se uma mulher mencionava que os pais dela não o aprovariam por algum motivo, o homem começava a associar as atitudes dos pais com as dela.

Também houve alguns casos envolvendo redes sociais na internet. Um homem descreveu a mulher que o convidou para ser amigo dela no Facebook após o primeiro encontro. No site, ele viu dois caras que conhecia e achava uns cretinos, o que o levou a ver a mulher de modo mais cético por estar associada a eles. Outro homem teve a mesma reação quando a mulher com quem tinha saído encaminhou uma piada de internet e ele reconheceu alguns nomes de quem não gostava na lista. Não é que essas observações tivessem exatamente acabado com o encontro, mas foram gatilhos que serviram para deixar o cara desconfiado. E a partir daí, tudo foi por água abaixo.

A chave para evitar o problema da Mal-Acompanhada é simplesmente esperar para apresentá-lo aos seus amigos e família quando ele souber mais a seu respeito. Isso inclui não convidá-lo para suas redes sociais no começo (e não aceitar o "pedido para ser amigo" logo de cara), pois há muito espaço para mal-entendidos (veja mais sobre redes sociais na seção "Vc Eh D+" do Capítulo 4). Dê a ele dados suficientes para que um comportamento negativo de (ou associado a) uma amiga não estrague a sua imagem. Depois, tente apresentá-lo primeiro às pessoas "seguras", que sempre causam uma boa impressão. Quando ele encontrar alguns de seus amigos estranhos, explique claramente antes *por que* a pessoa é sua amiga: talvez você seja leal a uma colega de infância mesmo que vocês tenham se afastado, ou talvez alguém tenha te ajudado durante uma crise e por isso você será eternamente grata a ela. Talvez você goste de variedade e ache a personalidade extrovertida de uma amiga interessante. Claro, não há problema algum! Você não está se desculpando pelos seus amigos, está apenas esclarecendo a sua ligação com eles para que o parceiro não tire conclusões erradas, já que tudo o que eles disserem poderá e será usado contra você.

RAZÃO NÚMERO 14 PARA ELE NÃO TER LIGADO DE VOLTA

A Psicóloga de Bar

É sinal dos tempos: todo mundo faz terapia hoje em dia, e isso afeta os primeiros encontros. Este estereótipo difere das histórias de terapia contadas na seção da Negativa porque o foco agora está na *linguagem* irritante. Os homens reclamam ao ouvir muito "papo de terapia" e estão fartos de frases que começam com: "Eu vejo que você está sentindo...", "Você precisa definir seus limites..." ou "Eu trabalhei isso em mim...". Embora alguns desses homens também fizessem terapia, eles queriam deixar esse tipo de frase que começa com "eu acho" e "isso faz você se sentir de que jeito?" para o consultório do terapeuta (ou pelo menos para encontros posteriores).

Eles reviram os olhos com as "interpretações freudianas" feitas pelas mulheres em relação aos pais, amigos ou ex-namoradas deles que eram "narcisistas", "emocionalmente indisponíveis" ou "sofriam com questões relacionadas a abandono". Muito desse papo de terapia surge relacionado ao assunto divórcio — seja dele, dela, dos pais dele ou dela — mas é diferente da Ligada no Ex ou da Língua Solta porque aqui, mais uma vez, eles se concentraram no papo psicológico em vez do conteúdo.

O tom do que ouvi nas reclamações não era que os homens buscam alguém sem problemas ou mesmo sem terapeuta, eles só não aguentam mais o jargão! Alguns disseram que ouvem o suficiente nas suas sessões de terapia, outros disseram que isso os fazia lembrar da terapia de casal que eles preferiam esquecer e houve os que apenas ironizavam a Psicologia de Bar. Acima de tudo, eles só queriam que o primeiro encontro fosse divertido.

RAZÃO NÚMERO 15 PARA ELE NÃO TER LIGADO DE VOLTA

A Chapadona

A Chapadona representa mulheres que simplesmente beberam demais (ou que usaram drogas) no primeiro encontro. Os homens as descreveram das seguintes formas: "Falou alto", "Largada", "Constrangedora", "Nojenta", "Grossa" e "Agressiva". Geralmente, ela vira uma transa de uma noite só, pois os homens dizem que a Chapadona não é a futura mãe dos filhos deles.

A maioria das histórias sobre bêbadas (69%) envolvia mulheres entre os vinte e 20 e 30 anos. Mas é preciso dizer que temos uma festeira de 62 anos na Filadélfia, Pensilvânia, que não sabe beber, e, caso ela esteja lendo, um de seus ex-parceiros pediu para contar que ainda não conseguiu tirar o cheiro de vômito do carro dele!

Os homens citaram mulheres que, no primeiro encontro, disseram com voz arrastada "Me dá sua mão, eu não estou usando calcinha..." e declararam em alto e bom som "Se aquela mulher ali do lado não calar a boca, vou jogar minha bebida nela!".

Uma taça de vinho ou um drinque é ótimo, dá um clima festivo ao encontro e acalma seus nervos (ou sua atitude). Mas deveria ser óbvio que beber demais é praticamente sinônimo de acabar com o encontro. Na melhor das hipóteses, significa uma transa de uma noite só. É preciso pensar muito quando se está sob o holofote — dizer as palavras certas, evitar as erradas e descobrir se *você* gosta *dele*. Deve-se manter a compostura para causar uma boa impressão e tomar uma boa decisão. Por isso, mantenha a garrafa fechada (e as pernas cruzadas) no primeiro encontro.

RAZÃO NÚMERO 16 PARA ELE NÃO TER LIGADO DE VOLTA

Não Estou Nem Aí

Alguns homens confessaram não ter ligado de volta para mulheres por que esperavam ou temiam a rejeição. Falei com caras legais que adoraram você e não pensavam que alguém tão bonita, bem-sucedida ou popular estivesse interessada neles. Também falei com homens que (correta ou incorretamente) acharam que você não se interessaria por eles porque sabiam que não eram atraentes, bem-sucedidos ou não tinham escolaridade suficiente para você. Não é que esses problemas *os* incomodassem, mas eles acharam que poderia incomodar *você*. Alguns declararam ter percebido que você não estava interessada, mas não faziam ideia do motivo.

Acho que o interessante desta categoria é o fato de ter sido citada por poucos homens (3%), comparada com a quantidade de mulheres que se acharam vítimas do Não Estou Nem Aí (13%) no Capítulo 3. Porém, se seu instinto diz que você está num primeiro encontro com um homem tímido e inseguro, dê-lhe outra chance. Diga claramente que você *adorou* tudo, pegue o braço dele de leve e olhe bem nos olhos do rapaz quando enfatizar: "Eu adoraria fazer isso de novo."

Ei, e a história da...?

Você lembra de algum assunto que não apareceu na lista de "dez mais" ou "além dos dez mais"? E os homens que não ficaram atraídos pela aparência da mulher? Onde estava esse item? E cadê as mulheres que não tinham senso de humor, não eram da religião certa ou não tinham hobbies em comum? Alguns desses assuntos surgiram como subconjuntos naturais das 16 razões listadas anteriormente. Por exemplo, a aparência surgiu na seção da Propaganda Enganosa, e no Capítulo 2 também expliquei como os homens já levaram a aparência em consideração ao chamá-la para o *primeiro* encontro. Mas nenhum desses outros assuntos foi mencionado com frequência suficiente para garantir seções específicas.

Por quê? Embora os homens tenham mencionado ocasionalmente outros motivos, como "religião" ou "senso de humor", raramente eles estavam entre a *principal* (ou entre as duas principais) razão citada para a falta de retorno. Tenho duas teorias para explicar isso: 1) Como os encontros hoje em dia têm uma pré-filtragem melhor para certos atributos, graças à internet, algumas dessas clássicas razões de "coisas em comum" podem ter sido minimizadas na pesquisa (isto é, os primeiros encontros acontecem entre homens e mulheres porque eles *já* possuem muito em comum) ou 2) Talvez o critério "em comum" tenha menos valor na listinha dos homens do que imaginamos, ou então seja menos frequente do que as mulheres imaginam, pois eles o usam como desculpa conveniente para explicar quando o relacionamento não dá certo.

Conforme mencionado anteriormente, se um homem desse uma resposta vaga, era pedido a ele que desse razões mais profundas e específicas. Isso explica porque você *não* viu os tipos de resposta "Não houve química" e "Conheci outra pessoa"* na lista.

---

* Se um homem "conheceu outra pessoa", foi pedido que ele detalhasse os motivos para ter escolhido uma mulher em vez da outra.

CAPÍTULO 4

O dia seguinte

Os cinco principais fatores que acabam com um encontro *após* o primeiro encontro

Às vezes, o primeiro encontro vai muito bem: você e o Sr. Potencial querem se conhecer ainda melhor e ele pretende chamá-la para sair de novo, mas algo acontece e acaba com o momento naquele estágio crucial após o "boa noite" (seja em algumas horas, alguns dias ou após um segundo ou terceiro encontro).

Esse período de tempo imediatamente após o primeiro encontro é um campo minado tão grande quanto o primeiro encontro em si: ainda é preciso olhar muito bem onde se pisa. Os homens claramente me disseram que muitos primeiros encontros ótimos não levaram a segundos encontros por que algo mudou rapidamente. Aqui estão os cinco motivos mais citados por eles para isso ter acontecido.

RAZÃO NÚMERO 1 PARA ELE NÃO LIGAR DE VOLTA APÓS UM ÓTIMO PRIMEIRO ENCONTRO

A Maria Cebola*

Eu entendo perfeitamente a sensação de finalmente encontrar alguém com quem você se empolgue. Quando recebo ligações ou e-mails de clientes com boas notícias no dia seguinte, você não faz ideia do quanto fico feliz. Especialmente se a cliente teve uma onda de encontros ruins e já estava prestes a desistir. A primeira pergunta que me fazem após um ótimo primeiro encontro costuma ser: "O que faço agora? Não quero deixar esse cara escapar." Minha resposta é: "Quero que você saia agora e... *Não faça nada!* Essa é a *única vez* na sua vida moderna e poderosa de 'posso fazer tudo acontecer' em que é preciso esperar e ser paciente."

Os homens gostam da caça. Está aí algo que você sempre ouviu e minhas Entrevistas de Saída comprovaram. Claro, eles gostam quando você está interessada e não faz joguinhos, mas há uma linha tênue entre estimular e perseguir.

Você é a Maria Cebola?

A Maria Cebola engloba duas categorias na minha pesquisa. Alguma delas bate com você?

AS TÁTICAS ÓBVIAS

Blake, 24 anos, consultor de recursos humanos de Boston, Massachusetts, contou do segundo encontro com uma mulher

---

* Maria Cebola (Sadie Hawkins) alude a uma data citada nos quadrinhos da Família Buscapé, o Dia da Maria Cebola (Sadie Hawkins Day), em que as solteiras buscam maridos. Nos EUA, é gíria para "moças que correm atrás de homens". *(N. da T.)*

a quem levou para jantar e, depois, a um parque de diversões. Eles estavam se divertindo jogando fliperama quando ela veio sorrateiramente, abraçou-o por trás e sussurrou no ouvido dele: "Gosto muito de você, muito mesmo." Blake sentiu uma súbita queda na sua empolgação: "Não sei explicar o motivo. Quer dizer, eu estava interessado, mas ela pareceu meio desesperada e fiquei em dúvida." Outros homens descreveram mulheres que fizeram confissões semelhantes por telefone ou e-mail logo após o primeiro encontro, como "Há muito tempo eu não me sentia assim" ou "É difícil encontrar alguém tão engraçado, verdadeiro, bonito" etc. Veja a mensagem que isso transmite aos homens: *Gostaria de esclarecer que eu quero você. A única pergunta é:* você *me quer* também?

As histórias de mulheres que queriam aproveitar a oportunidade apareciam aos montes. Ian, 35 anos, diretor editorial de Londres, Inglaterra, contou: "Liguei para ela no dia seguinte ao primeiro encontro. Queria chamá-la para sair de novo no fim de semana, mas, antes que tivesse chance de perguntar, ela mencionou nosso 'futuro' duas ou três vezes. Foram pequenas coisas, algo sobre 'Eu lhe darei aquele livro do qual falamos quando nos encontrarmos' ou 'Vou ensiná-lo a andar de *snowboard* no inverno, é fácil!'." Ian desanimou na hora, como se ela tivesse roubado um momento de brilho dele.

Kenneth, 22 anos, assistente de vendas de seguros de Rapid City, Dacota do Sul, contou de uma garota que "era a mulher mais bonita com quem já tinha saído." Ela o surpreendeu aparecendo na casa dele dois dias depois com pizza para ele e os colegas de apartamento. Kenneth achou gentil, ficou feliz em vê-la, mas disse: "Ela acabou com a minha empolgação." A pizza pareceu um gesto carinhoso para mim, então fiquei curiosa para saber por que ele não gostou, especialmente se a achava tão bonita. (E quem não gosta de pizza?) Kenneth não conseguiu articular uma explicação, apenas falou: "Queria que ela tivesse ido com mais calma." Ninguém disse que os homens são sempre lógicos (ou articulados).

Morgan, 30 anos, gerente de vendas de Nova Orleans, Louisiana, lembrou-se da mulher que disse no segundo encontro: "Sonhei com você ontem." De início, ele não achou nada demais, porque ela não se lembrava dos detalhes, mas depois, quando a moça falou que gostaria de ver um determinado filme com ele e, mais tarde, ao enfatizar o quanto estava gostando do encontro, Morgan achou que ela estava indo com muita sede ao pote. Ele admitiu preferir mulheres mais desafiadoras. Lembre-se da famosa frase de Groucho Marx: "Eu não entraria num clube que me aceitasse como sócio."

Vários homens falaram sobre esses momentos constrangedores no fim da noite. Quando o encontro é bom e ele quer chamá-la para sair de novo, o homem definitivamente prefere assumir o comando (na hora ou depois). Se a mulher disser algo como "Espero ter notícias suas em breve" ou "Mande um e-mail!", ele sabe que ela ficou interessada e o desafio desaparece. Alejandro, 27 anos, bombeiro de Seattle, Washington, disse: "Acho que as mulheres soam meio desesperadas quando tentam me lembrar de entrar em contato com elas."

AS TÁTICAS (NADA) SUTIS

Os homens não são tão burros quanto pensamos. Eles sabem o que estamos fazendo.

Parker, 36 anos, empresário de varejo de West Orange, Nova Jersey, costuma receber dicas nem um pouco sutis de que a mulher quer ser chamada para sair de novo. Mas elas não chegam e falam diretamente. Segundo Parker: "As garotas perguntam

'Quais são seus planos para essa semana?' ou mandam torpedo às dez da noite dizendo 'Oi, vc já saiu? Kd vc?'." Ele disse que geralmente perde o interesse quando isso acontece.

Ouvi diversas referências ao "e-mail de agradecimento" do dia seguinte. A maioria dos caras admitiu ter sentimentos contraditórios em relação ao e-mail: por um lado gostavam, mas definitivamente indicava que a mulher estava interessada (até demais). Isso geralmente diminuía a vontade de correr atrás delas. Fiquei muito surpresa ao ouvir o que Kyle, 39 anos, professor de educação física em Miami, Flórida — que aparentemente é muito popular — falou sobre o assunto. Ele classificou o e-mail de agradecimento como "a aposta que sempre ganho". e explicou que tem o seguinte hábito com um amigo: Kyle manda torpedo para o amigo após o encontro e aposta cinco dólares em quem acerta quanto tempo ele vai levar pra receber O E-Mail. Kyle admitiu ter perdido algumas apostas, mas geralmente ele ganha com "uma janela de entre oito a doze horas". Fiquei chocada e, ao mesmo tempo, fascinada.

Kyle explicou que as mulheres com quem sai parecem não gostar de chamá-lo diretamente para o segundo encontro, preferindo fazer isso de forma mais sutil: "Elas mandam um e-mail agradecendo *de novo* pela ótima noite, e só preciso responder com um 'Vamos repetir a dose, que tal na sexta-feira?'." Segundo ele, é sempre a mesma coisa, como um relógio.

Argh, que arrogância! Kyle não foi um dos meus entrevistados favoritos, com certeza. Mas a "pequena aposta" dele serve como lembrete de que o e-mail de agradecimento não é necessário, nem sutil.

PARECE FAMILIAR?

Você pode não ter notado as semelhanças entre as histórias sobre a Maria Cebola contadas até aqui com o seu estilo de vida, visto que nem sempre é fácil se reconhecer nas histórias alheias. Por isso, use as perguntas de autoavaliação a seguir para verificar se os homens estão estereotipando você como a Maria Cebola antes de começarem a conhecê-la de verdade.

No trabalho...

❑ Seu ambiente de trabalho recompensa quem toma iniciativa?

❑ Você corre atrás do que quer, seja promoção no emprego, recursos da empresa ou novos clientes?

❑ Você é conhecida entre os colegas por "ir direto ao assunto, sem papas na língua"?

Com os amigos e a família...

❑ Alguém já lhe disse carinhosamente "Eu sempre sei o que você pensa e espera de mim"?

❑ Geralmente é você quem junta o grupo para sair?

❑ Você geralmente usa a frase "Vai fundo!"?

Num encontro ou com um namorado anterior...

❑ Você costuma enviar um e-mail de agradecimento após um encontro?

❑ Se um cara faz uma vaga referência a algo — como planos para o próximo fim de semana ou visita a um amigo —, você costuma perguntar mais (por exemplo: "Com quem você vai?" ou "Que amigo?")?

☐ Se você está nervosa ao fim de um encontro, corre para preencher aquele silêncio constrangedor com frases como "Então, me liga logo!"?

SUA FILOSOFIA PESSOAL...

☐ Você é o tipo de pessoa que "pega o touro pelos chifres"?
☐ Você costuma planejar tudo com bastante antecedência?
☐ Você se orgulha de ser uma pessoa que "não faz joguinhos"?

Se você respondeu sim a mais de cinco perguntas, então pode ser considerada (ou erroneamente considerada) como a Maria Cebola. Não há duvida de que você é direta, confiante e corre atrás do que quer, e claro que não deve mudar sua essência, mas pode pensar em ajustar o que diz e faz num primeiro ou segundo encontro. Os homens que não sabem o quanto você é sensacional podem achar que você é a Maria Cebola e perder a chance de conhecê-la melhor nos próximos encontros.

E agora? O que você precisa fazer?

Veja cinco dicas para ajudar a Maria Cebola a fazer com que o cara a tire para dançar, para que *ela* possa conhecê-lo melhor.

1) SEJA DIFERENTE

A maioria das mulheres usa táticas óbvias ou nada sutis para inverter a ordem natural do "garoto gosta da garota, garoto corre atrás da garota". É preciso fazer algo *diferente* e se destacar da multidão para intrigar o cara que você quer. Isso significa *não* mencionar planos para o futuro durante ou após um ótimo encontro (isso é função dele). Entenda a diferença entre mostrar interesse e tomar a iniciativa. Quando o encontro terminar, você simplesmente diz com sinceridade, olhando nos olhos dele: "Obrigada! A noite foi *ótima*. Boa noite." (Esse é o agradecimento necessário, não é preciso mandar e-mail no dia seguinte. Deixe isso para suas entrevistas de emprego.) Se ele não ligar é porque não está interessado. Afinal, ele é adulto e sabe como entrar em contato. Releia o Capítulo 3 para entender o que pode ter dado errado, melhorar os resultados de futuros encontros e dizer: "A fila anda: próximo!"

Homens com mais de 35 anos estão particularmente acostumados a serem caçados pelas mulheres porque há mais solteiras que solteiros nessa faixa etária.* Por isso, é mais importante do que nunca se destacar da multidão e deixá-lo tomar a iniciativa. Mas você pode perguntar: *e se ele não ligar?* Não importa o quanto você o ache ótimo ou o quanto esteja difícil encontrar alguém assim, por favor, não deixe isso atrapalhar seu julgamento e convença-se de que há motivos válidos para ele não ter ligado e, portanto, não há nada que se possa fazer para despertar o interesse dele. Você não quer ouvir o que vou dizer, mas a verdade é: fazer isso é uma perda do seu precioso tempo.

2) NÃO BANQUE A DETETIVE

Se você verificar o perfil dele no site de relacionamentos ou encontros para saber se ele o acessou nas últimas 24 horas, você é a Maria Cebola. Se o site permitir ver quem visitou o perfil dele, você será descoberta. Antes de estarem num relacionamento, deixe a vida virtual dele em paz. Você só vai diminuir a chance de ter notícias dele de novo.

---

* De acordo com o censo dos Estados Unidos, existem 28 milhões de solteiras com mais de 35 anos no país, mas apenas 18 milhões de solteiros na mesma faixa etária.

3) TORPEDO TAMBÉM CONTA

Sim, se você mandar um torpedo bem curtinho antes que ele entre em contato com você, conta como "correr atrás dele", não importa qual seja a *desculpa*. Os caras não vão cair no velho truque do "Qual era mesmo o nome do filme que você falou para eu alugar?" ou "Esse é o nome daquela loja de tintas que recomendei".

4) CONTINUE SAINDO COM OUTROS

Depois de um ou dois ótimos encontros, você pode ficar tentada a recusar outros convites e mofar em casa em vez de ir a outra festa lotada, ou até mesmo a excluir seu perfil nos sites de encontros. Mas é preciso se manter aberta às opções nos estágios iniciais de um possível romance. A empolgação que se sente depois de um ótimo primeiro encontro pode mudar a qualquer momento, portanto, é preciso ser multitarefa. É como se estivesse gerenciando uma carteira de ações: deve-se ter várias ações de modo que, se uma cair subitamente, outras podem subir e compensar a perda. Obrigar-se a sair com outros caras é fundamental nas primeiras semanas de um possível novo relacionamento. No mínimo, vai ajudar a distrair a cabeça da tentação de entrar em contato com ele primeiro.

5) AVALIE CADA SITUAÇÃO

Um aviso para a Maria Cebola é que cada homem deve ser avaliado individualmente, porque alguns caras são realmente inseguros. É complicado detectar quem é inseguro e quem está fingindo, mas conforme foi discutido na seção Não Estou Nem Aí, do Capítulo 3, alguns homens precisam de um pouco de estímulo da sua parte para saber que você está interessada.

RAZÃO NÚMERO 2 PARA ELE NÃO LIGAR DE VOLTA APÓS UM ÓTIMO PRIMEIRO ENCONTRO

O Apagão

Não há nada melhor que um primeiro encontro extremamente bem-sucedido. Você fica inebriada quando ele a adora porque o sentimento é mútuo. E *ele* está correndo atrás de *você*: manda vários e-mails e torpedos com rapidez nos dias depois do encontro, diz as palavras certas, está usando verbos no futuro e seus atos dizem mais que as palavras. Ele cancelou a saída com os amigos para estar com você, contou à família que encontrou alguém especial e deixou uma barra gigante de Nestlé Crunch na sua porta porque lembrou que é o seu chocolate favorito. Tudo indica que ele é sincero e tem as melhores intenções. Mas situações como essa gritam "ATENÇÃO! CUIDADO!" em letras garrafais. Relações que se acendem cedo demais podem sofrer um apagão no mesmo ritmo e é geralmente o que acontece. Você provavelmente já passou por isso. Se há algo que aprendi na área de relacionamentos é que a corrida pelo romance se ganha devagar e sempre.

Você já passou pelo Apagão?

O Apagão engloba três categorias de comportamento na minha pesquisa. Alguma delas bate com você?

INTIMIDADE EMOCIONAL PREMATURA

Trocar detalhes e sentimentos pessoais muito rápido geralmente cria a *ilusão* de intimidade emocional intensa. Mesmo que vocês tenham se encontrado apenas uma ou duas vezes pessoalmente, já passaram uma eternidade juntos ao telefone, por e-mail ou em seus sonhos. Vocês presumem que são ou logo serão um casal de verdade, mas não têm a segurança do tempo investido e da confiança conquistada para lidar com os percalços da relação.

Connor, 33 anos, chef em Nantucket, Massachusetts, falou de seu arrependimento em relação à Madeline, a quem conheceu no verão passado. "Houve química imediata e eu sabia que ela tinha potencial a longo prazo." Ele descreveu os primeiros três encontros, todos ocorridos dentro de cinco dias, durante os quais os dois contaram de tudo um para o outro: infância problemática, demissões do emprego, detalhes sobre relacionamentos passados e até fantasias sexuais. Connor disse: "Não houve fogo lento, isso foi fritura rapidíssima!" "Então, o que aconteceu?", perguntei num tom de voz desconfiado por já saber o que viria. Ele certamente não foi o primeiro a descrever essa situação para mim.

Connor explicou: "Bom, no quarto encontro nós pegamos uma mesa perto de uma mãe estressada com os filhos, e Madeline cochichou que não sabia como as mulheres sobreviviam sem uma babá. Eu me senti como se tivesse levado um soco no estômago. [Madeline] não era quem eu pensava, então comecei a ligar os fatos: lembrei que ela revelou ter estudado num internato e ter sido criada por babás. Nós não pensávamos da mesma forma. Percebi que ela não era a pessoa certa para mim." Connor então disse o motivo de sua reação tão forte: ele fora criado por babás e sentiu-se desprezado pelos pais, por isso não queria criar os filhos da mesma forma. Perguntei se ele tinha falado isso para Madeline, porque tenho certeza que ela teria entendido o ponto de vista dele, e eu esperava que eles pudessem achar uma solução, mesmo que tudo isso soasse muito prematuro.

Mas fazer essa pergunta a Connor iluminou meu erro: a ideia de que alguém deve discutir e resolver grandes assuntos emocionais é algo a ser sugerido a alguém que faça parte de um casal verdadeiro, e eles ainda não haviam chegado lá. Connor e Madeline não deram os passos lentos para ajustar sua capacidade de se comunicar, nem criaram uma igualdade no relacionamento para valorizar o ato de ceder. Afinal, estavam apenas no quarto encontro! Connor resumiu a experiência com Madeline: "Nós éramos diferentes demais. Saí fora antes que alguém se machucasse." O laço deles era tão frágil que se rompeu facilmente. Ele nunca contou à Madeline o que realmente aconteceu (e tenho certeza que ela não sabe até hoje).

Outros homens revelaram o que apagou as fantasias deles: respostas erradas, um e-mail de uma antiga namorada, um pesadelo, um conselho do terapeuta e assistir a filmes sobre divórcio (Dica: jamais alugue *A lula e a baleia* para um encontro!). O problema é que, quando as coisas vão rápido demais, os homens não se apaixonam por você, e sim pela fantasia que têm a seu respeito. Sempre que um pouco de realidade ou desconforto surgir sorrateiramente, a cola ainda vai estar molhada e não conseguirá unir vocês.

INTIMIDADE FÍSICA PREMATURA

Nossa, como eu ouvi comentários nessa categoria durante as entrevistas! Sinceramente, as histórias eram banais: os caras separavam mentalmente as candidatas não sérias — amigas para fazer sexo, amizades coloridas e mulheres que fizeram sexo muito rápido — das que consideravam sérias. Todo mundo sabe que você não deve fazer sexo no primeiro encontro, mas o limite não fica claro após o encontro número um. Os homens não conseguem respeitar uma mulher que transa com eles imediatamente, mas será que podemos definir o que é "imediatamente", por favor? Se seu primeiro encontro durou sete horas e depois você passou dez horas ao telefone e revelou seus sentimentos mais íntimos via e-mail, fazendo parecer como se vocês se conhecessem desde crianças, mesmo que *tecnicamente* vocês só tenham se encontrado três vezes, isso conta como "imediatamente". SIM, GENTE, CONTA!

Há tantos problemas em fazer sexo cedo demais que eu nem sei por onde começar. Toby, 29 anos, engenheiro de som de Livonia, Michigan, definiu da seguinte forma o sexo com mulheres a quem mal conhecia: "É como pegar só a metade, o corpo sem o coração." Ele disse que dormir de conchinha, se acontecer, parece falso. O mesmo vale para suspiros apaixonados. Toby deixou bem claro: "Eu não recusaria, mas não é o que me faz ficar apaixonado por uma mulher."

Rubin, 51 anos, químico de Hartford, Connecticut, disse: "Não dá para conhecer alguém suficientemente bem no começo de uma relação para descobrir a verdadeira compatibilidade sexual. Se ela me impressionar com truques interessantes, pode ser excitante mas também significa que ela já fez muito [isso] antes, o que é desanimador caso eu tenha realmente gostado dela. E se for muito recatada, é meio entediante. Como eu vou saber se ela é recatada porque mal nos conhecemos ou se ela é mesmo um peixe morto na cama?"

E, segundo me contaram, não existe um homem na face da Terra que acredite na frase "Nunca fiz isso antes com alguém que acabei de conhecer". Além do mais, alguns homens ficam simplesmente *entediados* com o sexo fácil. Isso pode parecer surpreendente, mas eles dizem que fazem sexo casual há tanto tempo, geralmente desde o início da adolescência, que, na verdade, querem algo diferente. Eles querem que a expectativa *aumente ao longo do tempo* enquanto eles conhecem alguém de verdade. Você raramente verá um cara que não ceda à tentação — biologicamente, os homens não são tão complicados assim —, mas também raramente vê este homem querendo um compromisso sério com esse tipo de mulher. Marshall, 34 anos, representante de vendas de Delaware City, Delaware, disse: "Acho que ela confundiu o fato de eu estar excitado com o fato de estar apaixonado."

Anton, 36 anos, dono de um salão de cabeleireiro em Boston, Massachusetts, descreveu como é fácil para ele conseguir sexo oral ou uma relação sexual completa no primeiro ou segundo encontro, definindo a situação desta forma: "Todos esses casinhos intensificaram meu desejo por intimidade verdadeira." Myles, 40 anos, agente de viagem de La Jolla, Califórnia, disse timidamente que procura uma mulher que considere o ato de ficar nua um momento especial: "Pode me chamar de antiquado, mas as mulheres que se despem e quase fazem sexo parecem as mesmas que vão até o fim — eu não consigo saber se elas estão se segurando para fazer joguinho ou por que acham errado fazer sexo sem compromisso."

DECISÕES PREMATURAS

Homens e mulheres geralmente vivem o Apagão em outro contexto: quando uma grande decisão surge cedo demais e cria pânico. Owen, 43 anos, construtor em Los Angeles, Califórnia, descreveu alguns encontros com Brooke, mãe solteira com dois filhos. Ele ficou muito empolgado no começo e achou que ela tinha grande potencial. No fim do terceiro encontro, que durou 12 horas, Brooke contou que os filhos estariam com o ex-marido por uma semana no próximo mês e que ela queria aproveitar a semana livre, talvez viajar para algum lugar exótico. Embora reconhecesse que eles não se conheciam há muito tempo, conseguir um período fora do trabalho era uma oportunidade rara para ela. Será que ele toparia uma viagem impulsiva juntos?

Owen estava a fim de Brooke e tinha um trabalho flexível, então pensou: "Por que não?" Eles logo concordaram em viajar para a Tailândia.

Mas nos próximos dias surgiram algumas perguntas esquisitas, como: quem paga o quê? Se Brooke fosse sua esposa, ele pagaria a viagem toda. Ele não era rico, mas podia bancar boas férias. Ainda assim, será que deveria gastar milhares de dólares com alguém que conhece há menos de duas semanas? Ela mandou e-mail para Owen com links de alguns hotéis quatro estrelas que ela encontrou pela internet e ele pensou: "Que categoria de quarto devemos escolher? Até quanto ela pode gastar?" Ele não sabia da situação financeira dela e não queria perguntar. Enfim, Owen disse: "Er... Qual é o nosso orçamento para esta viagem?" e ouviu como resposta: "*Nosso* orçamento? Nossa, isso é tão constrangedor. Desde a faculdade, nunca paguei uma viagem com um cara." A conversa degringolou a partir daí. Ele disse que a questão das férias gerou outras perguntas hipotéticas na mente dele: "Se eles se casassem, ele seria responsável por sustentar os dois filhos dela? E conseguiria pagar a faculdade deles?" Todas essas decisões eram muito prematuras, mas pesaram na cabeça dele. Owen e Brooke nunca foram à Tailândia juntos e terminaram na semana seguinte.

Os homens descreveram outras situações desconfortáveis que surgiram cedo demais: comprar ingressos para um show com dois meses de antecedência sem possibilidade de reembolso, conhecer os filhos de uma mãe solteira, ser o acompanhante de uma mulher num leilão de caridade com os pais dela ou ser o acompanhante dela num casamento. Esses tipos de evento desencadearam uma reação em cadeia de tomadas de decisões ou especulações precoces e inevitavelmente causavam o Apagão de um relacionamento que se iniciava.

PARECE FAMILIAR?

Você pode não ter notado as semelhanças entre as histórias sobre o Apagão contadas até aqui com o seu estilo de vida, visto que nem sempre é fácil se reconhecer nas histórias alheias. Por isso, use as perguntas de autoavaliação a seguir para verificar se os homens estão estereotipando você como o Apagão antes de começarem a conhecê-la de verdade.

No trabalho...
❑ Você ama seu trabalho porque é um ambiente muito intenso?
❑ Você costuma tirar conclusões precipitadas antes de saber todas as informações sobre algo?
❑ Em análises de desempenho, já lhe disseram "Vá com calma, não queremos que você se esgote!"?

Com os amigos e a família...
❑ Você tem fama de ser passional e emocional?
❑ Frequentemente você é aconselhada a "ter cuidado... não vá se magoar"?
❑ Você pode ser descrita como vulnerável?

Num encontro ou com um namorado anterior...
❑ Você tem um histórico romântico de relacionamentos intensos, mas de curto prazo?
❑ Você costuma viajar com um cara que mal conhece?
❑ Você tem probabilidade de transar com um cara rapidamente se sentir uma conexão emocional intensa?

Sua personalidade...
❑ Você é impulsiva?
❑ Você cria vínculos com facilidade?
❑ Você tem uma personalidade **com** tendência a ter vícios?

Se você respondeu sim a mais de cinco perguntas, então pode ser considerada (ou erroneamente considerada) como o Apagão. Não há duvida de que você é passional, amorosa e intensa, e claro que não deve mudar sua essência, mas pode pensar em ajustar o que diz e faz num primeiro ou segundo encontro. Os homens que não sabem o quanto você é sensacional podem achar que você é o Apagão e perder a chance de conhecê-la melhor nos próximos encontros.

E agora? O que você precisa fazer?

Eu estava em pé na calçada recentemente, olhando o sinal vermelho para os pedestres, mas estava com pressa. Então olhei para os dois lados e, como não havia carros vindo, pensei: "Posso atravessar a rua correndo, é perfeitamente seguro." Eu tropecei no meio-fio e de repente um carro virou a esquina e freou em cima de mim. Quando meu coração parou de bater acelerado pelo susto, algo me ocorreu: as mulheres Apagão estão em pé no mesmo meio-fio. O sinal vermelho para os pedestres está lá por um motivo, não é porque é bonito. Está vermelho para sua segurança, não como diretriz geral que pode ser, às vezes, ignorada quando você não vir nenhum carro se aproximando. Atravessar a rua com sinal vermelho é ilegal em alguns estados norte-americanos porque as pessoas podem *se ferir gravemente*.

Veja quatro dicas para ajudá-la a esperar pacientemente pelo sinal verde.

1) PRESTE ATENÇÃO AO QUE FALA

Quando você se ouvir dizendo frases num primeiro encontro como "Nunca disse isso a ninguém..." ou "Eu não costumo baixar a guarda assim tão rápido...", é um alerta indicando que tudo está indo rápido demais. É bom ir além do superficial com um cara em quem você realmente tem interesse, mas não a ponto de ele saber mais a seu respeito do que seus amigos e familiares que a conhecem há anos. É o excesso de informação cedo demais. Pense no relacionamento como escalar uma montanha com uma inclinação constante em vez de um caminho vertical íngreme. Lembre-se da regra do um-para-um dos conselhos para a Ligada no Ex: conte um detalhe pessoal no encontro número um, dois no segundo e por aí vai. Palavras e atos lentos e constantes constroem uma base mais forte e incapaz de ser facilmente abalada.

2) PONTUE SEUS ENCONTROS COM ALGUM TIPO DE ATIVIDADE

Se os seus primeiros encontros são longas maratonas de falação em torno de refeições em que vocês se perdem nos olhos um do outro e nem se mexem nas cadeiras, você ficará mais tentada a aprofundar a intimidade emocional mais rápido do que deveria. Semelhante ao conselho dado à Louca para Casar, você deverá planejar algumas atividades para os próximos encontros: tênis, passear com seus cachorros ou ir a um jogo de beisebol. Aprendam um sobre o outro aos poucos enquanto vocês *se divertem*, concentrando-se em algo diferente dos seus sentimentos fortes um pelo outro.

3) NÃO DEIXE O PROBLEMA SURGIR

Se você quiser evitar que um cara entre em pânico por precisar tomar uma grande decisão cedo demais, não deixe o assunto problemático surgir. Se precisar, tire suas férias, compre o ingresso para o show com uma amiga ou vá sozinha. E se quiser evitar a tentação de fazer sexo rápido demais, fique longe do quarto até que mais tempo tenha se passado (sugiro evitar quartos por *pelo menos* oito encontros dosados ao longo de um ou dois meses.)

Uma vez eu ouvi o Dr. Phil dizer algo simples e poderoso sobre estar de dieta, que também diz respeito a adiar o sexo. O conceito dele era que, se você realmente quer perder peso, precisa manter os armários da cozinha vazios. Se não houver biscoitos em casa, a probabilidade de você pegar o carro e ir até o mercado às onze da noite quando tiver aquela vontade de comer é mínima. Então, se quiser evitar o Apagão, mantenha o quarto vazio.

Mas e as salas de estar e de jantar na privacidade do seu lar ou do dele, devem ser evitadas também? O jantar feito em casa geralmente é parte fundamental dos encontros iniciais, mas representa uma decisão geográfica difícil, pois acaba se tornando um encontro para dar amassos. Você só deve colocar o almoço ou jantar caseiro na agenda se tiver força de vontade inabalável e souber que você pode (e vai) terminar a noite antes que ela evolua muito rápido e cedo demais (tanto sexual quanto emocionalmente).

4) CONTROLE O RITMO

Só porque *ele* quer acelerar as coisas não significa que você precise acompanhá-lo. Se ele mandar torpedo, espere uma hora para responder. Se ele chamá-la para sair seis vezes numa semana, diga que só está disponível três vezes (mas deixe claro que você *queria* estar disponível todas as noites). Isso é controlar o ritmo certo para um relacionamento sólido. Você está construindo uma casa tijolo por tijolo.

RAZÃO NÚMERO 3 PARA ELE NÃO LIGAR DE VOLTA APÓS UM ÓTIMO PRIMEIRO ENCONTRO

A Atarefada

"Como vai?", você pergunta aos amigos e à família. "Atarefada", diz sua mãe. "Atarefada", diz sua melhor amiga. "Atarefado" é o novo "Tudo bem". *Todo mundo* está na correria, inclusive você e seu parceiro em potencial. Às vezes, duas pessoas perdem um relacionamento maravilhoso porque uma ou ambas simplesmente não conseguem acertar suas agendas depois de um primeiro encontro promissor. Claro que há pessoas que vivem o amor à primeira vista e, depois disso, nada consegue impedi-los da busca tenaz pelo(a) pretendente, mas isso geralmente só acontece nos filmes. Na vida real, homens ocupados com o trabalho não têm tempo ou disposição para driblar os milhões de obstáculos na sua agenda, incluindo trabalho, academia, visitantes de fora da cidade, uma amiga que está em crise, férias, viagens de negócios, clube do livro e noite com as amigas. Isso sem contar as vezes em que ele telefona e cai na caixa postal ou secretária eletrônica. Em algum momento, o interesse inicial dele se esvai e outra garota surge pela porta da esquerda.

Mulheres, sejam solteiras ou casadas, são como canivetes suíços: fazem várias tarefas. Somos organizadoras, sociáveis, planejadoras, empáticas, trabalhadoras árduas e voluntárias numa só. Mas, quando se está solteira, a vida cheia de compromissos vira um grande problema se você não conseguir se adaptar e ser flexível. Não estou falando em aceitar um encontro marcado em cima da hora: se ele ligar num sábado às sete da noite perguntando se você aceita jantar às oito, isso é grosseria. Também não estou falando em mudar seus planos por um homem que a desrespeita chegando atrasado ou esquecendo-se de ligar, ou que quer marcar os encontros apenas de acordo com o que lhe é conveniente. Contudo, depois de um ótimo encontro com um homem intrigante que quer vê-la de novo, seria um erro deixar os compromissos pré-planejados adiarem aquele segundo encontro por mais de uma semana.

Você é a Atarefada?

A Atarefada engloba duas categorias na minha pesquisa. Alguma delas bate com você?

DESCULPAS DEMAIS

Artie, 37 anos, engenheiro elétrico de Dallas, Texas, contou de uma mulher por quem se apaixonou para valer no primeiro encontro. Ele ficou tão empolgado que, no meio do jantar, perguntou se poderia vê-la de novo. Entusiasmada, a moça disse "Sim!", e eles marcaram de jantar três noites depois (num domingo). Mas ela ligou no dia seguinte para explicar que o chefe tinha marcado uma reunião na segunda-feira bem cedo em Atlanta, significando que ela precisaria viajar no domingo à noite. Artie estava ocupado com os pais que o visitavam no fim de semana, então eles mudaram os planos de jantar para a sexta-feira seguinte, quando ela voltaria a Dallas. Na sexta de manhã, porém, ela mandou um torpedo: "Mil desculpas, estou com um resfriado horrível. Posso ligar amanhã para fazermos novos planos? Realmente quero vê-lo logo." Artie ficou decepcionado, mas entendeu.

Nos dez dias seguintes, tudo parecia conspirar contra eles. Quando ela se recuperou do resfriado, Artie teve uma reunião com um cliente fora da cidade. Ele ligou quando voltou, mas os dois ficaram caindo na secretária eletrônica um do outro o dia inteiro. Quando conseguiram se falar, ela estava fazendo as malas para passar férias de duas semanas na África com a amiga de faculdade. Era um evento após o outro. Artie contou que ela parecia mesmo interessada, sempre expressava um arrependimento sincero e tentava marcar outro dia. Mas quando ela ligou depois de ter voltado da África, ele tinha começado a sair com outra pessoa.

Muitos homens na minha pesquisa desconfiam da mulher "ocupada demais" e procuram alguém mais disponível. Max, 40 anos, contador nova-iorquino, reclamou: "Mais da metade das mulheres que chamo para sair me liga algumas horas antes do encontro com algum 'problema' de última hora e pede para remarcar." Ele se lembra da mulher que disse: "Desculpe, este *mês* foi realmente corrido, mas agora eu estou disponível..." Max não podia acreditar: ela passou um mês inteiro sem uma ou duas horas livres? Ele revelou que costumava ser bem compreensivo quanto a isso, mas agora acha uma tremenda falta de educação — e pior, sinal de que um eventual relacionamento futuro não será prioridade. Max enfatizou que as desculpas pareciam verdadeiras (estar doente, trabalhando, viajando etc.) e acredita na sinceridade das mulheres quando elas pedem milhões de desculpas e quase imploram para vê-lo no dia seguinte ou na próxima semana, mas encerrou com um suspiro: "Estou cansado disso. Quero estar com alguém que considere sair comigo algo importante."

Harvey, 64 anos, engenheiro aeronáutico, viúvo, de Bend, Oregon, contou: "Conheci uma mulher há pouco tempo e foi o melhor encontro desde que minha esposa morreu há três anos. Mas quando falamos ao telefone para marcar de sair de novo, ela falou que viaja muito a trabalho. Agendar o segundo encontro foi um desafio, e me fez perceber que ela estaria sempre ocupada demais para mim [se por acaso nós tivéssemos um relacionamento sério]. Já é difícil conhecer alguém saindo com frequência, e se a pessoa fica muito ausente, fica praticamente impossível." Harvey nunca explicou essa preocupação a ela, nem deu a oportunidade de sugerir uma solução. Eles acabaram tendo um segundo encontro superficial, que jamais chegou a um terceiro.

Às vezes, compromissos em excesso não se traduz como "ocupada demais" e sim como "rígida demais". George, 45 anos, distribuidor de suprimentos de hotelaria de Charlotte, Carolina do Norte, ficou até às duas da manhã num primeiro encontro sensacional com Anna. Mas, no começo do segundo encontro, Anna contou a George que precisava estar em casa às 22h, não só naquela noite, mas sempre, e explicou que precisa de oito horas de sono: malha às 6h todos os dias, responde aos e-mails de 7h às 8h e chega no escritório às 8h30. George entende como é difícil encaixar tudo num dia só, mas Anna parecia rígida demais. Ele também sabia que, quando *realmente* gostava de uma mulher, estava disposto a ficar cansado no dia seguinte se fosse para ficar até tarde com ela. A parceira não parecia sentir o mesmo depois do primeiro encontro, por isso o possível romance de George e Anna virou abóbora.

POPULAR DEMAIS

Outros homens deram exemplos da Atarefada para mulheres que recebiam várias ligações ou mensagens de texto nos celulares durante o encontro. Mesmo quando os aparelhos estavam configurados para vibrar e elas não respondiam, o parceiro costuma ouvir o zumbido. Stan, 35 anos, dono de empresa de construção de Cleveland, Ohio, disse: "Nós tivemos um ótimo primeiro encontro, mas o telefone dela vibrava o tempo todo. Ela recebeu cerca de cinco ligações em uma hora!" Ele também recebe muitas ligações, mas desliga o BlackBerry durante um encontro. No segundo encontro, quando a situação se repetiu, Stan percebeu que ela era muito popular (e um tanto mal-educada por não desligar o aparelho). Contribuindo para aumentar a impressão de "muito requisitada" estava o fato de ela ter citado algumas festas que frequentava e de dois amigos que pararam na mesa para cumprimentá-la. Apesar de ficar atraído pela moça, ele disse não gostar de pessoas sociáveis demais por achar que não vai conseguir tempo suficiente para ficar a sós com ela, sem os amigos.

William, 51 anos, consultor de comunicação de São Francisco, Califórnia, lembrou-se de ter saído com uma mulher chamada Gabrielle que, obviamente, estava saindo com vários outros homens. Ela foi sincera logo de cara ao dizer que embora tivesse se divertido muito na primeira noite, já havia se comprometido com alguns encontros marcados pela internet nas próximas semanas e não poderia desmarcá-los. Gabrielle explicou que acabara de terminar um relacionamento sério e William era só o segundo cara com quem havia saído depois disso. Ele gostou da sinceridade e entendeu o desejo da parceira por mais opções, mas estava cansado de sair com várias mulheres e queria algo sério, por isso não ligou de volta. William disse que Gabrielle ligou cerca de seis meses depois, perguntando se eles poderiam se encontrar, mas ele estava com outra pessoa e recusou.

Alguns homens mencionaram mulheres que terminavam a noite mais cedo porque tinham outras prioridades ou planos. Uma delas deixou bem claro no começo do segundo encontro que precisava sair às 21h30. Como não foi dada qualquer desculpa, o rapaz supôs que a moça havia marcado de sair com outro cara na mesma noite e nunca mais ligou para ela.

PARECE FAMILIAR?

Você pode não ter notado as semelhanças entre as histórias sobre a Atarefada contadas até aqui com o seu estilo de vida, visto que nem sempre é fácil se reconhecer nas histórias alheias. Por isso, use as perguntas de autoavaliação a seguir para verificar se os homens estão estereotipando você como a Atarefada antes de começarem a conhecê-la de verdade.

NO TRABALHO...
- ❏ Você trabalha muitas horas por dia?
- ❏ Viaja muito?
- ❏ Em avaliações de desempenho anteriores, já lhe disseram "Tente delegar mais..."?

COM OS AMIGOS E A FAMÍLIA...
- ❏ Você costuma receber este conselho sobre a vida em geral: "Tente dizer não com mais frequência."?
- ❏ Retornar as mensagens das pessoas de quem você gosta costuma ficar no fim da lista de tarefas a cumprir?
- ❏ Você tem mais de 500 amigos no Facebook ou Orkut?

NUM ENCONTRO OU COM UM NAMORADO ANTERIOR...
- ❏ Você costuma chegar atrasada?
- ❏ É difícil conseguir uma data para sair com você?
- ❏ Algum cara já lhe confessou "Quando você desmarcou da última vez, achei que estava tentando me despachar..."?

SUA FILOSOFIA PESSOAL...
- ❏ Você acha que ter compromissos demais significa apenas "ter uma vida completa"?
- ❏ Você pensa constantemente "Não tenho tempo para nada..."?
- ❏ Você costuma se sentir exausta?

Se você respondeu sim a mais de cinco perguntas, então pode ser considerada (ou erroneamente considerada) como a Atarefada. Não há duvida de que você é bem-sucedida, competente e popular, e claro que não deve mudar sua essência, mas pode pensar em ajustar o que diz e faz num primeiro ou segundo encontro. Os homens que não sabem o quanto você é sensacional podem achar que você é a Atarefada e perder a chance de conhecê-la melhor nos próximos encontros.

E agora? O que você precisa fazer?

Se quiser evitar o estigma da Atarefada, veja três dicas para manter a agenda flexível e decidir se ele *merece* que você faça adaptações em sua vida frenética. Embora cada uma dessas dicas tenha uma diferença sutil, todas contêm uma variação da mensagem principal: "Cancele outros compromissos para não ficar ocupada demais e conseguir vê-lo de novo *logo*."

1) DÊ PRIORIDADE A ELE

Sempre fico perplexa quando uma mulher solteira conta que encontrar o cara certo é a prioridade na vida dela, pois seus atos raramente condizem com as palavras. Quando finalmente encontra um cara ótimo, ela não desmarca compromissos anteriores para encaixá-lo na agenda ocupada. Claro, é admirável manter promessas feitas a amigas com quem você já fez planos e, tudo bem, aquele projeto de trabalho é muito importante. Sim, eu sei que suas férias não-reembolsáveis da semana que vem não podem ser desmarcadas *só porque* você teve um ótimo encontro com algum cara. Na verdade, se ele não pode esperá-la, é porque não era para ser... certo?

Preciso dizer: errado. Somos muito feministas hoje em dia (inclusive eu) com nossas atitudes de "Jamais vou mudar por um homem", e isso inclui "Jamais vou mudar *meus planos* por um homem." Mas às vezes essa atitude é o mesmo que cuspir para cima e cair na cara. É tão raro encontrar um homem maravilhoso que *de vez em quando* vale a pena arriscar: as amigas não vão parar de amá-la se você desmarcar uma noite com elas; na verdade, vão ficar felizes por você. E daí que você passou três horas em vez de seis naquele grande projeto para o trabalho? O histórico de realizações que você construiu ao longo dos anos serve para algo. Às vezes o cara certo não bate duas vezes à porta e, em outras vezes, ele só está disponível *agora*. Sempre haverá um jeito de se desculpar depois com a amiga ou o chefe.

Eis uma ideia radical: pense a longo prazo e veja se vale a pena pagar a multa de 100 dólares à sua companhia aérea para ficar na cidade uma noite a mais e ter aquele segundo ou terceiro encontro. Nem é preciso dizer a ele o que fez para ficar disponível (tome as providências por baixo dos panos). Pagar a taxa da empresa área para um encontro é loucura, certo? Nem sempre. Às vezes a Atarefada precisa fazer algo radical para se obrigar a pôr a vida amorosa em primeiro lugar. E-mails e ligações telefônicas para manter o contato com ele enquanto você estiver viajando certamente não substituem a criação de uma química ao vivo e a cores. Não deixe sua agenda atrapalhar um romance se você puder evitar (e puder bancar a mudança de planos).

E o que acontece se você cancelar alguns compromissos e o próximo encontro não der em nada? Ainda acho que você fez a escolha certa ao priorizar o cara — não *todos* os caras, lógico, mas alguns especiais — porque o amor é um jogo de azar (e você só precisa vencer uma vez).

2) ESQUEÇA AS REGRAS (NORMAIS)

Esperar três dias para retornar uma ligação ou e-mail de um homem que te interessa é ridículo. (Porém, eu recomendaria um *pequeno* lapso de tempo, digamos, 24 horas, para responder, porque concordo que se fazer de difícil pode criar um mistério, especialmente para homens que gostam de desafios.) Mas se esperar muito porque está ou pretende estar ocupada demais, então seu possível relacionamento pode simplesmente perder o momento favorável.

Alguns homens temem que uma mulher ocupada não vá ter um estilo de vida que lhes dê espaço. Ouvi isso de vários caras que hesitavam especificamente em namorar mulheres ocupadas com o trabalho e mães solteiras porque *imaginavam* que elas não seriam tão disponíveis. Assim, há uma grande diferença entre se fazer de difícil e fazê-lo achar que você não tem tempo livre.

3) APROVEITE A OPORTUNIDADE

Se você começou um emprego novo há pouco tempo, está treinando para correr uma maratona, está fazendo vestibular para uma faculdade em outra cidade ou qualquer outro exemplo que sugira que buscar um relacionamento sério agora seria má ideia *porque sua vida está muito corrida ou tumultuada*, recomendo mudar de ideia. Tenho visto muitas mulheres que se arrependem de não ter corrido atrás de um cara ótimo porque, em tese, elas tinham muitos compromissos. Deixe-me esclarecer algo: não é que eu veja muitas mulheres decidindo priorizar outra coisa *conscientemente*, mas essa percepção vem aos poucos, dia após dia. Elas dispensam um encontro ou uma festa por terem outros planos naquela sexta à noite ou uma viagem de trabalho na quinta-feira. Mas isso se acumula ao longo dos anos até que um encontro recusado vira cinquenta encontros recusados. Acredite, se você encontrar alguém especial no momento mais ocupado da sua vida, aproveite-se disso.

RAZÃO NÚMERO 4 PARA ELE NÃO LIGAR DE VOLTA APÓS UM ÓTIMO PRIMEIRO ENCONTRO

A Vc Eh D+

Já é difícil alinhar os homens, de Marte, e as mulheres, de Vênus, com a comunicação verbal, mas, com a predominância da comunicação eletrônica hoje em dia, é "virtualmente" impossível. Não é mais incomum alguém ter três telefones (de casa, do trabalho e celular), um dispositivo portátil sem fio, um pager, um fax, conta no Skype, três endereços de e-mail (pessoal, profissional e da faculdade), um site ou blog pessoal, alguns perfis em sites de encontros, outros em redes sociais e talvez até um auxiliar virtual na Índia! Com todos esses dispositivos e pontos de contato, logo aprendi que eram significativos os mal-entendidos virtuais que atrapalhavam encontros.

Não há nenhum outro momento em que homens e mulheres estejam procurando tanto por sinais sutis de interesse — ou falta deles — do que imediatamente após o primeiro encontro. Mas, como não há um conjunto de regras unânime e claro para a comunicação eletrônica, estes sinais podem ser tão confiáveis quanto ler cartas de tarô. Claro que mal-entendidos também ocorrem pessoalmente e por telefone, mas, com a eliminação do contato cara a cara e do tom de voz, o ciberespaço é mais suscetível a erros.

Você já viveu a situação Vc Eh D+?

A Vc Eh D+ engloba três cenários na minha pesquisa. Você se identifica com algum deles?

CONTEÚDO CONFUSO

Os homens se mostraram bem confusos com o que liam por via eletrônica. Por exemplo, eles questionaram se erros básicos de ortografia são acidentais ou sinal de burrice. (Também ouço muito essa preocupação por parte das mulheres.) Sinceramente, se você não aceitaria um erro de ortografia em seu currículo, então não deveria permiti-los na fase inicial de um relacionamento, mesmo se estiver usando um BlackBerry, iPhone ou outro smartphone. Reserve dez segundos a mais para revisar ou verificar a gramática, porque a primeira impressão é a que fica. Burke, 31 anos, capitalista de risco de Menlo Park, Califórnia, revelou que o erro de digitação mais comum é confundir o "you're" [você é, em inglês] com o "your" [pronome possessivo "seu/sua"]. Ele também citou mulheres que escreviam "definitely" [definitivamente] como "definately" ou "deep-seated" [arraigado] como "deep-seeded". Segundo Burke, ao longo de dez e-mails, um ou dois erros de ortografia não são problema, mas três ou quatro o deixam com a pulga atrás da orelha. Completou: "Não é que eu realmente me importe se a ortografia dela é perfeita, mas ter uma parceira inteligente é muito importante para mim. Como posso prever após um ou dois encontros se ela vai ser intelectualmente estimulante pelos próximos sessenta anos? Obviamente é impossível, então acabo notando esses pequenos detalhes, como erros de ortografia, que me fazem prestar mais atenção à questão da inteligência." (Burke é um cara muito "intelijente").

Vários homens acharam certos comentários recebidos por e-mail ou torpedo muito esquisitos. Eles não sabiam como interpretá-los e depois reconheceram que talvez tenham tirado conclusões incorretas. Raj, 28 anos, webdesigner de Fort Worth, Texas, lembrou de um ótimo primeiro encontro, mas, quando mandou torpedo para ela no dia seguinte, recebeu de volta: "Você não era o que eu pensava." Ele não sabia se isso era bom ou ruim. Outras mulheres já disseram que Raj era mais baixo do que elas esperavam, então a primeira suposição foi que se tratava de um comentário negativo relacionado à altura dele. Raj ficou irracionalmente ofendido e disparou uma resposta afiada: "Pelo menos fui sincero em relação ao meu peso." A moça respondeu com um "F*da-se!" e o "ótimo encontro" foi para o brejo. Boa sorte a Raj com sua insegurança e pavio curto, mas essa troca de mensagens foi semelhante a outros mal-entendidos virtuais que me foram relatados diversas vezes.

Outro homem falou da mulher que mandou por torpedo: "As flores que você me mandou eram provocantes." Ele pensou "Hein? O que *raios* isso quer dizer?" Depois de mostrar a mensagem a alguns amigos, ele concluiu que o uso da palavra "provocante" significava que ela não era muito inteligente. Outro recordou-se de ter chamado uma mulher para um segundo encontro por e-mail: "Podemos sair neste sábado?" Ela respondeu: "Desculpe, vou estar ocupada no sábado à noite." Ele não sabia se a moça gostaria de sair outro dia ou se apenas o estava dispensando e disse: "Odeio ser rejeitado, então não respondi."

As redes sociais foram uma grande fonte de conteúdo eletrônico confuso. Vários homens fizeram comentários sobre as mensagens lidas nos murais do Facebook, no Orkut ou grupos do MySpace dos quais elas faziam parte, ou o tipo e a quantidade de seus amigos virtuais. Eles usaram essa informação para obter pequenas pistas sobre as moças. Por quê? Porque como você viu na seção da Mal-Acompanhada do Capítulo 3, o seu grupo de amigos virtuais e as comunidades que você frequenta, a quantidade de amigos virtuais e as mensagens crípticas e fotos postadas na internet por esses amigos inevitavelmente levam alguém que não a conhece direito a estereotipá-la (corretamente ou não). Como solteiros e solteiras usam cada vez mais as redes sociais (para amizade, contatos profissionais e namoros), esta é uma arena promissora para mal-entendidos. Ao contrário de perfis em sites específicos para romances, numa rede social você tem menos controle sobre a imagem que projeta porque é quase impossível controlar as fotos em que você aparece e as mensagens que seus amigos postam (mesmo se eles tiverem a melhor das intenções ou estiverem apenas fazendo piada).

E há também a imensa quantidade de detalhes que você revela a seu respeito, sem espaço adequado para explicações, em sites como Facebook ou Orkut. Por exemplo, se você diz no Facebook que é "fã do Arnold Schwarzenegger", algumas pessoas vão achar que você é republicana, outras que você gosta do filme *Exterminador do futuro*, outras que você prefere homens com sotaque estrangeiro e outras que você é atraída por fisiculturistas. Essas interpretações individuais, como um teste de Rorschach, podem criar uma série de pistas inadequadas a seu respeito, eliminando possíveis romances com democratas radicais, com quem só gosta de filmes-cabeça, homens sem sotaque ou caras bonitos com pneuzinhos. Se você é uma republicana que não quer namorar democratas, tudo bem, mas se simplesmente gosta de sotaque austríaco, pode estar sem querer afastando alguns pretendentes interessantes.

Outras redes sociais oferecem os mesmos riscos de mal-entendidos. Por exemplo, o MySpace permite escolher uma música favorita que toca sempre que alguém entra na sua página e também permite escolher o *layout* do perfil com uma grande variedade de fundos de tela, cores e fontes. Embora esses recursos permitam a expressão da criatividade, eles intensificam dramaticamente a chance de você ser identificada de forma incorreta

Por que ele não ligou de volta? | **269**

por estranhos. Se escolher uma sinfonia de Beethoven, pode ser considerada pretensiosa? Se optar por uma fonte cor-de-rosa com florzinhas, pode ser descartada por ser infantil? O site é ótimo como ferramenta para se comunicar com os amigos, mas para criar primeiras impressões é imprevisível. Não estou dizendo para não usar redes sociais, apenas para ter cuidado com o que o seu perfil diz a seu respeito, se reflete quem você é. Além disso, espere até conhecer bem um cara antes de convidá-lo para a sua página.

TOM CONFUSO

O tom virtual também é facilmente mal-interpretado. Para complicar, todo mundo fica irritado por algo específico. Por exemplo, usar muitos pontos de exclamação é excesso de entusiasmo? Não usá-los denota desinteresse? Emoticons são divertidos e bem-humorados ou irritantes e "fofinhos" demais? Assinar o e-mail com "Ciao" é moderno e sofisticado ou esnobe e fora de moda? Os homens citaram tudo, desde mulheres que só usavam CAIXA ALTA (estavam "gritando" ou esqueceram de apertar o botão caps lock?), passando por mulheres que escreviam "Xau, t+"* (elas ainda estão no ensino médio ou querem evitar a síndrome do túnel do carpo digitando menos?) até mulheres que respondiam só com uma linha (isso era direto e sexy ou seco e desinteressado?). Os mínimos detalhes são analisados à exaustão quando as pessoas não a conhecem bem.

Skylar, 22 anos, assistente de agência de talentos em Los Angeles, Califórnia, revelou que só escreve em CAIXA ALTA quando quer demonstrar empolgação, exagero ou espanto

---

* "Tchau, até mais".

("Gosto MUITO do iPhone!"). Mas, pensando melhor, ela se questionou se um cara que não ligou de volta pode ter usado CAIXA ALTA com outra intenção. Skylar mencionou um cara que mandou um torpedo dizendo: "Estou ansioso para o nosso encontro, mesmo tendo MUITO trabalho a fazer" e imaginou que ele realmente gostou dela porque, apesar de tanto trabalho, ele arrumou tempo para vê-la. Mas quando o rapaz cancelou o encontro uma hora antes do horário marcado e ela nunca mais soube dele, Skylar achou que, embora estivesse ansioso para o encontro, ele queria que ela sugerisse outra data, porque tinha MUITO TRABALHO. Será que ela foi descartada por ter ignorado a pressão do trabalho dele e, consequentemente, não ter tido consideração? Duvido, mas a questão é perceber as possibilidades de mal-entendidos e evitar confiar tanto nas mensagens eletrônicas quando se está conhecendo alguém.

Há alguns anos, uma jornalista chamada Marcie me entrevistou para uma matéria de revista sobre encontros. Ela era solteira, tinha 30 e poucos anos e a conversa logo passou para as histórias pessoais de namoros. Marcie reclamou de um cara que nunca a chamou para sair de novo após um primeiro encontro promissor. Ele havia falado no jantar que seu livro favorito era *Lonesome Dove*. Quando ela falou que nunca leu, ele exclamou: "Sério? Você tem que ler, é o melhor livro que já li! Fala de vaqueiros, mas é romântico, heroico, inteligente..." Intrigada, Marcie parou numa livraria e comprou o livro no mesmo dia, mandou e-mail para contar ao pretendente e ele pareceu feliz. Porém, ela viajou a negócios no dia seguinte. Alguns dias depois, ele mandou e-mail: "E então, já leu o *Lonesome Dove*?" Marcie respondeu com "Ainda não, estou na correria" e recebeu de volta "Não é dever de casa". Sem entender o conteúdo da mensagem e achando que o parceiro estivesse magoado, escreveu:

"O que isso quer dizer?" Ele respondeu: "Nada." E Marcie nunca mais soube do rapaz.

Marcie sempre quis saber o que dera errado. Geralmente esses mal-entendidos surgem durante o encontro, como uma soma de comentários mal-interpretados. Se ele já a considera um pouco egoísta ou mal educada, por exemplo, a "resposta errada" por e-mail ou torpedo vira a gota d'água (em vez de ser considerada como uma reação aleatória). Eu queria que ela tivesse anotado o telefone dele para perguntar o que aconteceu em vez de ficar confusa. Portanto, cara do *Lonesome Dove*, se você estiver aí lendo essa frase por alguma bizarra coincidência, mande um e-mail através do meu site! Ainda lembro de sua história mesmo depois de todos esses anos e gostaria de ouvir a sua versão.

SILÊNCIO CONFUSO

Talvez a pior falha da tecnologia seja o silêncio. Homens gostam de trocar e-mails ou torpedos rápidos após um ótimo encontro (geralmente alguns minutos após o "Boa noite"), alimentando o otimismo e o interesse sexual. Mas, se as mensagens subitamente demoravam mais ou paravam nos dias ou semanas seguintes, eles ficavam confusos. Essa confusão podia ser algo bom (pois ficavam ansiosos pela resposta), mas em outras ocasiões tinha resultado negativo. Nathaniel, 26 anos, consultor de gerência, em Columbus, Ohio, teve uma dose dupla de problemas com uma mulher chamada Carmen: uma mistura do Apagão e Vc Eh D+. Ele explicou: "Tivemos uma troca de e-mails intensa no começo. O encontro foi bom e, no dia seguinte, trocamos cerca de vinte e-mails. Mas, de repente, eram nove da noite e Carmen parou de responder. Só tive notícias dela na manhã seguinte, num e-mail cujo horário era três da manhã." Nathaniel explicou que, como só tiveram um encontro, ele não queria perguntar onde ela tinha ido, mas teve um mau pressentimento de que a parceira estava com outro homem para ter chegado em casa às três da manhã. Ele esperou até mais tarde para responder, depois Carmen esperou até a manhã seguinte para mandar a resposta *dela*. O silêncio entre os e-mails se expandiu até Nathaniel concluir: "Nosso nível de empolgação acabou."

Alguns homens também se disseram confusos quanto ao silêncio eletrônico após enviarem o que vou chamar de "comunicado impessoal". Depois de um primeiro encontro bem-sucedido, um homem mandou para a mulher um convite para entrar na rede dele no LinkedIn, outro incluiu a mulher num grupo de distribuição de e-mails com piadas da internet e um terceiro enviou um cartão eletrônico. Como não receberam resposta, eles deduziram que elas não estavam interessadas. Todos me deram a mesma explicação para o comunicado impessoal (e idiota): eles estavam "testando a temperatura da água", para saber se ela estava interessada ou não. Eles deduziram que a falta de resposta significava falta de interesse. (Pois é, obviamente qualquer mulher teria adivinhado que ser incluída numa lista de distribuição com cinquenta pessoas e uma piada ruim era a tentativa dele de "testar a temperatura da água"!)

Outra reclamação desta categoria surgiu alta e clara, e com esta eu concordo. Os homens odeiam essas configurações para controle de lixo eletrônico (spam)! Alguns optaram pelo silêncio depois de tentarem mandar e-mail para a parceira e receber uma mensagem de controle de lixo eletrônico, avisando que o destinatário precisa autorizar seu e-mail para certificar-se que não se trata de spam. Claro que todo mundo odeia lixo eletrônico, mas, pelo menos enquanto estiver solteira, livre-se desta configuração irritante no computador. Eles dizem que causa uma péssima primeira impressão e fazem a mulher parecer conservadora ou reservada demais. (Se você já enfrentou o silêncio confuso, pode ser uma boa ideia verificar sua pasta de lixo eletrônico para ver se ele tentou entrar em contato, mas foi considerado spam).

No mundo ideal, se alguém realmente quer vê-la, vai tentar de novo ou mover céus e terra para isso. Mas nessa época em que todos estão na correria e têm diversos encontros a um clique de distância, vale a pena ser uma pessoa fácil de encontrar até decidir se ele vale a pena ou não.

PARECE FAMILIAR?

Você pode não ter notado as semelhanças entre as histórias sobre a Vc Eh D+ contadas até aqui com o seu estilo de vida, visto que nem sempre é fácil se reconhecer nas histórias alheias. Por isso, use as perguntas de autoavaliação a seguir para verificar se os homens estão estereotipando você como a Vc Eh D+ antes de começarem a conhecê-la de verdade.

NO TRABALHO...

❏ Você envia ou recebe mais de cem torpedos ou e-mails por dia?

❏ Seu ambiente de trabalho enfatiza a comunicação eletrônica no lugar dos encontros cara a cara?

❏ Você geralmente precisa explicar o que quis dizer num e-mail, pois um colega interpretou mal?

COM OS AMIGOS E A FAMÍLIA...

❏ Você costuma mostrar mensagens de celular ou e-mails de um cara para outras pessoas para que elas a ajudem interpretar o que ele realmente quis dizer?

- Você já recebeu mensagens dizendo "Hein? Não entendi"?
- Alguém já lhe disse "É difícil entender seu senso de humor em e-mails ou torpedos"?

NUM ENCONTRO OU COM UM NAMORADO ANTERIOR...

- Você passa mais tempo se comunicando por meios eletrônicos do que pessoalmente?
- Eles costumam falar "Não entendi bem o que você quis dizer naquele e-mail [ou mensagem de celular]"?
- Você costuma escrever e-mails sem reler?

SUA FILOSOFIA PESSOAL...

- Você gosta e/ou prefere se comunicar por frases curtas?
- Se não verificar o e-mail depois de uma hora, você fica inquieta?
- É possível falar com você a qualquer hora do dia ou da noite?

Se você respondeu sim a mais de cinco perguntas, então pode ser considerada (ou erroneamente considerada) como a Vc Eh D+. Há uma boa chance de que falhas na comunicação eletrônica possam ser as responsáveis por acabar com seus encontros. Você pode pensar em ajustar seus e-mails, mensagens de celular e bate-papos em programas de mensagens instantâneas como o MSN nos estágios iniciais do relacionamento, de acordo com os conselhos dados anteriormente. Do contrário, os homens que não sabem o quanto você é sensacional podem perder a chance de conhecê-la melhor pessoalmente.

E agora? O que você precisa fazer?

Aqui estão quatro dicas para evitar que os segundos e terceiros encontros promissores acabem indo por água abaixo devido à confusão eletrônica. Assim você poderá determinar se ele é D+.

1) ESTABELEÇA UM PADRÃO DESDE O COMEÇO

Embora e-mails, textos ou mensagens instantâneas frequentes e rápidos possam ter um efeito inebriante, certifique-se de estabelecer alguns limites e normas desde o começo. Isso é importante porque não só os mal-entendidos tecnológicos e silêncios repentinos criam mal-entendidos como podem levar ao Apagão. Ir a extremos após um ou dois encontros (por exemplo, vinte e-mails num dia ou dez torpedos em dez minutos) tem tudo para acabar em decepção, como aconteceu com Nathaniel e Carmen.

Para ser esperta nos encontros, primeiro estabeleça um ritmo razoável para seus torpedos e e-mails logo no começo. Se vocês criarem o hábito de responder dentro de sessenta segundos ou sessenta minutos, qualquer desvio nesse padrão será visto como um sinal de alerta. Um de vocês pode achar que o interesse do outro está diminuindo. Varie seu tempo de resposta de propósito, indo de rápido a lento ao longo das primeiras semanas, dizendo com todas as letras: "Desculpe, eu não vejo as minhas mensagens sempre." Se a correspondência irregular for normal desde o começo, vai criar menos preocupação e pensamentos negativos quando a inevitável resposta atrasada ocorrer mais tarde. E também cria expectativa (que é o Santo Graal de um relacionamento).

Em segundo lugar, quando trocar mensagens no ritmo que estabeleceu, avise quando for embora. Não desapareça subitamente por 12 horas. Ao dizer "boa noite" ou "até logo" antes de sair, você estabelece outra norma em seu relacionamento cibernético. Se no futuro o silêncio eletrônico acontecer de repente, vocês vão entender que algo saiu do padrão e ficarão confortáveis para pegar o telefone e esclarecer tudo antes que as coisas entrem pelo cano.

2) EMOTICONS SÃO LEGAIS

Emoticons, sorrisinhos eletrônicos e outras imagens feitas com caracteres de pontuação, bem como abreviações populares vistas em mensagens de textos de adolescentes (Como "naum" = não) têm péssima fama. Muita gente zomba deles, dizendo: "São *ridículos!*" Mas emoticons e abreviações amenizam o tom de certos comentários eletrônicos que podem parecer depreciativos ou irritados. Gostando ou não, os emoticons e abreviações conseguem uma proeza: dar um tom mais leve ao texto eletrônico. Embora eu não recomende o exagero, jogue alguns winks, sorrisinhos e "brinks" ("estou brincando") de vez em quando para garantir que ele não vai interpretar seu senso de humor como mal-educado ou antipático.

3) PEGUE A DROGA DO TELEFONE!

Na dúvida, sempre pegue o telefone imediatamente e ligue para ele a fim de esclarecer o tom ou o objetivo da mensagem antes que a situação não tenha mais conserto. A comunicação eletrônica deve ser usada para aumentar o flerte e conhecer melhor um ao outro no estágio inicial do relacionamento, não como substituto para a interação humana. Era uma vergonha ouvir esses mal-entendidos eletrônicos durante minhas Entrevistas de Saída. Tenho certeza de que a maioria poderia ter sido facilmente esclarecida se alguém pegasse o telefone na hora. Já é difícil achar o parceiro certo, e a tecnologia é a culpada mais ridícula quando um casal promissor vai para o espaço.

E espere o mesmo dele: pense em dizer com todas as letras após alguns encontros: "Quero que você saiba que sou uma pessoa bem direta. Talvez possam ocorrer mal-entendidos por e-mail ou torpedo. Por isso, se algum dia você não achar meu tom claro, ficar confuso por algo que escrevi ou não receber uma resposta minha, poderia me ligar para esclarecer a questão, por favor?"

4) PERMITA UMA SEGUNDA TENTATIVA

A maioria de nós supõe que, se não recebemos uma mensagem de e-mail, texto ou voz que esperamos, é porque a outra pessoa nunca a enviou. E em 99% das vezes é isso mesmo que acontece, mas de vez em quando realmente há um problema tecnológico. Já tive minha cota de e-mails inexplicavelmente perdidos ao longo dos anos. Você também, certo? (O fato de Brad Pitt não ter respondido a meu e-mail é, com certeza, consequência de algum 'tilt' maluco no ciberespaço.) Deve haver várias mensagens que jamais descobri porque supus que alguém preferiu não responder. Das vezes que descobri, os erros ocorreram num contexto de negócios, quando estava esperando uma resposta importante que nunca veio. Uma vez minha agente literária não respondeu um dos meus e-mails dentro de 24 horas e realmente pensei que havia acontecido uma tragédia, pois ela é muito dedicada a seus clientes e praticamente anda com o BlackBerry grudado no corpo. Quando estou na Europa e ela em Los Angeles, ela me escreve de volta em minutos apesar da diferença de fuso horário de nove horas (mesmo quando são três da manhã no horário dela). A verdade é que eu conheço o padrão de resposta da minha agente, e quando ela se desviou *uma vez*, eu pensei no pior.

Mas isso é na vida profissional. Na vida pessoal fica ainda mais complicado saber se alguém a está evitando ou não recebeu sua mensagem. Então aqui está minha diretriz para lidar com o silêncio de um homem: se você esperava que ele mandasse um e-mail após o encontro ou em algum momento você mandou um e-mail que ficou sem resposta, primeiro veja a pasta de lixo eletrônico. Se a mensagem não estiver lá, espere uma semana e envie um e-mail para testar a temperatura da água. Digite uma mensagem não hostil, como "Estava pensando em você hoje, como você está?". Se ele não responder, esqueça. Embora haja algumas falhas tecnológicas que possam ter causado o silêncio do rapaz, é muito mais provável que ele não esteja interessado.

Também devo dizer que este e-mail para testar a temperatura da água não é aquele e-mail de agradecimento da Maria Cebola. Na minha cabeça, o e-mail para testar a temperatura não se classifica como correr atrás dele porque, sinceramente, depois de uma semana de silêncio isso não conta como perseguição. Você não tem nada a perder agora que ele provavelmente não está interessado. Esse é um e-mail de baixo risco porque não há nada a arriscar. Você vai receber ou silêncio ou uma resposta educada e sem graça. Mas na rara oportunidade de ele ter realmente tentado entrar em contato (que é a única justificativa para mandar esse e-mail), ele, com sorte, vai reagir à sua mensagem de forma aliviada e dizer: "Que bom ter notícias suas, por onde você andou? Recebeu minha mensagem?"

RAZÃO NÚMERO 5 PARA ELE NÃO LIGAR DE VOLTA APÓS UM ÓTIMO PRIMEIRO ENCONTRO

O Turbilhão

O Turbilhão acontece quando a mulher espera ter notícias do cara após um ótimo primeiro encontro, mas ele não entra em contato. Ela fica agitada e ganha velocidade, como um tornado. Quando ele finalmente entra em contato, ela está furiosa e fica distante só de raiva. A mulher pode começar a fazer joguinhos, como não retornar a ligação rapidamente, deixar uma mensagem em casa quando sabe que ele está no trabalho ou tentar deixá-lo com ciúmes. Os homens dizem que isso, obviamente, não é nada sedutor.

Sou fã do livro *Ele não está tão a fim de você*, mas lembre-se que o foco ali não é o primeiro ou segundo encontro. Quando um homem não a trata bem num *relacionamento*, você deve perceber que ele não está interessado e partir para outra. Mas, quando alguém que você mal conhece não liga logo de cara, é outra história. Ele não está a fim de *você* ou não está a fim do *estereótipo que criou a seu respeito?* É uma diferença sutil porém interessante. Após um ou dois encontros, já está bem-estabelecido que ele não a conhece de verdade. Portanto, ainda não é uma ofensa pessoal se ele não limpar a agenda de imediato, correr atrás de você arduamente, tatuar o seu nome no peito e imediatamente transformá-la na prioridade número um dele. Pode-se levar um tempo para responder por uma grande quantidade de motivos justos. Todas nós sabemos que alguém que está realmente doido por você vai ligar imediatamente, mas, se ele ainda não estiver doido, não é preciso desistir logo no começo do jogo.

Solteiros dinâmicos (e solteiras também) geralmente têm vidas caóticas e cheias de compromissos, equilibrando-se entre trabalho, amigos, obrigações familiares, academia, trabalho voluntário e hobbies. E, sejamos realistas, eles provavelmente tinham outras mulheres em vista quando você saiu com eles pela primeira vez. Como você sabe pela sua vida, é difícil administrar tudo. Então o que fazer se ele não ligar logo? Claro, talvez ele não esteja doido por você *ainda,* mas os homens me dizem que relacionamentos que começam lentos podem ganhar ritmo depois. Ou seja, pode exigir algum tempo (e paciência) até que você vire a prioridade dele. Assim como as mulheres Atarefadas correm risco de perder um cara por não ter tempo, esses homens ocupados que não ligam para *você* logo de cara estão correndo o mesmo risco. Você pode estar com outra pessoa quando ele ligar, mas, se não estiver, digo apenas que não é preciso ser fria, pois ainda há chance de um final feliz.

Você já passou pelo turbilhão?

O Turbilhão engloba três situações na minha pesquisa. Você se identifica com alguma delas?

A LOJA DE DOCES

Um cara legal é como uma criança na loja de doces: tem muitas tentações. Você pode estar na mesma posição. É igual ao reality show *The Bachelor* (ou sua versão feminina, *The Bachelorette*): quando um homem se vê com 12 mulheres interessadas nele (imagine-se rodeada por uma dúzia de caras a fim de você), realmente não é pessoal o fato de levar um tempo para escolher.

Aaron, 44 anos, cardiologista em Tulsa, Oklahoma, admitiu ter "opções em abundância". Apesar da frase arrogante, ele foi legal ao telefone comigo, não parecia o tipo que normalmente contaria vantagem. Eu o conheci numa Entrevista de Saída para uma amiga em comum que o descreveu como "um cara muito legal... Todo mundo quer arranjar alguém para ele". Aaron lembrou-se de um primeiro encontro fantástico com Jessica, que conhecera um ano antes. No fim do encontro, Aaron prometeu ligar em breve, mas teve uma semana louca no hospital, com seis cirurgias e duas noites de plantão, e admitiu que teve dois outros encontros às escuras naquela semana, agendados antes de conhecer Jessica. Ele pensava nela, esperava vê-la de novo e descreveu seus sentimentos por ela como "muito positivos. Não estava louco por ela, mas interessado em passar mais tempo com Jessica". Uma semana se passou, e então ele finalmente teve tempo de ligar e ficou surpreso com a recepção, pois Jessica foi "fria ao telefone. Ela estava obviamente furiosa. Pensei que era por eu não ter ligado imediatamente. Como Jessica não dizia qual era o problema, ficou um clima negativo". Eles nunca tiveram um segundo encontro.

Falei com outro Rei dos Primeiros Encontros chamado Leonard, 39 anos, consultor nova-iorquino. Ele foi apresentado a mim por uma amiga que o descreveu como "um partidão; metade de Manhattan quer namorá-lo". Quando conversamos, Leonard descreveu dois ótimos primeiros encontros que fracassaram por ele não ter sido suficientemente rápido. De acordo com Leonard, depois de ter esperado "uma ou duas semanas" para ligar de volta, a mulher respondeu sarcasticamente: "Leonard *quem*?" Em outra ocasião, quando tentou explicar que estivera ocupado, ela respondeu: "Estou cagando para isso." Sugeri a Leonard que não demorasse tanto a ligar quando gostasse de alguém. Ele riu afavelmente e disse: "Você acha?" Leonard basicamente espera um tempão para ligar, mesmo quando gosta delas, *simplesmente porque é disputado* e tem tantas oportunidades que não importa se alguma mulher for fria com ele. Tudo bem, isso é irritante e ele pode não parecer muito desejável quando conto a história toda, mas, em algum momento (na próxima semana ou na próxima década?), acredito que um interruptor vai se acender na cabeça dele. Subitamente, Leonard vai decidir que é hora de sossegar. Afinal, a maioria desses caras populares acaba se casando. Se ele é tão legal (como ouvi da nossa amiga em comum, que o conhece há mais de vinte anos), será que dói tanto assim responder o telefonema gentilmente e deixar suas opções abertas para um segundo encontro? Aposto que a garota para quem Leonard ligar após um grande período de tempo e que *não* tratá-lo mal vai acabar conquistando o coração dele para sempre.

A ZONA NEBULOSA

Brandon, 36 anos, gerente financeiro de Weston, Massachusetts, descreveu um ótimo encontro às escuras com Lisa: "Foi um papo divertido, ela era bonita, dei um beijo de leve nos lábios no fim. Estava bem inclinado a sair com ela de novo, mas não tinha certeza se havia química. Além disso, ela fumava, mas disse que estava tentando parar. Todo mundo sempre diz para dar outra chance se não tiver certeza, por isso estava pensando na possibilidade." Quando Brandon decidiu chamar Lisa para sair de novo, o convite, feito por e-mail, não foi bem-recebido. Ela respondeu que, depois do sumiço de duas semanas, achou que ele não estava interessado. Lisa partiu para outra, mas "desejava a ele toda a sorte do mundo!". Depois, Brandon ficou sabendo pela amiga em comum, que arranjou o encontro, que Lisa não estava saindo com ninguém, ficou apenas ofendida com a atitude dele. A amiga disse: "Estou do lado de Lisa, você deveria tê-la tratado melhor." Brandon lamentou: "Acho que isso significa que fui um cretino, mas eu estava na dúvida depois do encontro, isso é tão terrível assim? Tive relacionamentos que acabaram muito mal, então fica difícil me empolgar logo de cara."

Você acha que Brandon foi um cretino? Definitivamente eu diria que ele *demora para agir*. Se estivesse de bom humor, eu o chamaria de *cuidadoso*. Agora cretino? Difícil.

Sam, 29 anos, empresário do ramo de imóveis em Denver, Colorado, contou da mulher com quem teve dois ótimos encontros. Beth era sensacional, e o clima estava tão bom que ele chegou a falar: "Vamos tentar sair no domingo à noite." Mas Sam acabou trabalhando o fim de semana inteiro e estava exausto no domingo à noite. Como eles não marcaram nada firme, ele decidiu dormir cedo e ligar para ela de manhã. Às nove da noite, porém, ele recebeu um torpedo: "Tem algum motivo para eu não ter recebido notícias suas? Pensei que tínhamos marcado de sair. Estou realmente decepcionada." Ele não conseguiu identificar o tom (o que lembra a confusão por meios eletrônicos que vimos na seção Vc Eh D+), mas achou que, se ela estivesse realmente furiosa, teria ligado em vez de mandar torpedo. Sam também admitiu ter pensado: "Ela exagerou e talvez esteja levando a relação a sério rápido demais." Por isso, decidiu não responder na hora e explicou seu raciocínio: se ela estivesse realmente furiosa, seria melhor esperar o dia seguinte, quando não estivesse cansado, para se explicar. Ao chegar ao trabalho na segunda de manhã, tinha um e-mail dela na caixa de entrada: "Estou muito surpresa com seu comportamento. Não achava que você fosse esse tipo de homem. Se não quiser sair de novo, tenha a coragem de me dizer."

Sam pegou o telefone e ligou para Beth para se desculpar e revelou ter percebido que a lógica de esperar até o dia seguinte estava errada e era definitivamente grosseira. Além disso, lembrou que os planos não eram firmes, mas entendeu que deveria ter ligado para avisar que estava cansado demais para sair. Segundo Sam, ela se acalmou, mas ele não a chamou para sair de novo. Eu perguntei: "Você não acha que se tivesse realmente gostado dela, teria agido de forma diferente no domingo à noite?" Ele respondeu: "Mas eu realmente gostei dela! Só que nós não estávamos loucamente apaixonados, afinal, só saímos duas vezes!"

INSEGURANÇA

Quando você realmente gosta de um cara novo, é normal sentir-se insegura. Você espera que ele também goste de você e procura sinais que provem isso. O problema é que esses sinais podem enganar e levá-la a ficar excessivamente sensível. O Turbilhão não significa apenas ficar agitada e reagir com raiva ou indiferença a um sinal confuso, mas pode também significar um comportamento cada vez mais *inseguro*. Marcus, 29 anos, gerente de organização filantrópica em Cheboygan, Michigan, contou do dilema comum que costuma discutir com amigos: como lidar com o recurso do JDate.com que indica quantos membros se logaram recentemente no site. (O Match.com e outros sites têm notificações semelhantes: "Online agora" ou "Ativo nas últimas 24 horas"). Como exemplo, Marcus descreveu Carly, que conheceu no JDate e com quem teve um primeiro encontro realmente bom. Porém, ela ficou com raiva quando viu que ele havia se logado no JDate mais ou menos uma hora depois de deixá-la em casa. Marcus se defendeu: "O que eu deveria fazer? Não sei se um bom primeiro encontro vai virar algo sério. Eu estava me correspondendo com outras duas ou três garotas. Esse é o esquema nos encontros pela internet, não é? É uma questão de quantidade. Se eu quiser achar uma ótima garota e começar uma família nos próximos anos, preciso gerenciar meu tempo e aproveitar as várias possibilidades."

Quando Carly questionou Marcus por ter entrado no site tão rápido, ele imediatamente perguntou como ela sabia. Carly confessou ter gostado tanto do encontro que cedeu à curiosidade e verificou o status dele no site, esperando que ele não estivesse em busca de outras mulheres. Ele disse que riu e respondeu: "Obrigada pela sinceridade." Eles saíram pela segunda vez, mas não pela terceira. Marcus resumiu a situação dizendo: "Gosto de garotas que sejam um pouco mais confiantes."

PARECE FAMILIAR?

Você pode não ter notado as semelhanças entre as histórias sobre o Turbilhão contadas até aqui com o seu estilo de vida, visto que nem sempre é fácil se reconhecer nas histórias alheias. Por isso, use as perguntas de autoavaliação a seguir para verificar se os homens estão estereotipando você como o Turbilhão antes de começarem a conhecê-la de verdade.

NO TRABALHO...

❑ Você está acostumada a receber feedback imediato de algum tipo (por exemplo: resultados de vendas, *coaching* gerencial, reações de clientes)?

❑ Seus colegas às vezes pedem para você parar de incomodá-los solicitando relatórios ou informações que já foram pedidos várias vezes?

❑ Seu chefe já lhe aconselhou a "tentar deixar rolar e ver o que acontece"?

COM OS AMIGOS E A FAMÍLIA...

❑ Você geralmente diz algo que não queria e se arrepende na mesma hora?

❑ Alguém já lhe recomendou "não fazer tempestade em copo d'água"?

❑ Você tem problemas por achar que não foi suficientemente amada quando criança?

NUM ENCONTRO OU COM UM NAMORADO ANTERIOR...

❑ Os caras às vezes lhe dizem "Você está reagindo de forma exagerada..."?

❑ Você namora homens indiferentes?

❑ Num primeiro encontro, você imediatamente procura sinais para saber se ele vai ligar para você de novo?

SUA FILOSOFIA PESSOAL...

❑ Você costuma achar que as coisas são "oito ou oitenta"?
❑ Você tem pavio curto?
❑ Você é do tipo que diz "só se pisa na bola comigo uma vez"?

Se você respondeu sim a mais de cinco perguntas, então pode ser considerada (ou erroneamente considerada) como o Turbilhão. Não há duvida de que você é passional e sensível, e claro que não deve mudar sua essência, mas pode pensar em ajustar o que diz e faz num primeiro ou segundo encontro. Os homens que não sabem o quanto você é sensacional podem achar que você é o Turbilhão e perder a chance de conhecê-la melhor nos próximos encontros.

E agora? O que você precisa fazer?

Na verdade, não há *nada que se possa fazer* com o Turbilhão. A questão é exatamente *não fazer nada* exceto entender estas três observações.

1) NÃO HÁ NADA DE ERRADO EM IR DEVAGAR

Nem todo casal vive uma paixão fulminante e certeira. Tente perguntar a casais felizes que você conhece sobre as semanas iniciais, quando eles tinham acabado de se conhecer. Sim, metade deles provavelmente vai dizer que "simplesmente já sabia" e que se apaixonaram imediatamente. Mas a outra metade vai contar uma história diferente: eles começaram como amigos ou, pelo contrário, tinham *certeza* de que se odiavam, ou talvez estivessem namorando/morando com outra pessoa na época. Um começo lento pode não bater com a imagem romântica que você sempre teve ao buscar o cara certo, mas é mais comum do que se imagina. E, mais importante, pelo que vi, começos lentos podem levar à felicidade a longo prazo.

2) PRIORIDADES MUDAM

Eu admito que o fato de um cara estar cansado demais para ligar porque estava viajando, trabalhando ou porque teve outro encontro não é uma boa notícia. Você não é a prioridade máxima para ele no momento, mas esse cara não a conhece suficientemente bem para colocá-la no topo da lista. Tente não levar isso para o lado pessoal. Sejamos realistas: o homem que você procura pode estar ocupado com uma vida caótica e repleta de compromissos... exatamente como você. Sinceramente, ele deveria ler meus conselhos para a Atarefada, mas nós sabemos que homens não leem os livros de autoajuda de que tanto precisam. O fato de começar lentamente, mesmo se o motivo da lentidão for um tanto irritante, não significa que ele seja um cara ruim. Quando ele ligar, não é preciso citar quantas semanas, dias ou horas se passaram desde que vocês saíram. Afinal, o homem está (finalmente) ligando porque gostou da mesma garota que viu da última vez, por isso, não se transforme numa megera ou insegura. O que importa é onde isso vai terminar, não como começou.

Tenho uma amiga em Manhattan que vai se casar de novo mês que vem. Depois de um divórcio muito doloroso, ela ficou solteira por quatro anos e, quando finalmente encontrou o atual noivo, ele tinha outras duas mulheres. No espírito de "abrir totalmente o jogo", ele confessou essa informação no segundo encontro. Ela o achou fenomenal em todos os aspectos, exceto pela parte das outras mulheres! Primeiro, minha amiga recusou o convite para outros encontros, mas acabou continuando a sair com ele, junto com as outras duas mulheres, e me confidenciou: "Estou com 41 anos e não há muitos caras legais como ele por aí. Eu me sinto péssima por não ser a única na vida dele, mas acho que ficaria pior se não arriscasse. Vai que ele decide ficar só comigo." Fiquei estarrecida com esse raciocínio, pois achava que ele desperdiçaria o tempo da minha amiga, a magoaria e acabaria com o respeito próprio dela no caminho. Eu disse: "Esqueça esse cara. Não sou apenas sua amiga, sou uma profissional especializada em relacionamentos, por favor, me ouça!"

Bom, levou três meses para que o cara terminasse com as outras mulheres. E agora que o conheço melhor, passei a achá-lo ótimo. Ele demorou a se apaixonar, mas acabou acontecendo. Sorte da minha amiga por não ter *me* ouvido. (Observação: ela esperou três *meses*, não três *anos* para que a prioridade dele mudasse.)

3) FAÇA AS CONTAS

Ao decidir se vai reagir com bom-humor ou com a faca nos dentes a uma ligação atrasada de um cara de quem você realmente gosta, calcule o que você pode ganhar e o que pode perder. Esta questão é resumida perfeitamente num livro escrito pelo meu amigo e colega Evan Marc Katz, especializado em relacionamentos:

> Imagine que aconteça a seguinte situação: [ele] cancela um encontro, por exemplo. Certamente trata-se de um mau sinal. Ele pode ter conseguido algo melhor ou não estar a fim de você! Você

pode se recusar a atendê-lo ao telefone por um tempo e deixá-lo fascinado pelo desafio. Você pode sair com outra pessoa e fazer com que ele a veja. Pode também dizer algo a uma amiga em comum e esperar que chegue aos ouvidos dele. Pelo menos ele nunca será capaz de dizer que a derrotou.

Mas suponha que não seja nada disso. Imagine que ele queria muito vê-la, mas o trabalho atrapalhou, exatamente como ele disse, e ele quer remarcar. Se você responder de forma mal-educada, ele provavelmente irá embora. E estará errado ao fazer isso?

Chega um ponto em que o comportamento ridículo aparentemente inspirado nas armações que você aprendeu no colégio não tem a menor chance de beneficiá-la, podendo atrair *apenas* homens problemáticos e afastar *todos* os caras legais. A única vantagem é que isso a deixa menos vulnerável, pois tentar [se vingar] lhe dará uma certa ilusão de controle. Acredite, não vale a pena.*

Resumo da ópera? Da próxima vez, simplesmente responda ao telefonema ou e-mail tardio dele com um casual "Oi, que bom ter notícias suas, como você está?" e veja o que acontece.

---

* Fonte: *Why You're Still Single*, Evan Mark Katz e Linda Holmes, Plume Books, 2006, p. 57.

CAPÍTULO 5

Você o perdeu quando disse "oi"

Cenas cortadas: fatos engraçados, grosseiros e esquisitos ditos pelos homens

No fim das contas, namorar exige muito senso de humor. Veja uma lista de frases memoráveis retiradas das minhas Entrevistas de Saída que não se qualificaram exatamente como dicas de relacionamento. Essas pequenas pérolas românticas são as cenas que deveriam ter sido cortadas, mas são boas demais para serem desperdiçadas.

"Ela empurrava o milho para o garfo com os dedos."

"Ela usava um casaco amarrado na cintura que, imagino, era uma tentativa de disfarçar a bunda gorda."

"Eu poderia dormir com quatro ou cinco mulheres por semana se quisesse, mas agora estou dedicado ao processo da descoberta em vez da diversificação."

"Sei que as garotas gostam de ser bem delicadas quando comem num encontro. Quer dizer, já vi algumas comerem uma fatia de pizza com garfo e faca. Mas nós estávamos dividindo batatas chips com guacamole e ela quebrou a batata ao meio e tentou pescá-la com o garfo para mergulhar no molho... Eu não estou inventando isso."

"Quando ela se inclinou, pude ver a etiqueta de sua calcinha. Dizia 'tamanho grande'. Não quero parecer superficial ou algo do tipo, mas isso meio que me desanimou, pois me fez pensar em 'calcinha de vovó'."

"No terceiro encontro, eu sempre me pergunto: 'Isso vai dar em alguma coisa ou é só meu pau falando?'" [*Que eterno romântico...*]

"Ela perguntou se eu queria chiclete e passou o que estava mastigando para a minha boca, com a língua. Deve ter pensado que era sexy. Definitivamente não era."

"O garçom chegou para dizer os pratos do dia e, depois de cada item, [ela] declarava, entusiasmada: 'DELÍCIA! DELÍCIA! DELÍCIA!' Isso acabou me irritando."

"Essa mulher era tão gostosa que eu estava disposto a aturar muita merda para estar com ela. Mas, em algum momento, a merda foi maior que a gostosura." [*Meninas, eu apresento o próximo grande poeta norte-americano...*]

"Ela enviou um torpedo às sete da manhã que dizia: 'Estou mandando um grande sorriso direto para você' — Quem ela pensa que é, a maldita Pollyanna?"

"Eu a ouvi fazendo xixi enquanto falava comigo ao telefone."

"Para ser sincero, eu só saí com ela para decidir se realmente queria morar com minha namorada de muitos anos."

"Meu lábio ficou preso no *piercing* da língua dela... Na minha opinião, um primeiro encontro não pode ter sangue envolvido, de forma alguma."

"Eu não gostei de como os pelos pubianos dela apareciam por fora da calcinha."

"Ela tinha acabado de sair do banheiro quando nos cumprimentamos no encontro às escuras. Apertei a mão dela e ainda estava meio molhada, acredito, por ter acabado de lavar as mãos... Sei que esses secadores não funcionam direito, mas achei aquela mão molhada e fria meio nojenta."

"O gato dela vomitou uma bola de pelos quando eu estava sentado no sofá."

"Ela pediu vinho tinto e disse ao garçom que queria o 'peanut noir' em vez de 'pinot noir'"

"Em geral, uma taça de vinho ou um casamento de vinte anos são as únicas coisas que separam uma falha irritante de uma excentricidade atraente."

"Acho que as mulheres jamais deveriam comer uma fruta inteira na frente de um homem. Maçã, pera, o que for. Não dá para fazer isso delicadamente."

"Ela usava gírias como 'Que escroto', 'Ele é um pela-saco' ou 'Preciso mijar'. Não consigo nem pensar em apresentar essa mulher a meu chefe."

"Ela me disse que eu lembrava a mãe dela. Isso meio que acabou comigo."

"Quando terminamos de comer, ela chamou o garçom, pegou os pratos — o meu e o dela — e os entregou a ele."

"Ela tinha alguma coisa no nariz e ficava mexendo naquilo o tempo todo."

"Eu me alimento de forma saudável e faço muitos exercícios físicos. Ela me disse que é viciada em fast food e odeia malhar. Até acho que há chance de consertá-la, mas quem quer construir uma namorada?"

"Eu não gosto de nenhum dedo na minha bunda que não seja meu."
[*Está aí um primeiro encontro inesquecível!*]

Sim, o mundo é esquisito e maluco quando se trata de relacionamentos, mas eu acho que você já sabia disso!

CAPÍTULO 6

Por que ele *ligou* de volta?

Do que os homens realmente gostam

O perigo de todas essas informações obtidas nas Entrevistas de Saída é o risco de se concentrar muito nos motivos pelos quais ele *pode não* ligar de volta para você em vez de mostrar por que ele *deveria* fazê-lo. Se você sabe como evitar as armadilhas e decide que um cara tem potencial, então a maior parte do seu encontro deve ser dedicada a mostrar por que você é sensacional em todos os aspectos. Para isso, não preciso dar nenhuma dica; é com você.

É fácil supor que, se o cara não manda notícias, é porque algo deu errado, mas é claro que muitas coisas deram certo, e também ouvi vários comentários positivos. A seguir, você verá citações extraídas das minhas entrevistas que dizem respeito a tudo o que foi notado e elogiado pelos homens, às vezes marcando o momento em que eles perceberam que a parceira era especial. Algumas citações dizem respeito ao elemento surpresa: algo legal, ousado ou veladamente sensual que a mulher fez de modo inesperado. Mas eu também

observei algo mais profundo: uma atenção especial aos pequenos gestos atenciosos e que demonstraram consideração por
parte delas. Isso me deixou curiosa: os homens realmente querem se casar com as "poderosas" e as mulheres que "se fazem de
difíceis", como li em alguns livros populares de conselhos? Ou,
no fundo, eles querem mesmo é alguém *gentil*?

Aqui vai minha teoria sobre todas as histórias "gentis" reveladas pelos homens neste capítulo: Basicamente, "os iguais
se atraem". Quem procura uma mulher gentil *entende* a importância da gentileza e provavelmente também é uma pessoa
gentil. Claro que haverá exceções individuais, mas, pelo que vi,
os caras que passam pelo teste do tempo — os que tornam-se os
melhores maridos e continuam tratando você com respeito depois do "sim" — ficam impressionados com atos de gentileza e
consideração durante a fase inicial do relacionamento. Também
posso dizer o seguinte: a grande maioria dos divorciados que me
contratou como casamenteira nos últimos dez anos disse que a
primeira coisa que procuram na próxima parceira é **gentileza.**

> "A garota mais legal com quem já saí sugeriu que
> a gente visse *O massacre da serra elétrica* no Dia
> dos Namorados — muito inusitado.... Realmente
> me surpreendeu."
> Dale, 26 anos, Providence, Rhode Island

> "Quando a garçonete foi meio grossa com a
> gente, fiquei chateado. Mas [minha parceira]
> me acalmou dizendo: 'Ah, ela não tem culpa.
> Provavelmente está tendo uma noite horrível com
> essa multidão.' Fiquei muito comovido com essa
> demonstração de empatia."
> Ron, 32 anos, Nova York, Nova York

"Nós estávamos nos beijando apaixonadamente no sofá ao fim do encontro quando ela parou, confiante, e disse que era hora de dar boa noite. Em nenhum momento ela se desculpou ou inventou motivos por ter colocado o pé no freio. As mulheres com quem saí antes geralmente se desculpavam por parar ou achavam que me deviam uma explicação se não fizéssemos sexo. Esta me impressionou pela incrível autoconfiança. Não é que estivesse bancando a difícil, ela só tomou uma decisão e pronto. Eu não tive dúvida de que queria vê-la de novo, e tenho certeza que ela sabia disso."
Jordan, 32 anos, Burlington, Vermont

"Tenho 47 anos e nunca fui casado. Gostei dela porque foi a primeira mulher em mais de cinco anos que não me perguntou, direta ou indiretamente, por que eu ainda estou solteiro."
Charlie, 47 anos, Houston, Texas

"Nos encontramos para um café na Starbucks e estávamos naquele balcão lateral onde você coloca leite ou açúcar na bebida, e ela acidentalmente derramou um pouco de açúcar no balcão. Sem problemas, certo? Exceto pelo fato de ela ter arranjado um guardanapo e limpado tudo! Perguntei por que [ela fez isso], e ela contou que era educado, e para que a próxima pessoa não tivesse que olhar a bagunça feita por ela. Se fosse

eu, teria deixado tudo lá para os funcionários limparem. Foi uma pequena atitude, mas me impressionei por ela ter sido tão atenciosa."
Brian, 34 anos, Denver, Colorado

"Ela falou apaixonadamente por dez minutos sobre como a mídia distorce a verdade e como ela odeia noticiários de TV. E eu tive que confessar qual era minha profissão: sou produtor da CNN. Sem perder a pose, ela disse: 'Então posso mandar meu currículo se houver alguma vaga na CNN?' Adorei o fato de ela ter feito piada com essa situação constrangedora e não ter tentado voltar atrás em suas opiniões."
Jack, 37 anos, Atlanta, Georgia

"Por ser médico, costumo ficar de plantão várias noites por semana. Eu estava realmente exausto, mas muito ansioso para o nosso primeiro encontro. Quando fui buscá-la, ela me convidou para tomar uma taça de vinho antes de irmos ao restaurante. Eu me sentei numa poltrona de couro muito confortável e, enquanto ela abria o vinho na cozinha, acabei dormindo. Mas ela não ficou com raiva! A maioria das garotas teria ficado furiosa se o parceiro dormisse no encontro. Não só ela não se ofendeu, como ficou sentada em silêncio por cerca de vinte minutos lendo um livro. Quando acordei, ela disse ter percebido que eu estava exausto e achou que um cochilo me faria bem. Nunca tinha encontrado alguém tão gentil. Nós estamos casados há 46 anos."

Murray, 85 anos, Denver, Colorado (também conhecido como meu pai!)

"Eu me lembro de um pequeno gesto que durou cinco segundos. Eu vi como ela prendeu o cabelo no alto da cabeça. Ela não se importou com o jeito que ficou, apenas pegou o cabelo comprido e deu um nó. Nem precisou de espelho. Pensei: 'Ela é muito natural e confiante.'"

Artie, 26 anos, San Diego, Califórnia

"Fiquei impressionado com o respeito dela pelos outros! Eu nem sempre tenho consciência de como afeto outras pessoas, mas ela os leva em consideração o tempo todo, especialmente os desconhecidos. Assim que nos encontramos ela disse algo que me impressionou: sempre que fica num hotel, ela arruma o quarto antes de sair para que a arrumadeira não fique com nojo. Sei que isso parece esquisito, mas adorei. Ela tem pena das arrumadeiras por fazerem um trabalho duro e às vezes degradante. Se houver cabelo na pia ela limpa, se houver um lenço de papel usado na mesa de cabeceira ela joga fora. Ela se põe no lugar da arrumadeira e tenta fazer a parte dela não deixando o quarto sujo. Nunca tinha ouvido algo tão gentil!"

Nigel, 46 anos, Minneapolis, Minnesota

"Eu gostei da bunda dela."
Joel, 37 anos, Brunswick, Maine

"Eu tinha falado que minha sobremesa favorita era de uma loja que tinha o melhor brownie de chocolate e nozes do mundo. No dia seguinte ela deixou esse brownie com o porteiro do meu prédio, mas o principal foi ela não ter me esperado. A maioria das garotas usaria isso como desculpa para ficar por lá, ou pior, para fuçar minha vida. Gostei do gesto porque ela pensou em fazer algo legal para *mim*."
Thor, 45 anos, Dallas, Texas

"Eu brinco que ela é uma escoteira: sempre alerta. [No nosso primeiro encontro], ela tinha uma bolsa enorme de onde tirava tudo o que se possa imaginar. Eu espirrei? Ela tinha um lenço. Comi alho? Ela tinha um drops de menta. Eu queria anotar algo? Ela tinha uma caneta sobrando. Depois, quando não consegui achar as chaves do carro num estacionamento escuro, ela tirou da bolsa uma minilanterna! A maioria das garotas espera que os caras tomem conta delas. Eu pensei: 'Nossa, eu poderia sobreviver numa ilha deserta com ela!'"
Carson, 52 anos, Portlan, Oregon

"Ela gostava de ser totalmente surpreendida. Por exemplo, jamais deixava que alguém contasse a sinopse de um livro ou filme, nem mesmo uma ou

Por que ele não ligou de volta? | **303**

duas frases. Era o total oposto de outras mulheres que conheci que tinham atitudes cínicas do tipo 'Nada mais me surpreende.'"
Charlie, 30 anos, St. Louis, Missouri

"Ela pegou minha caneta emprestada para anotar o nome de um autor de quem falávamos e depois fez questão de devolvê-la. Odeio quando as pessoas levam a minha caneta. Fui garçom por um verão e todo mundo levava minha caneta! Eu nunca tinha uma caneta! Ela pareceu uma pessoa que se preocupava com os outros."
Perry, 46 anos, Filadélfia, Pensilvânia

"Eu disse que sempre sonhei em largar o emprego e escrever livros infantis, mesmo que uma carreira de escritor provavelmente não pagasse as contas. No dia seguinte, ela deixou um livro na minha caixa de correio chamado *How To Publish Your Children's Book* [Como Publicar Seu Livro Infantil] com um recadinho dentro: 'Vai fundo!' Eu sabia que ela não se importava com dinheiro e sempre torceria para que eu realizasse meus sonhos."
Franklin, 52 anos, São Francisco, Califórnia

"Ela passava a mão de leve no meu braço quando eu dizia algo engraçado. Eu me sentia como se valesse um milhão de dólares."
Kevin, 35 anos, Miami, Flórida

"Fomos a uma sorveteria depois do jantar e eu perguntei qual era o sabor favorito dela, ao que ela

respondeu: 'Capuccino', mas acabou comprando o de banana. Perguntei por que não pediu seu favorito e ela disse: 'Gosto de experimentar um sabor novo sempre que venho aqui.' Gostei disso, alguém que experimenta coisas novas."
Tyson, 49 anos, Nova York, Nova York

"Depois do jantar eu queria fazer algo divertido e diferente, mas não tinha nenhuma ideia. Então perguntei se ela tinha alguma sugestão e ela disse: 'Vamos achar algum plástico bolha e dançar em cima dele!' Foi uma ideia inédita, nunca tinha ouvido nada parecido. Ela encarava a vida de forma divertida."
Collin, 27 anos, Seattle, Washington

"No telefone, antes de nos encontrarmos, falei por acaso que não bebo refrigerante diet porque me preocupo com os efeitos desconhecidos da sacarina. Quando fui buscá-la para o primeiro encontro, ela ofereceu uma bebida, abriu a geladeira e, embora eu tenha visto muitas latas de Coca Diet, ela perguntou: 'Você quer Coca normal ou água?' Eu percebi que ela havia lembrado que eu não bebo refrigerante diet. Fiquei impressionada por ela ter realmente me *escutado* ao telefone."
Calvin, 61 anos, Princeton, Nova Jersey

"Nós fomos a uma exposição de Picasso onde recebemos um folder para nos guiarmos pela

exposição. Ao final, todos jogavam o papel no lixo, mas ela andou até o balcão e o devolveu para ser reutilizado. Eu perguntei se era para reciclar o papel e ela disse: 'Nem tanto, é que é um desperdício de dinheiro jogar esses folders caros no lixo.' Gosto de uma garota que sabe ser simples!"
Aidan, 29 anos, Filadélfia

"Ela passou para o meu lado da mesa quando a sobremesa chegou. Adorei isso porque eu não tinha certeza se ela tinha gostado de mim. Ao fazer isso, sabia que ela havia sentido a mesma química que eu."
Jeffrey, 36 anos, Nova York, Nova York

"Gostei do fato de ela ter mostrado qual era o meu lugar sem perder o bom-humor. Ela tinha atitude."
Stephen, 42 anos, Dallas, Texas

"O cabelo dela era tão cheiroso quanto a colônia de férias que frequentei na infância."
Neil, 36 anos, Albany, Nova York

"Na verdade, não faço ideia por que liguei para ela de novo. Ela tropeçou na escada e a achei desajeitada, pisou em cocô de cachorro e deixou meu carro novo fedendo e pediu *três* porções de aperitivo de queijo parmesão que não parava

de comer. Simplesmente gostei dela apesar de tudo. Estamos casados há 15 anos."
Dean, 39 anos, Raleigh, Carolina do Norte

"Ela me ganhou na sexta latinha de Dr. Pepper Diet."
Brad Greenwald, 45 anos, Denver, Colorado (também conhecido como meu marido)

Obviamente, cada homem se comove com algo diferente! Sinta-se à vontade para recriar quaisquer momentos memoráveis citados aqui se o clima do próximo encontro permitir. Mas você nunca sabe quais pequenas palavras ou gestos terão impacto nele. Nem sempre se pode prever as formas de ser maravilhosa.

CAPÍTULO 7

Por que *você* não ligou de volta?

Cinco fatores que acabam com um encontro (para as mulheres) durante o primeiro encontro

Mesmo que a maioria dos homens não compre livros de autoajuda, sendo portanto improvável que eles leiam este capítulo, eu não resisti a perguntar por que *você* recusou segundos encontros com alguns homens. Eu quis saber quais eram os fatores que acabavam com os encontros e choveram histórias!

Coletei esses dados enviando perguntas por e-mail para clientes, amigas e colegas do sexo feminino para saber os motivos pelo qual recusaram um segundo encontro. Pedi para elas encaminharem a mensagem para suas redes de amigas e a pesquisa correu o mundo. Contabilizei as respostas das cem primeiras mulheres, o que gerou 145 motivos "principais" para recusar um segundo encontro (média de 1,45 motivo por segundo encontro recusado). As mulheres na minha pesquisa vieram de 23 estados e seis países, com idade variando entre 21 e 68 anos. Os cinco principais temas relatados foram fortes e consistentes (ver o Gráfico B ao fim da seção de Observações para saber mais detalhes sobre os dados). Acho que estes estereótipos refletem o sentimento geral das mulheres em relação aos homens.

RAZÃO NÚMERO 1 PARA ELA NÃO TER LIGADO DE VOLTA

O Fofinho

As mulheres reclamaram aos montes dos homens que estavam ansiosos demais para agradá-las. Se fossem "gentis demais", pareciam desesperados, fracos, sem "estilo". E os e-mails "fofos" e cheios de elogios cedo demais eram desanimadores.

Emily, 39 anos, escritora de Boston, Massachusetts, disse sobre um homem: "Ir com muita sede ao pote pode ser ótimo, mas ele parecia meio desesperado, ficou irritante. Além disso, como era um primeiro encontro, [acho] que tinha mais a ver com a fantasia que ele criou a meu respeito do que comigo." Hillary, 35 anos, editora de revista nova-iorquina, comentou: "Saí com ele basicamente por que ele me elogiava muito. Achei que deveria dar uma chance. Normalmente gosto de homens que não fazem joguinhos, mas ele exagerou na bajulação." Karen, consultora de saúde em Madison, Wisconsin, lamentou: "Ele parecia um cachorrinho triste quando eu disse boa noite."

Liz, 41 anos, tradutora de Sherman Oaks, Califórnia, contou de um cara que mandou e-mails tão empolgados depois do encontro que ela "ficava decepcionada ao recebê-los" e disse mais: "Queria que ele agradecesse de forma educada e até entusiasmada, e temperasse com um ou dois elogios, mas não o exagero. Acho que eu preferia que ele mantivesse um pouco de mistério." Jenna, 33 anos, designer gráfica em Miami, resumiu: "Ele era gentil demais, transparente demais... Ele não me *intrigava*."

Emma, sócia de agência de publicidade em Londres, Inglaterra, descreveu um cara em quem ela poderia ter "pisado". E Shannon, 38 anos, contadora de Cincinatti, Ohio, lembrou-se de ter recusado um terceiro encontro com um cara gentil demais que foi ao escritório dela quando soube de sua promoção e passou horas organizando os arquivos, além de lhe dar uma planta de presente. Shannon concluiu: "Ele era muito bom na teoria, mas agia de modo meio subserviente."

Não é interessante como o Fofinho citado pelas mulheres é basicamente o oposto da principal razão citada pelos homens (a Chefona)?

RAZÃO NÚMERO 2 PARA ELA NÃO TER LIGADO DE VOLTA

O Fator Ogro

Eu adorei (e quando escrevo "adorei" quero dizer "fiquei repugnada") com as histórias sobre homens cuja aparência exigia cuidados ou que beijavam mal.

Embora muitos desses problemas possam ser resolvidos, não há como achar sensual um cara "cujas unhas dos pés eram nojentas e saltavam para fora das sandálias" (sempre uma péssima escolha de calçado para o primeiro encontro, em qualquer circunstância) ou vários homens com mau hálito horrível. Carla, 40 anos, mãe solteira de Tucson, Arizona, descreveu um "empresário superdivertido, inteligente e absurdamente bemsucedido que tinha até jatinho" com quem ela teve um primeiro encontro fantástico. "Mas" disse ela, "ele tinha um cabelo louro estranhíssimo no estilo do Einstein e estava muito acima do peso. Eu simplesmente não consegui ficar atraída por ele." Então perguntei: "Não tem jeito? Há *algo* que ele possa fazer para, no futuro, atrair alguém como você, especialmente considerando todas as outras qualidades dele?" Ela respondeu: "Ele poderia contratar um *personal stylist*... ou simplesmente se olhar no espelho."

Outros homens, por sua vez, deveriam usar uma tesourinha para aparar os pelos do nariz e não causar repulsa nas mulheres "que ficam com náuseas só de pensar em beijá-los". E Marla, 37 anos, profissional de marketing de Long Island, Nova York, não conseguiu identificar de imediato o odor que sentiu ao beijar o novo ficante, Ethan. Depois ela viu o cachorro pular para cumprimentar o rapaz e lamber-lhe o rosto, e percebeu que a boca de Ethan tinha cheiro de saliva de cachorro.

É surpreendente a quantidade de homens que beijam mal. Um cara bem-sucedido, graduado em Yale, foi descrito desta forma: "Beijava como um baiacu que se agarrou ao meu rosto." Já um bem-sucedido promotor quarentão de Dallas, Texas recebeu a seguinte crítica: "Parecia que ele estava esfregando um cotonete na minha boca!" (talvez ele quisesse coletar uma amostra de DNA, quem sabe?) Outra mulher questionou: "Sério, como pode um homem chegar aos 30 e poucos anos e beijar como um peixinho de aquário? Como outras mulheres atraentes com quem ele saiu — sendo algumas conhecidas minhas — conseguiram superar a total falta de habilidade para beijar e gostaram de um homem que, apesar disso, é inteligente e interessante?"

RAZÃO NÚMERO 3 PARA ELA
NÃO TER LIGADO DE VOLTA

O Boca Suja

Não é possível que os homens achem atraente ter a boca suja, isto é, fazer comentários vulgares e grosseiros de conotação sexual para mulheres que mal conhecem — será que eles acham mesmo? Esta categoria também envolve as cantadas de péssimo gosto dadas nas inúteis tentativas de levar mulheres para a cama.

Jennifer, 34 anos, consultora de marketing de Boston, Massachusetts, contou de um cara que conheceu através do Match.com e que marcou um encontro às quatro da tarde numa Starbucks: "Ele começou a me despir com os olhos, dizendo que eu estava linda e que minha roupa era sexy após exatamente um minuto de encontro. Fico assustada quando eles começam a ter pensamentos sexuais tão rapidamente, ainda mais enquanto a gente tomava um chocolate inocente no meio da tarde!" Segundo Jennifer, os homens devem esperar até a parte final do encontro: "Se ele acha que foi bem, pode fazer comentários carinhosos e não ameaçadores como: 'Você é absurdamente bonita' ou 'Fiquei feliz ao ver que você é tão atraente na vida real quanto nas fotos da internet'." Bem diferente do cara com quem Beth, 28 anos, consultora de maquiagem em Los Angeles, Califórnia, saiu. Ela se lembra de ter tido um ótimo encontro com alguém que ligou no dia seguinte e sussurrou: "Fiquei excitado depois daquele beijo de boa-noite ontem." (Em que colégio esse cara estudou?)

Laurie, 33 anos, editora de livros autônoma nova-iorquina falou de sua grande decepção após o ótimo encontro com um "chef incrivelmente bonito, divertido e interessante. Os e-mails dele ficaram cada vez mais sugestivos. Era nojento em vez de sexy ou romântico. Veja bem, não sou conservadora, um papo sensual é ótimo, mas há um limite... Ele parecia um tarado." Eileen, 37 anos, médica de Providence, Rhode Island, falou de um cara que ligou logo após uma noite legal e, quando ela mencionou que estava de pijama e ia dormir, ele disparou: "Eu *adoraria* tirar esse pijama." Segundo Eileen: "Literalmente fiquei com náusea."

Mary, 21 anos, estudante de Hanover, Nova Hampshire, disse: "Fico extremamente desanimada quando ouço comentários sobre o meu corpo, especialmente se for logo no começo do encontro. Talvez eles considerem um elogio, mas [provavelmente] supõem que esta é a senha para transar comigo."

Maureen, 51 anos, agente de viagens que mora em Sydney, Austrália, resumiu o sentimento comum sobre os homens que xingam em encontros: "Eles aparentam ser mal-educados, sem classe e sem inteligência."

RAZÃO NÚMERO 4 PARA ELA NÃO TER LIGADO DE VOLTA

O Não Muito Macho

Uma expectativa que vem de tempos imemoriais, não importa o quanto as mulheres sejam modernas, é: elas costumam preferir o cara que age como um homem "tradicional", isto é, querem e esperam cavalheirismo, sucesso na carreira e uma atitude de liderança.

As expectativas das mulheres que reclamaram sobre cavalheirismo variam de baixas a altas. Elas criticavam os pretendentes por tudo, desde pedir a bebida primeiro até subir primeiro numa calçada estreita, culminando em querer rachar a conta numa Starbucks (chique!). Christine, 42 anos, advogada de Houston, Texas, falou sobre a constrangedora questão da conta do jantar e contou que se recusa a ter um segundo encontro com um homem que a deixe dividir a conta. Segundo Christine, "Talvez isso seja antiquado, e eu sou uma advogada de sucesso com um bom salário, mas ainda acho que o homem tem de ser cavalheiro. Sempre me ofereço para pagar a conta, mas não espero que ele aceite". Heather, 34 anos, que trabalha para uma fabricante de roupas esportivas em Greeenwich, Connecticut, revelou: "Embora eu ache ótimo ser sustentada financeiramente por um homem, não espero que isso aconteça. E também não quero *sustentá-lo*. Queria pelo menos que ficássemos em pé de igualdade."

Outras disseram que fatores desanimadores envolviam homens que estavam "empacados na carreira" ou "não tinham paixão pelo trabalho". Uma mulher nova-iorquina de 31 anos mencionou o encontro com um "ator iniciante que trabalhava como peão de obras durante o dia". Ela disse: "Eu não me importo com o que alguém faz para viver, desde que faça direito" e esclareceu que o cara não tinha o menor sucesso como ator, apenas uma graduação em artes cênicas, e nem tentava melhorar no ramo da construção. Ele não era ambicioso em nenhuma das profissões. Já Marianne, 43 anos, consultora em Indianápolis, Indiana, mencionou as sérias desvantagens de ser uma mulher de sucesso: acabava atraindo homens que "estão devorando a biografia da socialite Pamela Harriman e tentam se casar tanto por diversão quanto por dinheiro. Eles veem o casamento como uma profissão, como a mulher vem fazendo há tempos".

Também ouvi reclamações sobre os "fracotes". Quando os homens desafiavam as tradicionais características masculinas de força e confiança, acabavam rejeitados a torto e a direito. Allison, 33 anos, gerente de marca em Boulder, Colorado, lembrou-se do cara que não conseguia planejar nada: "Ele não perguntava: 'Você quer sair para jantar na quinta-feira?'. Preferia jogar aquela conversinha hesitante como se estivesse com medo de ouvir um não: 'O que você acha de um dia... Me avise quando você puder... Me ligue mais tarde se você quiser sair'." Também foram feitas reclamações sobre homens que, em sites, mandavam winks ou cantadas curtas como: "Você é linda." As mulheres acreditam firmemente que isso é atitude de fraco (e preguiçoso): elas querem frases completas e alguém que tenha a confiança de dar a cara a tapa e dizer o que sente.

RAZÃO NÚMERO 5 PARA ELA NÃO TER LIGADO DE VOLTA

O Mr. Big

Por último, mas com certeza não menos importante, o cara todo cheio de si, semelhante ao personagem de mesmo nome em *Sex and the City*. Em geral, ele é o equivalente masculino da Egocêntrica.

Às vezes eles se comportam de modo insensível. Linda, analista de investimentos de 50 e poucos anos de Aspen, Colorado, disparou: "Ele era completamente centrado em si mesmo e não perguntou nada a meu respeito. Foi frustrante." Outras mulheres rotulavam esses homens como "egoístas" ou sem o menor interesse em saber mais sobre elas. Adorei o comentário discreto feito por Pauline, 35 anos, professora de história em Portland, Oregon, que foi generosa o bastante para dar ao parceiro o benefício da dúvida: "Ele ficou tão empolgado por eu ter ido conhecê-lo melhor que se esqueceu de perguntar sobre os meus interesses."

Geralmente, o comportamento beirava a arrogância. Serena, 46 anos, arquiteta em Cleveland, Ohio, lembrou-se de dois momentos ruins. Uma vez ela teve um encontro às escuras com o homem a quem passou a chamar de "Dr. Parabéns". Era um médico italiano bem dinâmico que gerenciava uma clínica de Aids num bairro carente. Serena ficou impressionada com o histórico de vida dele e doida para encontrá-lo. Mas, ao final do jantar, ele a encarou e disse: "Parabéns, eu gostaria de vê-la de novo." No outro caso, Serena apelidou o sujeito de "Sr. Sorte a Sua". Ela o conhecera através do JDate e ele foi direto: "Geralmente não saio com mulheres acima de 35 anos porque quero ter filhos, mas estou disposto a vê-la de novo."

Também ouvi sobre os Bambambás dos Tempos de Escola. São os homens eternamente presos nos dias gloriosos do ensino médio ou faculdade. Nicole, 27 anos, estudante de comércio exterior de Seattle, Washington, riu do cara que passou a noite toda contando as histórias de bebedeira e pegadinhas que aprontara no ensino médio. Ela não perdoou: "Era tão imaturo, um mané!" Charlotte, 39 anos, que arrecada fundos para organizações sem fins lucrativos na Filadélfia, Pensilvânia, perdeu a empolgação pelo cara que só contava suas proezas como jogador de futebol americano na Universidade Texas A&M *há 21 anos*. E consigo até imaginar a pobre Lara, 21 anos, assistente de galeria de arte em São Francisco, Califórnia, aguentando um encontro às escuras com o cara a quem batizou de "Tahoe Irado". Ele tinha o mesmo carro desde os tempos de faculdade: um Tahoe incrementado e chamativo, com rodas brilhantes novinhas, e acessórios cromados ridículos. Como se não bastasse, ao abaixar o vidro do carro, o galã usava óculos escuros espelhados e um boné de beisebol com a aba virada para trás. Lara completou a descrição: "O CD do 50 Cent tocava no último volume enquanto íamos para o 'encontro' na lanchonete Jamba Juice. Foi tão vergonhoso... O melhor que posso dizer é que ele ao menos pagou o meu suco!"

Duas observações

Uma tendência que observei nas histórias contadas pelas mulheres foi que elas se arriscavam mais que os homens a ter um **primeiro encontro** mesmo se não houvesse atração física inicial. As mulheres, especialmente depois dos 30 anos, costumam descrever a atitude antes do primeiro encontro desta forma: "Ele não era o tipo de cara por quem normalmente me interessaria [*porque é muito baixo, careca, velho, magro, barrigudo etc.*], mas vou arriscar." Uma mulher definiu desta forma: "Estou tentando perceber o *segundo* cara no recinto em vez de o primeiro, porque o primeiro que me chama a atenção nunca dá certo." Por outro lado, os homens geralmente descrevem a atitude antes do primeiro encontro como: "A foto dela era atraente" ou "Meu amigo disse que ela era gostosa, então eu a chamei para sair." Essa diferença de atitudes levou a uma definição surpreendente entre os motivos pelos quais homens e mulheres recusavam **segundos encontros:** as *mulheres* citavam mais motivos físicos que os *homens*. Claro que a importância da atração física não pode ser ignorada para ambos os sexos, mas quando se trata de **primeiros encontros**, as mulheres eram mais receptivas à possibilidade de que traços de personalidade pudessem superar problemas físicos. Como seria de se esperar, às vezes ter a mente tão aberta vale a pena, mas nem sempre.

Também notei que a palavra "irritante" aparecia frequentemente nas histórias das mulheres (por exemplo, "fiquei muito irritada com ele") então eu decidi, por diversão, contar a quantidade de vezes que as palavras "irritação", "irritada" ou "irritante" apareciam nas 145 histórias contadas pelas cem mulheres. O resultado? Elas apareceram 58 vezes! Não faço ideia do que isso quer dizer, só posso concluir que os homens são mesmo irritantes.

CENAS CORTADAS

Os homens dizem e fazem as coisas mais absurdas! Veja abaixo algumas das minhas frases favoritas das histórias contadas pelas mulheres.

"Ele disse: 'Salada me dá gases, então vou pedir outra coisa.'"

"Ele era tão chato que comecei a me perguntar: 'Seria realmente tão mal-educado da minha parte se eu tirasse um livro da bolsa e começasse a ler agora?'"

"Ele era um idiota. Meu nome no perfil online é 'CuteDoc' [Doutora Bonita] e eu tinha falado várias vezes nos e-mails que era médica. Quando nos encontramos, ele perguntou em que eu trabalhava. Eu pensei: 'De repente ele esqueceu.' Respondi: 'Sou radiologista', e ele retrucou: 'Você é médica, então?'" [*Não, ela trabalha numa loja de produtos eletrônicos...*]

"Há uma linha tênue entre sair com um cara sensível e sair com um cara que é uma *mulher*."

"Eu tinha mencionado no perfil virtual que tinha olhos azuis-turquesa. Quando cheguei para o almoço, ele insistiu que nós caminhássemos no sol para que pudesse confirmar a cor dos meus olhos. Precisei sair do restaurante para que ele verificasse."

"Ele me ligou e disse 'Oi! Foi muito divertido ontem à noite... Adivinha de onde estou te ligando agora?' Entrando na brincadeira, perguntei: 'De onde?' E ele deu a descarga." [*Não acredito que este homem ainda está solteiro...*]

"Nós fomos ao cinema e ele enganchou a gola da camiseta no nariz. E ficou assim o filme inteiro, sem explicar nada. Muito esquisito! Sei que isso pode surpreendê-la, mas foi o que acabou com o encontro para mim."

"Juro para você, no terceiro encontro ele disse que, antes de se sentir confortável para se apaixonar por mim, queria saber se poderia ligar para meu ex-marido e fazer algumas perguntas sobre o motivo do nosso divórcio."

"Olha, eu não tenho problema em usar roupa de enfermeira se fizer parte de uma fantasia sexual, mas não vou bancar a enfermeira para um velho doente. Espero que não tenha sido muito cruel."

Por que ele não ligou de volta? | **319**

"Ele apareceu usando uma pochete roxo berrante."

"Quando o garçom trouxe o prato, ele imediatamente pegou o garfo e a faca e cortou toda a comida em pedacinhos, sem falar uma palavra comigo durante o processo."

"Não estou dizendo que comer pizza na frente de outras pessoas seja fácil, mas vê-lo segurar a fatia acima do rosto, esticando e dobrando a língua para pegar o queijo que escorria não foi exatamente sexy."

"Não saí com ele de novo por algo que chamei de 'armação' — ele se apresentou incorretamente com o mero objetivo de transar."

"Estávamos vendo um filme, e eu o vi limpar o nariz escorrendo com as costas da mão e enfiá-la no saco de pipoca que estávamos dividindo. Não gostei nem um pouco."

"Depois do primeiro encontro romântico, ele fez uma pergunta surpreendente: se eu tinha algum problema com o fato de ele ser *casado*."

"Por que eu não liguei de volta para ele? Bom, deixei recado na caixa postal, mas, com aquelas mensagens automáticas que falam em voz monótona 'Deixe sua mensagem após o sinal' sem uma saudação personalizada, não faço ideia se liguei de volta para ele ou para outra pessoa!"

"Ele se levantou da mesa e disse: 'Tenho que ir ao toalete... número *dois*.'"

Todas essas frases ditas pelas solteiras deixam claro que você certamente não **quer** *um segundo encontro com todos os caras. Você quer é ter opções para escolher cuidadosamente os homens legais.*

CAPÍTULO 8

Entrevistas de saída personalizadas

E então, está pronta para ouvir por que ele não ligou de volta para *você*?

É ótimo ler o que os homens falaram sobre outras mulheres e, com sorte, isso a levou a pensar sobre si mesma. Mas isso me lembra de uma frase do meu humorista favorito Steven Wright: "Ando fazendo muita pintura abstrata ultimamente. Extremamente abstrata, sabe? Não tem pincel, nem tinta, nem tela. Eu só penso nela." Embora este livro seja estruturado para ajudá-la a pensar nos seus erros lendo o que aconteceu em encontros alheios, recomendo fortemente que se faça a personalização do processo. Afinal, não há espaço para erros quando aparecer o cara certo.

Tudo bem, eu sei o que você vai dizer — é o que toda mulher diz inicialmente: "Prefiro morrer a mandar alguém entrevistar os caras com quem saí!" Mas convenhamos: a gente vive a cultura do feedback hoje em dia. Das resenhas de clientes da Amazon.com às qualificações dos vendedores no eBay, passando pelas votações no *American Idol* e pelo site TripAdvisor e suas análises de satisfação dos clientes de hotéis, até as gravações telefônicas automatizadas que avisam "Esta ligação será gravada para fins de treinamento e avaliação", o feedback é normal em todas as outras partes da vida. Muitas mulheres não teriam problema em buscar feedback no contexto profissional (ligar de volta para prospectar clientes a fim de perguntar por que desistiram do negócio ou para recrutadores e perguntar por que contrataram outra pessoa), mas nem em um milhão de anos essas mesmas mulheres permitiriam que alguém pedisse feedback de um cara com quem *saíram*. É irônico, porque os relacionamentos talvez sejam a área mais importante onde o feedback pode, literalmente, mudar a sua vida.

Após dez anos de experiência com esse tipo de entrevista, por favor acredite quando eu digo que as **Entrevistas de Saída são poderosas, não embaraçosas.** É uma forma proativa e nem um pouco desesperada de obter respostas e melhorar, algo que você provavelmente faz todos os dias no trabalho. No mundo dos relacionamentos, não estou sugerindo que você faça as ligações, é preciso que outra pessoa consiga o feedback para você (falarei mais sobre isso em breve). Claro que *ninguém* gosta de pedir que outra pessoa telefone para o cara com quem você saiu, mas os fins justificam os meios. Do mesmo modo, tomar vacina é uma forma de prevenir doenças (e ninguém gosta de ter uma agulha enfiada no braço). Se você quiser realmente achar o parceiro certo, é extremamente útil tomar coragem, respirar fundo e dar a cara a tapa para descobrir o que realmente aconteceu durante e após os seus encontros. Preencher a lacuna entre suas percepções e as dele permitirá que você ache um parceiro de forma rápida e eficiente.

Lembre-se, de acordo com minha pesquisa, 90% das mulheres erram quando tentam adivinhar por que ele não ligou de volta. Você pode ter um padrão recorrente do qual não faz a menor ideia (ou talvez tenha uma leve desconfiança) e sabote os seus encontros e possíveis relacionamentos. Por que se perguntar em vão quando é possível obter todas as informações que precisa direto da fonte?

A janela fechada

Em maio de 2008, fiquei alguns dias em Chicago, hospedada num hotel grande no centro da cidade, e meu quarto ficava no 37º andar. No primeiro dia, acordei às oito da manhã porque tinha planos de andar pela cidade e conhecer os pontos turísticos com um amigo. Olhei pela janela e me perguntei se deveria levar um casaco, pois não queria ficar o dia inteiro carregando aquilo à toa. Não conseguia sentir o ar lá fora porque as janelas não abriam no meu quarto, mas vi que o sol brilhava, então pensei que estava quente e, como estávamos na primavera, não precisaria de casaco. Quando saí do saguão, fiz a descoberta decepcionante: estava congelando! Não esperava aquilo, pois não sabia do vento gélido. Já estava atrasada para encontrar meu amigo e não dava tempo de voltar ao quarto e pegar o casaco. Então eu basicamente passei o dia inteiro tremendo e me sentindo péssima enquanto caminhávamos pela cidade.

Olhar por uma janela fechada não lhe dá uma percepção exata do que está acontecendo na calçada. Da próxima vez, vou ligar para a portaria do hotel e simplesmente pedir a previsão do tempo. Informação é poder!

> A gente vive a cultura do feedback hoje em dia(...) É normal em todas as outras partes da vida.

Quatro em cada cinco dentistas concordam

Uma objeção comum que ouço em relação a obter feedback dos caras é que cada homem é diferente: o que incomoda uma pessoa vai atrair outra. Essa questão foi explicada no item "Dar um Tempo" do Capítulo 3, na seção da Louca para Casar, mas vejamos outro exemplo. Temos duas perspectivas diferentes sobre um incidente num restaurante, em que o garçom enche novamente o copo d'água da mulher e ela nem percebe. Num cenário, o cara pode ver o silêncio dela para o garçom e pensar: "Ela foi tão mal-educada. Nem agradeceu ao garçom quando ele encheu o copo." Em outro cenário, porém, o cara pode observar o mesmo comportamento e pensar: "Adorei o fato de ela esta totalmente concentrada em mim, tanto que nem notou quando o garçom encheu o copo!"

É claro que sempre existe um chinelo velho para um pé cansado, mas e se quatro em cinco caras vissem esse mesmo incidente no restaurante e achassem você mal-educada? Vendo dessa forma, a opinião de um cara não é mais uma anomalia — a mulher definitivamente passa uma impressão de "mal-educada", reforçando o estereótipo da Impossível de Conviver. E tudo o que você precisa descobrir é se a falta de ligações é um padrão ou apenas algumas situações aleatórias em que você disse "sim" e ele ouviu "não". Se for um padrão, então é melhor você fazer algo a respeito.

Se concordar em fazer algumas Entrevistas de Saída, o que você tem a perder? Na minha opinião, ao descobrir algumas percepções errôneas que os homens têm a seu respeito (ou percepções corretas que devem ser trabalhadas), você fará ajustes nos próximos encontros e logo terá *muitos* caras ligando de volta para segundos encontros. A essa altura, você vai precisar dar pacotes de lenços de papel para que os homens sequem o rio de lágrimas que irão chorar por você ter recusado nove em cada dez ofertas. Para mim, essa distribuição de lenços de papel será o pior que você terá de enfrentar.

Lembre-se, você não precisa ligar para os homens com quem saiu, pode pedir a alguém para fazer isso por você. Afinal, é mais provável que uma terceira pessoa consiga um feedback honesto. Você pode escolher qualquer amigo ou parente (do sexo masculino ou feminino) que atenda aos quatro critérios a seguir: a pessoa deve ser extrovertida, corajosa, observadora e capaz de deixar os entrevistados à vontade. Se você não conhece ninguém que atenda a esses requisitos, pense em falar com outra mulher solteira para "trocar ligações" ou contratar uma profissional especializada.

Seu/sua Entrevistador(a) de Saída deve ligar para pelo menos três de seis homens que não ligaram (ou mandaram e-mail) depois do primeiro encontro ou terminaram tudo com uma desculpa esfarrapada (por exemplo, "Não temos muito em comum"). Eles devem ser homens de quem você gostaria de ter tido mais notícias ou que não tenha achado. O ideal é que sejam homens com quem você saiu nos últimos dois anos e que representem vários tipos de personalidades, situações e fontes (isto é, pessoas que você conheceu na internet e fora dela).

Treinando para a entrevista

Fazer Entrevistas de Saída não é exatamente uma habilidade que você vai achar no currículo da maioria das pessoas. Sendo assim, se você não contratar um profissional especializado, é fundamental passar um tempo treinando a pessoa que vai fazer as entrevistas. Enfatize estes três itens:

1) Ela foi escolhida para o trabalho especificamente porque você está buscando *a verdade* sobre a percepção que os homens têm a seu respeito nos encontros. Deixe claro que você não quer uma versão light; a entrevistadora é uma das poucas pessoas na vida que não têm meias palavras. Você promete que não vai matá-la quando ouvir o resultado.

2) Explique os motivos superficiais ou politicamente corretos que os homens geralmente fornecem no começo: "Não houve química", "Não era o meu tipo", "Estava enrolado no trabalho", "Comecei a sair com outra pessoa" e "Não era ela, era eu". Mostre as perguntas de sondagem listadas no Exemplo A (ao final deste capítulo) para driblar essas cortinas de fumaça. E diga a ela que, se um cara não conseguir dar respostas úteis de imediato, pode-se usar esta frase: "Vou dar um minuto para você pensar." Se ela ficar completamente muda por uns vinte segundos, vai acabar arrancando *algo* do rapaz. Ele vai abrir o jogo só para acabar com o silêncio desconfortável.

3) Os caras que toparem ajudar (e 80% deles costumam topar) estão lhe fazendo "um favor". Certifique-se de que sua entrevistadora seja educada, solícita, empolgada e não fique na defensiva por você. Ela não deve arranjar desculpas, apenas ouvir e fazer perguntas esclarecedoras.

Em seguida, faça uma cópia do roteiro sugerido no Exemplo A deste livro ou crie o seu roteiro usando o Exemplo A como modelo. Dê à sua entrevistadora junto com os nomes e informações de contato dos caras com quem você saiu. Além disso, forneça à entrevistadora o roteiro do Exemplo B, para ser usado caso ela esbarre com uma secretária eletrônica ou prefira agendar por e-mail a ligação telefônica com ele (isso é altamente recomendável). Esses roteiros são propositalmente vagos, feitos para "prender" o entrevistado ao apelar para a curiosidade dele, aumentando assim as chances de resposta.

Lembre-se de fazer sua entrevistadora anotar os motivos pelos quais *você acha* que esses homens não ligaram de volta, para poder compará-los depois com as respostas obtidas nas entrevistas.

Divirta-se um pouco com o processo. Já que não há limitações nas Entrevistas de Saída, por que não aproveitar a oportunidade para descobrir por que aquele cara na faculdade ou no ensino médio perdeu o interesse do nada? Já que você tem uma entrevistadora à disposição, aproveite! Descubra por onde anda aquela paixão antiga e faça sua entrevistadora perguntar o que você sempre quis saber durante todos esses anos. Talvez você consiga finalmente dar um final para determinadas situações.

O que fazer com os resultados das Entrevistas de Saída

Estimule a pessoa que fizer suas Entrevistas de Saída a tomar notas durante a conversa, mas faça com que ela ligue para contar o feedback só depois de ter agregado todos os dados. Será mais útil se você souber que apenas um entre cinco caras fez um determinado comentário em vez de saber o que quatro em cada cinco homens disse.

Essas informações nem sempre são fáceis de lidar, mas farão toda a diferença para evitar a eterna repetição dos mesmos erros. Estimule sua Entrevistadora de Saída a ser totalmente sincera e não esconder nada. Enquanto ela lhe der o feedback, tente manter uma postura neutra (não fique na defensiva nem dê desculpas), mesmo que você se sinta como se tivesse recebido um chute no estômago. Do contrário, a entrevistadora vai instintivamente editar o feedback.

Perceba que este feedback geralmente não diz respeito à *verdadeira* você; funciona mais como uma *avaliação de desempenho* da primeira impressão que você passou. Essa percepção feita por um pretendente difere muito de como um cliente a vê no trabalho. Por exemplo, quando sua chefe fizer a avaliação anual, ela pode falar que você está fazendo um ótimo trabalho, mas há algo em que precisa melhorar: durante as apresentações aos clientes, você costuma mexer com uma caneta enquanto fala. Ela tem medo que este tique distraia os clientes das suas ideias inteligentes para o marketing. Quando sair do escritório da chefe, você provavelmente vai achar o comentário dela útil, ficar feliz por alguém ter lhe avisado e parar de mexer com a caneta na próxima apresentação.

Nunca é fácil lidar com feedback negativo, mesmo se for superficial, mas mantenha os olhos no objetivo final e saiba que tudo o que você ouvir apenas vai ajudá-la a encontrar o parceiro certo. E não se esqueça de pedir antes à entrevistadora para concluir o feedback com alguns comentários *positivos* feitos pelos homens.

Quero que você ouça cuidadosamente quaisquer feedbacks negativos e os leve a sério, mas use seu discernimento e desconfie de tudo. Claro que alguns homens que saíram da sua vida terão seus próprios problemas e questões, e você não necessariamente vai respeitar todas as opiniões deles. Se apenas um homem disse que você falava muito de si mesma, é algo a se prestar atenção no futuro, mas não imagine que seja um grande problema. Agora, se quatro em cinco homens disseram que você foi muito agressiva, é preciso fazer alguns ajustes em seu comportamento ou escolher homens que considerem essa característica interessante. Faça um *brainstorm* com a entrevistadora para encontrar soluções e formas de melhorar.

Não há ganho sem esforço. Lembre-se disso quando imaginar a si mesma recusando vários segundos encontros no futuro enquanto se concentra em conhecer bem um Sr. Potencial de quem você realmente goste.

EXEMPLO A

Roteiro sugerido para Entrevista de Saída

Oi, aqui é Susan. Estou ligando para falar de Laura Smith. Você deve se lembrar de tê-la conhecido no Match.com há mais ou menos um mês — ela é uma advogada de Boston que acabou de se mudar para San Diego. Só preciso de cinco minutos do seu tempo. Sou [amigo(a)/irmão(ã)/especialista em relacionamentos] e estou tentando ajudá-la a entender melhor os padrões de encontros dela. Tudo bem, sei que esta ligação pode parecer *estranha* [dê uma risadinha agora!], mas ela me contou que você é muito atencioso, e espero que possa dar uma luz sobre o motivo pelo qual vocês nunca mais saíram. O fato de vocês não terem dado certo não é um problema para ela, mas eu realmente gosto da Laura e queria que ela achasse um bom relacionamento. Por isso, eu a convenci a me deixar ligar para cinco caras com quem ela saiu e ouvir que tipo de primeira impressão ela causou. Acho que o seu feedback pode *realmente* ajudá-la a ter relacionamentos melhores no futuro.

Ah, sim, o mais importante: tenho muitas amigas solteiras! Se você puder me ajudar a entender melhor o que *está* procurando, posso apresentá-lo a outra pessoa sensacional.

Laura disse que valoriza sua opinião, então eu ficaria muito agradecida se você passasse alguns minutos falando abertamente comigo. Estou ligando para outros caras também, e vou agrupar os resultados para que ela não saiba especificamente quem disse o quê (a menos que você autorize que eu divida alguns detalhes com ela). Se você preferir que algo continue confidencial, é só dizer.

Eu agradeceria sua sinceridade ao responder às seguintes perguntas:

[*O(a) Entrevistador(a) deve procurar detalhes após cada resposta fornecida*]

1) Na sua cabeça, que nota você daria para o encontro, de 0 a 10? O que faltou para que fosse um 10?

2) Qual foi sua primeira impressão quando a encontrou?

3) De que forma ela foi diferente do que você esperava?

4) Como você a descreveria depois de ter passado algumas horas com ela?

5) Quais foram as melhores qualidades dela?

6) Quais características positivas ela poderia melhorar?

7) Qual foi o principal motivo que o levou a não correr atrás dela?

8) Quais foram os outros motivos que o levaram a não correr atrás dela?

9) Se você fosse a melhor amiga sem papas na língua, que conselho daria a ela para os próximos encontros?

10) Você pode descrever um encontro com outra mulher que tenha dado certo?

11) [*Insira perguntas aqui sobre qualquer área problemática que diga respeito especificamente à sua amiga*]

Muito obrigada pelo seu tempo e pela sinceridade! A conversa foi *muito* útil e tenho certeza de que vai render ótimas dicas para ela. E vou pesquisar e ver se alguma das minhas amigas seria um bom partido, se você estiver interessado. Se você tiver algo mais que gostaria de dizer depois que desligarmos, fique com meu telefone e meu endereço de e-mail:

EXEMPLO B

Roteiro sugerido para secretária eletrônica/e-mail

Olá John!

Sou amiga de Laura Smith. Ela me deu seu contato porque acha que você seria perfeito para responder algumas perguntas sobre homens solteiros. Laura disse que você é ótimo e eu adoraria ter a oportunidade de ouvir sua opinião por cinco minutos ao telefone, hoje ou amanhã. Além disso, talvez eu conheça alguém incrível para te apresentar. Aqui estão meus telefones. Podemos marcar? Eu agradeceria *muito*. Tenho certeza que você é superocupado, mas estou ansiosa pela sua resposta. Muito obrigada!

Susan Jones

CAPÍTULO 9

Histórias de sucesso

Este capítulo demonstra como os feedbacks obtidos sobre antigos encontros ajudaram três mulheres a achar o cara certo e se apaixonarem. Entre centenas de histórias de sucesso que testemunhei entre as minhas clientes e mulheres que mandaram e-mails para o meu site, escolhi três estudos de caso bem diferentes para demonstrar o poder das Entrevistas de Saída. Estas mulheres fizeram o trabalho corretamente e encontraram seus finais felizes — e você pode fazer o mesmo.

Julia

Recém-promovida a editora sênior numa grande casa editorial de Manhattan, a carreira de Julia estava a todo vapor. Mas, aos 28 anos, seu principal objetivo (quando ela era realmente sincera consigo mesma) era estar num relacionamento sério que levasse ao casamento. Julia estava perplexa por conseguir ser tão bem-sucedida profissionalmente sem repetir o êxito no amor.

Julia me contratou para ajudá-la em seus encontros e eu estava ansiosa para saber por que ela achava que precisava de minha ajuda, pois eu a avaliei rapidamente como nota 9, numa escala de 10, de primeiras impressões. Ela era bonita, inteligente e agradável. Enquanto falamos de seu histórico de relacionamentos, Julia disse que apenas dois dos sete últimos caras com quem saiu ligaram de volta para ela. Essa mulher deveria ter uma forte taxa de retenção de encontros, e por isso eu me preparei para descobrir o que estava acontecendo. Ela forneceu (hesitantemente) para as Entrevistas de Saída os nomes de cinco homens com quem saiu no ano anterior e que não ligaram de volta. Embora nem todos fossem possíveis caras certos, ela tinha achado que esses cinco homens em particular a chamariam para sair de novo. Na opinião de Julia, os primeiros encontros com eles foram "bons" ou "ótimos".

Não demorei a descobrir algo sobre Julia através dos homens com quem conversei: ela caiu na armadilha do "Quero contratá-la, não namorá-la". O feedback geral que recebi dizia que ela era ótima, o tipo de mulher admirada pelos homens. Eles a descreveram como assertiva, confiante e inteligente. Os cinco entrevistados trabalhavam nas áreas de finanças, comunicações ou direito. Após longas conversas, posso dizer que eles pareciam impressionados e não intimidados pela Julia. Relutantemente, porém, um deles admitiu: "Não me vejo voltando para ela em casa após um dia difícil no trabalho." Chame do que quiser — chauvinista ou antiquado — mas foi o que eles me falaram, a verdade deles (e a realidade de Julia).

Um dos entrevistados foi direto: "Há uma linha tênue entre ter determinação e acabar com a confiança de um cara. Eu não a conheço muito bem, mas acho que Julia está do lado errado da linha." Outro explicou da seguinte forma: "O trabalho é uma guerra e, para mim, o lar é o lugar para relaxar, recarregar as energias. Não é que eu queira uma esposa de 1950, definitivamente procuro alguém inteligente e interessante e eu tenho certeza de que ela terá sucesso na carreira, mas, pessoalmente, prefiro que a mulher seja acolhedora e não dominadora, sabe?"

Um exemplo dado por Gary parece ilustrar melhor o comportamento de Julia. No primeiro encontro, Gary e Julia foram assistir a um show na 92nd Street Y. Quando eles chegaram, Julia apontou para um dos cantores no local e disse: "Olha, é Rex Carlisle." Gary olhou e disse: "Ah, parece Rex Carlisle, mas na verdade é Harry James. Eu o encontrei fim de semana passado numa festa." Julia retrucou: "Não, é Rex Carlisle, eu vi a foto dele no jornal ontem, tenho certeza." Eles discutiram a identidade do homem, ambos convencidos de que estavam certos. De acordo com Gary, Julia ficou cada vez mais insistente, esquentando o debate com um: "Vamos fazer uma aposta agora! Dez dólares que é Rex Carlisle. Vou até lá agora falar com ele." Gary teria preferido se Julia tivesse tido "uma abordagem mais leve em relação à discordância, talvez algo como 'Bom, eles são parecidos. Tenho certeza que é Rex Carlisle, mas não importa. Vamos ver o show... e depois mudar de assunto." Mas Gary me contou que não importava mais se era Harry ou Rex: a breve discussão, somada a dois outros problemas que ele já havia observado desde que a pegou em casa (ela tentou chamar o táxi em vez de deixá-lo fazer isso e ainda discutiu com o balconista que guardava os casacos), fez com que ele decidisse não chamar Julia para sair de novo. Gary relatou que teve uma visão do futuro com ela e pareceu "exaustivo".

Injusto? Talvez Gary seja exigente demais ou Julia seja mandona demais. Talvez eles não dessem certo juntos mesmo, acontece. Mesmo assim, antes de dispensar o possível relacionamento, veja se Julia não poderia ter mostrado primeiro seu lado suave. E ela *tem* um lado suave. Nas minhas conversas, ela pareceu atenciosa e sensível. No trabalho, Julia está acostumada a ser uma "leoa" (e é recompensada por isso), mas a maioria dos solteiros com quem falei prefere mulheres gentis e carinhosas. Mais tarde, a leoa pode aparecer — isso costuma dar uma dimensão intrigante e manter a relação interessante a longo prazo. Mas, novamente, ele não pode conhecer tudo a seu respeito se não quiser um segundo encontro.

É difícil ligar e desligar certos aspectos de sua personalidade, embora Julia seja a primeira admitir que tem muitas facetas e humores. Claro, todas temos. Quando perguntei antes das Entrevistas de Saída o que Julia achava que Gary ia dizer, ela apostou que ele ainda não havia esquecido a ex-namorada. Ele tinha mencionado uma separação recente e devastadora e ainda parecia magoado. Quando revelei o que Gary disse (com a permissão do próprio), ela mal se lembrou da discussão sobre o cantor. E justificou ter tentado chamar o táxi porque Gary não estava sendo agressivo o bastante para conseguir um em plena hora do rush. Ela não queria chegar atrasada ao show. Disse também que o atendente do balcão a tratou mal. Mas ela jamais achou que algumas dessas "trivialidades" pudessem acabar com o encontro.

Felizmente, Julia aceitou o feedback e trabalhou o que faltava para ter sucesso no jogo amoroso (comparado ao jogo profissional). Ela baixou o tom agressivo de argumentação nos encontros e tentou conscientemente manter o bom humor e jeito brincalhão em vez de discutir. Ela deixou o papo longe dos projetos do trabalho (que teriam mais probabilidade de deixá-la agitada) e concentrou-se em discutir seus outros interesses, como viagens e música. Julia também tirou o clima de escritório com alguns goles de vinho em casa antes sair com alguém, o que ajudava a relaxar e passar do modo de trabalho para o modo social. E ela deixava os caras chamarem o táxi nos primeiros encontros, mesmo se demorasse mais.

Ao ajustar seu comportamento nos encontros, Julia rapidamente aumentou o número de ligações de volta. Após as Entrevistas de Saída, ela recebeu convites para segundos encontros de três em cada quatro homens que conhecia. Julia estava interessada em apenas um desses três, então educadamente recusou duas ofertas (o que ela agora pode fazer, já que a bola está com ela) e começou a sair com o Peter. Um ano e meio se passou e Peter conseguiu conhecer e amar a "verdadeira Julia" (tanto a leoa quanto a gatinha). A novidade? Eles estão morando juntos e Julia revela: "Estamos a caminho do casamento."

Madison

Há alguns anos, eu dei uma palestra sobre encontros no Canyon Ranch Spa, em Arizona. Durante o fim de semana, conheci uma mulher incrível de 33 anos de Santa Bárbara, Califórnia, chamada Madison. Ficamos exaustas durante uma caminhada que fizemos juntas (tudo bem, *eu* estava bufando de cansada. Madison estava em ótima forma e diminuiu o ritmo para conversar comigo). Descobrimos amigos em comum e tudo engrenou imediatamente: ela é dessas mulheres amigáveis, carinhosas e sinceras que viram sua nova melhor amiga de imediato. Trocando informações pessoais, descobri que ela se formou numa faculdade de renome, foi para o Japão com uma bolsa Fullbright aos 20 e poucos anos e atualmente trabalha como consultora corporativa. Sua paixão é andar de bicicleta, por isso Madison passava boa parte do tempo livre fazendo *mountain biking* e frequentando eventos de ciclismo. Ela era atraente e solteira e não demorou muito para a conversa chegar nos relacionamentos amorosos.

Durante nossa caminhada de três horas, Madison contou de vários encontros arranjados por amigas e pela internet que não deram certo. Ela saía com uma boa quantidade de homens, mas não conseguia passar da fase inicial do relacionamento. Alguns caras de quem gostava a chamaram para sair de novo, mas depois pararam de ligar. Madison disse que as amigas a estimularam a continuar tentando, dizendo que era só uma questão de tempo até que o cara certo aparecesse. Mas ela não aguentava mais sair e queria encontrar o amor. Quando pediu minha opinião sobre a situação dela, você já pode adivinhar o que eu disse: "Só há uma maneira de descobrir o que está havendo..."

Madison ficou basicamente horrorizada com a ideia das Entrevistas de Saída, mas agradeceu pela "sugestão divertida". Não se preocupe, eu recebo muito esse tipo de resposta, então nem fiquei ofendida. Nós seguimos nossas vidas após o fim de semana, mantivemos contato esporádico por dois anos e um belo dia eu recebi este breve e-mail dela, logo após seu 35º aniversário: "Estou pronta para descobrir. Você pode fazer as ligações para mim?"

Madison enviou informações de contato de seis caras com quem saiu (incluindo alguns de quem ainda era amiga) e eu diligentemente liguei para cada um deles. Cinco estavam dispostos a falar, mas tive uma experiência que me deixou perplexa. Todos eles, os mesmos homens que não ligaram de volta para segundos ou terceiros encontros, *derreteram-se em elogios* à Madison. Minhas ligações viraram um festival de adjetivos lisonjeiros. E como eu a conhecia pessoalmente, obviamente concordei com os comentários: Madison era "realmente legal", "fácil de conversar", "tinha uma forma física impressionante", além de "inteligente, extrovertida, alegre". Por mais tempo que ficasse ao telefone com eles, por mais truques que usasse para tentar obter críticas construtivas, eu não conseguia descobrir por que eles não queriam mais sair com ela.

Até que finalmente vi a luz na última entrevista, com Carl, quando perguntei: "Sobre o que vocês conversaram no primeiro encontro?" Segundo Carl, eles falaram sobre o interesse mútuo em ciclismo. Madison contou da clínica de ciclismo que frequentou em Colorado Springs, em que foi treinada pelo técnico de Lance Armstrong. Contou também que estava se preparando para uma corrida de 160 Km e estava empolgada por ter conseguido o segundo lugar no Triatlo Feminino de Danskin, no Havaí. Ele ficou realmente impressionado, pois não conhecia muitas garotas que eram atletas de alto nível. De acordo com Carl, o segundo encontro deles foi um passeio de bicicleta de 32 Km margeando a Costa do Pacífico, perto da casa dela em Santa Bárbara, e eles se divertiram muito, mesmo que o Carl mal conseguisse acompanhá-la. Porém, ele não ficou intimidado por Madison. Eu suspirei e quis saber mais: "Não consigo entender: *por que* você não quis vê-la de novo?" A resposta dele foi: "Ah, eu adoraria *vê-la* de novo, só não estava interessado em *namorá-la*."

Carl explicou que Madison tinha tudo o que ele queria, mas, quando a olhava, ele "não a achava sensual". Finalmente descobri algo que poderia ajudar a Madison, por isso liguei de novo para os outros quatro homens e fiz um acompanhamento, agora com as seguintes perguntas: "Você se lembra do que ela vestia no encontro?", "Você pode me dar três adjetivos que melhor descrevam a Madison?" e "Que tipo de garota o atrai?" Veja o que eles disseram:

"Nosso primeiro encontro foi um passeio de bicicleta de 80 Km. Ela está em ótima forma, é uma atleta de verdade. Madison vestia bermuda de ciclista e uma camiseta regata. Ela tinha ombros realmente fortes."

"Eu adoraria manter contato com Madison, pois ela poderia me ajudar a treinar para a corrida beneficente Elephant Rock que vou fazer no Colorado no próximo verão. [Os adjetivos que usaria] para descrevê-la seriam 'em forma', 'saudável' e 'divertida'."

"Ela é o tipo de pessoa que eu escolheria como parceira no *The Amazing Race*, mas não senti nenhuma atração física."

"Eu geralmente prefiro alguém mais convencional, mais feminina. Gosto de garotas que tenham um estilo de vida ativo, mas nada radical. Panturrilhas excessivamente musculosas, nem pensar."

Consegui mais feedback de um dos caras com quem Madison se encontrara numa viagem de aventura para fazer ciclismo na Patagônia. Embora não fosse tecnicamente um "cara com quem saiu", ela o colocou na lista de entrevistas porque, depois de sete dias intensos que passaram juntos, Madison ficou a fim dele. Embora os dois tivessem sido inseparáveis na viagem, ele nem ao menos tentou beijá-la. Agora eles estavam de volta, morando a apenas 45 minutos de distância e os e-mails continuavam platônicos. Ela foi corajosa ao me deixar ligar para esse cara, especialmente por que ele não sabia do interesse dela. O rapaz disse: "Olha, eu queria me sentir atraído por ela. Madison é ótima e temos muito em comum, mas ela entra na categoria de amiga para mim."

Esse tipo de elogio evocava o estereótipo da Sem Graça, no qual as mulheres são consideradas ótimas, mas algo afasta os homens. É fundamental saber o que está acontecendo. No caso de Madison, ela tinha uma forma específica de Sem Graça: a Sem Graça *Sensual.* E isso não era algo que as amigas dela, inclusive eu, tinham captado ao tentar adivinhar por que os caras não ligavam de volta para ela. Todo mundo gostava dela, mas quando os homens pensavam na Madison nua, imaginavam um corpo forte (talvez mais masculino) em vez de uma mulher sexy e curvilínea. Homens que tinham um "ótimo" primeiro encontro com ela não decidiam buscar um relacionamento romântico. Alguns até a chamaram para sair uma ou duas vezes porque ela *é muito legal,* mas a famosa chama não se acendeu.

Quando passei este feedback para Madison, ela ficou magoada. Lógico que ficaria. Saber que os homens não a desejam, mas adorariam ser amigos dela, não é exatamente o que toda mulher quer ouvir. Outros caras tiveram sentimentos românticos por ela no passado: ela teve dois ou três namoros longos durante e após a faculdade, bem como um relacionamento sério pouco depois dos 30 anos. Então o diagnóstico não era unânime, de forma alguma. Mas se Madison pudesse fazer alguns ajustes simples no futuro, tenho certeza de que ela poderia causar interesse em quem quisesse. A longo prazo, a maioria dos homens querem e preferem uma garota atlética, eles só precisam desejá-la antes.

Com base nas discussões que tivemos, Madison fez algumas mudanças. Primeiro, ela passou a usar saias nos encontros, mesmo que fosse apenas para tomar um café. Ela comprou roupas novas — casuais, porém chiques. Dependendo do clima, ela usava sandálias ou botas estilosas de salto e algumas joias discretas. Madison não usava nada chamativo, mas as roupas novas eram mais insinuantes que o estilo "largado" de antes.

Em seguida, ela trocou algumas das fotos no perfil dos sites de encontro. Em vez de três fotos em várias situações atléticas ou ao ar livre, Madison postou quatro novas fotos: uma de rosto que eu recomendei que fosse tirada por um fotógrafo profissional (ficou maravilhosa!), uma em que usava um vestido numa festa formal, outra vestindo jeans e passeando no Japão e uma com bermuda de ciclista num evento esportivo. As fotos não eram enganadoras: apenas destacavam o lado feminino dela. Os homens que eventualmente a conhecessem pessoalmente ficariam predispostos a vê-la como mais equilibrada em vez de 100% esportista.

Madison também passou a falar menos sobre ciclismo. Embora ela certamente abordasse *um pouco* a sua paixão pelo esporte, pois era uma parte importante de sua personalidade, ela tinha o cuidado de monitorar o papo para que o ciclismo dominasse apenas uma pequena parte do primeiro ou do segundo encontro. E Madison foi a primeira a reconhecer que a vida não é só ciclismo: ela também tem vários interesses e adorava falar de outros assuntos.

Ela evitava passeios de bicicleta nos primeiros encontros, passando a levar os homens para jantares onde o ambiente era mais aconchegante e um drinque poderia gerar um clima de flerte. Por fim, ela ficou mais ciente da própria sensualidade e trocou o top de nylon por um sutiã rendado. Ela *não* começou a usar blusas decotadas (porque poderia passar a mensagem errada), mas o novo sutiã lhe deu uma forma melhor e a fez se sentir sexy. Ela relaxou, passou a falar de outros assuntos sem parecer outra pessoa.

Madison mudou a energia dos encontros e arranjou um namorado sério três meses depois. Uma ótima garota como ela não precisava de mais ajuda do que isso. Quando a vi recentemente em Los Angeles na festa de aniversário de 40 anos de um amigo em comum, ela estava radiante: mostrou um anel de noivado. O namorado a havia pedido em casamento, e ela me convidou para ser madrinha.

Catherine

Catherine, 51 anos, é mãe solteira e trabalhadora de Morristown, Nova Jersey, e teve dois ótimos encontros com Bob. Ela estava doida para vê-lo de novo quando recebeu subitamente um e-mail, sem explicação, cancelando o próximo encontro. Ela nunca mais soube dele, apesar das três tentativas de entrar em contato por e-mail e telefone. Catherine ficou extremamente decepcionada e perplexa.

Fiz a Entrevista de Saída com Bob seis semanas depois. Ele relutou em falar comigo a princípio, mas a conversa acabou revelando um "incidente fatal". Ele telefonou para Catherine alguns dias antes do encontro para dar um oi e explicou: "Catherine parecia agitada ao telefone. Ela contou que teve um dia péssimo no trabalho e o pai idoso com quem morava estava doente, por isso era preciso medir a temperatura dele. Ao mesmo tempo, ela preparava o jantar para a filha de 13 anos. Catherine ficou de me ligar depois, mas quando retornou já eram dez da noite e eu estava dormindo. Nós nos falamos no dia seguinte e tivemos uma ótima conversa, mas percebi que eu jamais seria a prioridade na vida ocupada de Catherine, por isso decidi não arriscar."

Quando dei este feedback à Catherine, ela ficou muito surpresa pelo fato de apenas uma ligação telefônica ter sido o suficiente para sabotar o relacionamento com um homem de quem ela realmente gostava. Obviamente, ela interpretou a mesma conversa de outra forma: Bob ligou numa péssima hora, ela tinha acabado de chegar em casa vinda do trabalho e tinha mil tarefas a cumprir. Por isso, achou melhor falar quando tudo estivesse resolvido e simplesmente pediu para ele ligar depois.

Entender como Bob interpretou essa ligação fez Catherine se perguntar se ele era carente demais e precisava muito de atenção e, portanto, não seria o cara certo para ela. Mas depois de ter feito Entrevistas de Saída com outros quatro homens com quem ela saiu no ano anterior, ouvi três feedbacks semelhantes, batendo na tecla da Atarefada. Um dos caras observou: "Também sou pai solteiro, é difícil equilibrar filhos e namoro. Na verdade, eu nem *gostaria* de Catherine se ela me colocasse antes da própria filha." Quando perguntei como ele lidou com desafios semelhantes, disse: "Tento ser sutil nos comentários para que a mulher não ache que *jamais* será minha prioridade. Costumo dizer: 'Este [problema] não é mais importante, porém, é mais urgente'."

Catherine percebeu que, mesmo sendo extremamente ocupada, precisa lembrar de fazer o pretendente se sentir importante na vida dela. Especialmente no início, quando as primeiras impressões estão sendo formadas. Ela poderia simplesmente ter falado para Bob ao telefone aquela noite: "Fiquei tão feliz por você ter ligado! Estou no meio do jantar agora, mas posso te ligar por volta das dez da noite?"

Catherine não só passou a controlar seus modos ao telefone quando falava com futuros parceiros como, por exemplo, quando alguém a chamava para sair numa quinta-feira à noite e ela não podia, a resposta não era: "Sinto muito, é o dia em que levo meu pai à fisioterapia. Também não posso às segundas ou quartas porque minha filha tem aula de futebol e no próximo fim de semana tenho uma conferência de trabalho na Flórida, mas que tal daqui a duas semanas?" Em vez disso, ela simplesmente respondia "Sinto muito mesmo, não posso na quinta-feira, mas eu adoraria sair com você. Deixa eu me organizar... que tal na segunda-feira?"

O conhecimento obtido com essas Entrevistas de Saída ajudou Catherine a manter o cara certo quando ele apareceu, quatro meses depois. Ela conheceu um pai solteiro chamado Steve no YahooPersonals.com, construiu um relacionamento sólido e eu fui ao belíssimo casamento deles no verão passado.

Eles viveram felizes para sempre?

Esses estudos de caso não significam que as Entrevistas de Saída garantam casamento imediato. Mas eu *garanto* que as Entrevistas de Saída ajudam você a segurar o homem que você quer para que vocês possam se conhecer de verdade.

CAPÍTULO 10

E agora?

Rachel, socorro! Tenho um primeiro encontro com um cara amanhã e estou realmente empolgada. Vamos tomar um café na Starbucks e preciso do seu conselho urgentemente! Como você já fez a pesquisa das Entrevistas de Saída, preciso saber: o que devo vestir? (Favor incluir informações detalhadas sobre os sapatos: com ou sem salto? Se for com salto, baixo ou alto?) E tem problema se eu pedir o de sempre: latte com baunilha grande, meio normal meio descafeinado, sem espuma, sem creme e extraquente? Ou é melhor pedir algo mais simples para não parecer exigente? Devo pedir algo para comer? Sim, não ou apenas algo que não esfarele muito? É certo ou errado chamar o atendente pelo nome? Deixar algumas moedas de gorjeta é boa ou má ideia? No balcão de extras, devo usar o açúcar primeiro ou oferecer a ele? Uso açúcar ou adoçante? E QUEM PAGA? Será que eu devia esperá-lo já sentada com minha bebida antes que ele chegue para evitar a questão do pagamento, pedido, gorjeta e açúcar? Por favor, responda o mais rápido que puder!

Este é um e-mail verdadeiro que recebi de uma cliente. Costumo chamar esse tipo de mensagem de As Crônicas da Starbucks. A moral da história: respire fundo e relaxe. O objetivo é estar preparada, não paranoica.

Vi recentemente um episódio antigo de *Seinfeld* em que Elaine arruma um namorado novo e diz: "Sair com ele é como tentar pegar um esquilo: *não faça movimentos súbitos!*" Após ler centenas de confissões sobre os motivos pelos quais eles não ligaram de volta para as mulheres, qualquer uma se sentiria como Elaine. Você pode ter medo de espirrar, piscar os olhos "alto demais", procurar o garçom com o olhar ou usar um casaco amarrado na cintura e acabar confundida com uma pessoa não higiênica, barulhenta, exigente ou gorda.

No mundo dos negócios, esse medo de agir é chamado de "paralisia da análise". Se analisar exageradamente cada elemento de uma situação, você pode acabar paralisada diante do excesso de informação, ficando literalmente incapaz de tomar decisões e seguir adiante.

O truque aqui consiste apenas em descobrir quais são seus principais problemas e ter ciência deles. Você vai passar a avaliar as reações nos homens durante os encontros e vai se adaptar com o tempo.

Um gol contra não significa o fim do jogo

Ao levar em consideração o impacto desta pesquisa nos seus futuros encontros, há algo que gostaria de enfatizar: apesar de todos os pequenos atos e palavras que os homens dizem não ter gostado, o que eles descreveram em geral não era nada do tipo: "Se fez um gol contra, é fim de jogo". Lembre-se de que foi um

Por que ele não ligou de volta? | **349**

acúmulo de fatos. A mulher disse ou fez algo que criou uma dúvida na mente dele. Esse questionamento então se transforma numa hipótese relacionada a um estereótipo negativo (como a Chefona) na cabeça dele, que precisa ser provado ou desmentido. Em seguida, ele passa a buscar novas evidências para embasar a opinião.

Obviamente, alguns homens relataram fatos que acabaram com o encontro na mesma hora — como Asher e sua mania relacionada às mulheres que pedem o mesmo que ele no restaurante. Felizmente, caras como Asher foram minoria na pesquisa (além do mais, duvido que você gostaria de sair com esse tipo de homem). Logo, não é o simples fato de perguntar "Você tem apartamento de um ou dois quartos em Manhattan?" que a faz ser rotulada como Patricinha. Isso ocorre depois de três, quatro ou dezessete perguntas similares, ᶜeitas enquanto você mexe nos brincos imensos de diamantes de três quilates.

E você se lembra da frase de Dean, de Raleigh, Carolina do Norte, no Capítulo 6? Ele se apaixonou pela futura esposa *apesar* de ela ter tropeçado na escada, pisado em cocô de cachorro e pedido três aperitivos de queijo parmesão, tudo no primeiro encontro.

Ter a visão geral sem tirar os olhos dos detalhes

Decifrar os fatores que acabam com um encontro não significa ficar obcecada com minúcias (como nas Crônicas da Starbucks). O que você precisa é identificar com qual estereótipo deste livro você mais se parece (não importa se foi definido corretamente ou erroneamente). Em geral, você acha que alguns dos seus primeiros encontros não levam a outros encontros porque você tende a ser rotulada como a Louca para Casar? Será que aquele cara bonito com quem você tomou café a despachou com um "não tinha química" porque no fundo achou que você era a Impossível de Conviver? Você acha que o homem que encontrou naquela festa outro dia foi embora sem pedir seu telefone por ter achado que você era a Egocêntrica?

E se você leu todas as histórias deste livro e respondeu com sinceridade todas as perguntas da seção "Parece Familiar?", mas ainda não tem certeza de qual estereótipo parece mais com você? Embora queira ter a visão geral, você só tem olhos para os detalhes. Nesse caso, há duas opções: o caminho fácil ou o melhor caminho.

O caminho fácil consiste simplesmente em pedir ajuda a amigos e familiares perspicazes. Escolha qualquer pessoa que tenha estado com você numa festa, num grupo de solteiros ou num encontro duplo e repasse com eles os estereótipos deste livro. Peça observações sobre as interações que eles tiveram com você para determinar seu estereótipo predominante. Pode ser um pouco embaraçoso, mas quem a conhece bem geralmente consegue descrevê-la com mais precisão. Deixe bem claro que você quer a verdade, mesmo que seja difícil de ouvir. Compile as opiniões deles até ter uma visão da maioria que "faça sentido". Lembre-se de ficar aberta à possibilidade de que seu estereótipo possa surpreendê-la.

O melhor caminho lhe dará a visão mais precisa do que acontece em seus encontros. Crie coragem e faça suas Entre-

Por que ele não ligou de volta? | 351

vistas de Saída personalizadas, conforme descrito no Capítulo 8. Ao convocar uma amiga (ou profissional especializada) para conversar com alguns homens com quem você saiu, é possível ter 100% de certeza de qual estereótipo os homens estão lhe rotulando. Já vi esse feedback esclarecedor levar a ótimos resultados várias vezes. Várias mesmo.

Após verificar o principal estereótipo (e talvez alguns de menor importância) que combinam com você, pense nas formas de minimizar essa percepção no seu próximo encontro. Siga o conselho dado na seção do livro relacionada ao estereótipo com o qual você se parece. O segredo aqui é se livrar de quaisquer "radicalismos" que possam estereotipá-la. Por exemplo, se você se reconheceu na seção da Patricinha, veja um guia básico para o seu próximo encontro na Starbucks:

→ Vista algo casual que a deixe confortável, mas evite marcas famosas e o uso de acessórios chamativos.

→ Use um tom sóbrio com o atendente e peça uma bebida relativamente simples.

→ Ofereça-se para pagar com uma nota de cinco dólares e não use o seu cartão de crédito gold. Quando ele, cavalheiro, recusar sua oferta, agradeça educadamente.

→ Se você quebrar uma unha ao pegar o açúcar, não comece a chorar.

→ Enquanto bebe, faça perguntas com real interesse em vez de querer apenas confirmar fatos: "Por que você decidiu se mudar para Chicago?" em vez de "Seu apartamento fica perto da Gold Coast?"

E o resto não deveria importar. Se você seguir o guia mostrado anteriormente, mas acabar mencionando que deu um

Rolex de presente de aniversário para seu pai, o parceiro provavelmente vai achar que foi só um comentário estranho (em vez de usá-lo para rotular você como a Patricinha) e vai ligar de volta para um segundo encontro. Aí *você* pode decidir se quer ou não.

Informação é poder, não importa se você está numa reunião de negócios ou olhando para o bonitão num jantar à luz de velas. A pesquisa neste livro deve ser usada como diretriz geral, não como um manual de instruções passo a passo. Perceba que, embora o primeiro encontro seja um teste, está mais para prova discursiva do que um teste do tipo verdadeiro ou falso. Estar familiarizada com os problemas ajuda, mas não dá para decorar as respostas certas.

As novas regras

Gostando ou não, os primeiros encontros são e sempre serão um jogo. E, ultimamente, está cada vez mais difícil vencer esse jogo, em parte porque as pessoas estão mais sofisticadas (influenciadas por relacionamentos anteriores mais profundos e em maior quantidade) e porque há infinitos candidatos e candidatas (graças aos encontros pela internet e à disseminação das redes sociais). Solteiros sofisticados com muitas escolhas jogam com a estratégia de que alguém "mais perfeito" pode estar a um clique de mouse de distância. As novas regras deste jogo recomendam descartar em vez de aceitar. Por isso, o objetivo do *seu* jogo deveria ser começar, acumular experiência e parar quando for possível aceitar ou recusar os parceiros que deseja.

O erro estratégico que vejo a maioria das mulheres cometer é emendar um primeiro encontro em outro, enviando os mesmos sinais repetidamente, sem aprender com os erros cometidos no último encontro que não deu certo

Isso não significa que você precise mudar de personalidade. Não é preciso fazer luzes no cabelo, fracassar no trabalho congelar seus óvulos, mudar suas opiniões ou achar novos amigos. É como aquela piada contada pelo comediante Steven Wright, de Los Angeles: "Meu relógio quebrou. Está três horas adiantado. Então acho que vou me mudar para Nova York." A solução aqui consiste em fazer um ajuste simples, e não mudar sua vida inteira. Trata-se de acertar o relógio em vez de se mudar para um fuso horário diferente. Ajuste certos comentários e comportamentos nos primeiros encontros em vez de repetir os mesmos erros com caras diferentes. No fim das contas, você vai gastar mais o seu valioso tempo em segundos encontros com quem você quer em vez de perder mais tempo em primeiros encontros com caras que não lhe agradam.

Homens legais existem (eu sei disso porque os entrevistei)

É meio estranho colocar meus três filhos para dormir à noite, deixar meu compreensivo marido com quem sou casada há 16 anos sozinho bancando a babá e atravessar a cidade de carro com meu bloquinho de anotações em punho a fim de pesquisar outro evento de encontro relâmpago "para solteiros de 25 a 35 anos" (tenho 42, por sinal). Bem-vinda ao meu mundo.

Quando estava trabalhando como consultora de relacionamentos e escrevendo meu primeiro livro, não se passava um dia em que não ouvia uma mulher dizer como era difícil achar o cara certo. Na verdade, esqueça a questão de achar o cara certo, elas diziam que não existiam mais homens legais. Os caras de quem eu ouvia falar eram cretinos, mentirosos, esquisitos, tinham pavor de compromisso ou eram exageradamente carentes. Imaginei que a visão das minhas clientes estava correta: eu era o Pronto-Socorro dos Encontros! As táticas que recomendei em meu primeiro livro eram dicas duras para as situações de emergência descritas pelas mulheres. E quando decidi escrever este livro, com base nas entrevistas feitas com *mil solteiros*, tremi. Sim, eu conseguiria perspectivas masculinas valiosíssimas, mas será que conseguiria sobreviver a tantas conversa com cretinos?

A verdade é que fazer todas essas Entrevistas de Saída teve um efeito: minha visão pessimista mudou. Em vez de falar com solteiras que sempre reclamavam que não sobrou nenhum homem legal, passei a falar com solteiros legais todos os dias. Obviamente, nem *todos* foram legais — sim, alguns foram realmente terríveis e eu mostrei isso algumas vezes neste livro —, mas centenas de homens maravilhosos alugaram meu ouvido para contar os encontros fracassados deles. Falei com muitos homens inteligentes, interessantes e carinhosos que estavam lutando para achar a pessoa certa e para ser a pessoa certa, mesmo com suas próprias falhas. Com certeza, uma entrevista por telefone tem um ponto de vista diferente quando comparado a estar à mesa num encontro, mas fiquei surpresa com a disposição deles para se abrir e compartilhar suas decepções e esperanças.

Realmente acredito que os caras legais existem, porém, as pequenas percepções incorretas — que podem ser facilmente consertadas — ficam no meio do caminho, atrapalhando o Cupido. É hora de parar de bloquear essas flechas sem querer e chegar à melhor parte: conhecer de verdade uma pessoa e criar um relacionamento satisfatório.

Na última década, conheci muitos homens solteiros legais — eles estão vivos e existem! Na verdade, até fiz as contas para você: depois das mil entrevistas, tenho absoluta certeza que há um milhão de homens legais por aí querendo conhecê-la melhor naquele *segundo* encontro.

OBSERVAÇÕES

Mil filhos maravilhosos

Métodos de pesquisa e detalhes sobre os dados

Para os interessados em sentir minha dor, posso dizer que levei dez anos e mais de três mil horas-homem (e mulher!) para coletar, codificar e escrever sobre as mil entrevistas deste livro. Veja os destaques da pesquisa.

Período de tempo

Fiz minha primeira Entrevista de Saída em 1998. Nos dez anos seguintes em que atuei como especialista em relacionamentos, ofereci esse serviço às minhas clientes particulares (e ocasionalmente para algumas amigas). Minha lista de clientes multiplicou-se após a publicação do meu primeiro livro (*Find a Husband After 35: Using What I Learned at Harvard Business School*) e, com isso, tive acesso a muito mais indivíduos do sexo masculino, uma ligação telefônica por vez. À medida que a ideia para o *Por que ele não ligou de volta?* foi se desenvolvendo, contratei três assistentes de pesquisa (duas mulheres e um homem) e, juntos, demos início ao trabalho. Aproximadamente 80% dos dados foram coletados em 2007 e 2008.

O grupo de amostra

Embora eu tenha estudado estatística e métodos de pesquisa quando fiz minha graduação em psicologia e meu MBA, tenho plena consciência de que este estudo não é perfeitamente científico. Com meu conhecimento sobre coleta de dados, parcos recursos financeiros e o bom e velho senso comum, fiz o melhor possível para entrevistar uma quantidade e variedade de homens com educação formal e profissões interessantes (de professores a banqueiros de investimentos), com quem minhas clientes, amigas e leitoras gostariam de sair. Mas preciso ser transparente: estes dados não representam uma amostra estatisticamente significativa de todos os subgrupos masculinos existentes no mundo. Então, se você está pensando "Será que ela entrevistou domadores de leões canhotos de Charleston?", a resposta é não. Porém, veja o que eu fiz:

→ Eu e meus pesquisadores entramos em contato inicialmente com 1.090 solteiros. Aproximadamente 20% recusaram-se a falar conosco por vários motivos ou não retornaram e-mails ou mensagens telefônicas. As respostas de 19 homens foram descartadas.* No fim das contas, usei dados das entrevistas feitas com 878 homens e acrescentei respostas de 122 entrevistas feitas pela internet para chegar ao meu objetivo de obter entrevistas completas com mil homens.

→ No total, esses mil homens falaram sobre 2.374 mulheres para quem não deram retorno, citando 4.152 motivos** para não terem as chamado para um segundo encontro (ou, em alguns casos, um terceiro ou quarto). Portanto, cada homem deu uma média de 1,7 razão "principal" para não ligar de volta para uma mulher. Veja o Exemplo A para obter a distri-

---

* Dados de 19 entrevistados foram descartados, pois eles foram considerados "indesejáveis". Foi um julgamento subjetivo feito quando fizeram comentários excessivamente grosseiros ou tiveram comportamento inadequado durante a entrevista.

** Um "motivo" é definido como a explicação dada pelos homens para não querer outro encontro com uma mulher. O motivo é resumido depois que o homem cita alguns exemplos específicos.

buição de dados de todos os motivos mencionados nos capítulos 3 e 4.

➔ Os homens foram codificados para análise posterior da seguinte forma:

Faixa etária: (21-35: 35%; 36-49: 42%; 50+: 23%)

*Região:** (Costa Leste dos EUA: 32%; Costa Oeste: 26%; Oeste/Meio-Oeste: 26%; Sul: 14%; Outros Países: 2%)

Etnia: (Caucasianos: 76%; Afro-Americanos: 12%; Hispânicos: 8%; Asiáticos: 3%; Outros: 1%)

Estado civil (Solteiros: 67%; Divorciados: 22%; Separados: 6%; Viúvos: 5%)

Pensam em casamento (Sim; 78%; Não: 12%; Não sabe/ Não respondeu: 10%)

Abrangência dos métodos de coleta de dados

Entrei em contato com solteiros em vários ambientes e os encontrei por meio de interceptações aleatórias e através de conhecidos (dois eram ex-parceiros de antigas clientes e outros solteiros foram indicados através de amigos de amigos).

➔ A maioria dos 878 solteiros entrevistados "ao vivo" foram questionados por telefone. Outras formas de contato: eventos de encontro relâmpago, interceptações aleatórias (em saguões de aeroportos, cafés, livrarias etc.), e outros casamenteiros profissionais que entrevistaram alguns clientes em meu nome. Das entrevistas por telefone, 357 foram Entrevistas de Saída "adequadas" (conforme descritas no Capítulo

---

* A região foi codificada usando julgamento pessoal (isto é, se alguém disse que cresceu em Detroit, morou em Los Angeles por três anos e mudou-se para Nova Jersey há seis, foi considerado como "Costa Leste").

8) em que eu liguei para três de seis homens com quem *uma* mulher tinha saído, procurando padrões individuais para saber por que homens diferentes não ligaram de volta para a mesma mulher. As 521 entrevistas restantes consistiam em pedir a eles para descrever uma mulher (ou mais) para quem não ligaram de volta.

→ Usei respostas de 122 homens solteiros que me responderam via e-mail e anúncios no Craigslist, onde solicitei voluntários para uma pesquisa online sobre relacionamentos. O anúncio foi postado no início de 2008 em quatro cidades (Filadélfia, Austin, Seattle, Minneapolis). A pesquisa foi feita para sondar respostas a perguntas específicas que surgiram nas minhas pesquisas. Algumas perguntas eram "Qual o trabalho ideal que uma mulher deveria ter quando procura um futuro parceiro?", "O que você gostaria de ver uma mulher usar num primeiro encontro, se ela tem potencial a longo prazo?" e "Como você prefere que as mulheres lidem com a conta do primeiro jantar?".

Privacidade

→ A maioria dos nomes e alguns detalhes pessoais de identificação foram alterados neste livro a fim de proteger a privacidade dos entrevistados e de minhas clientes.

Por que ele não ligou de volta? | 361

Exemplo A

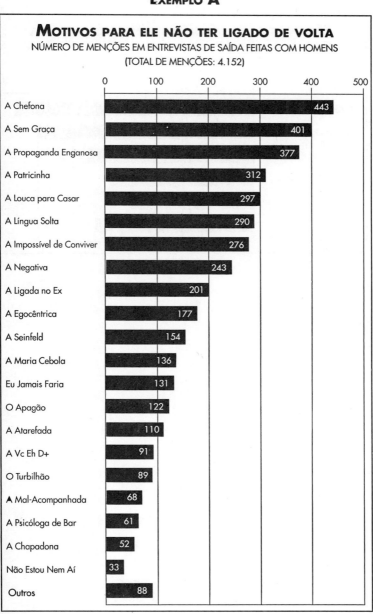

MOTIVOS PARA ELE NÃO TER LIGADO DE VOLTA
NÚMERO DE MENÇÕES EM ENTREVISTAS DE SAÍDA FEITAS COM HOMENS
(TOTAL DE MENÇÕES: 4.152)

A Chefona	443
A Sem Graça	401
A Propaganda Enganosa	377
A Patricinha	312
A Louca para Casar	297
A Língua Solta	290
A Impossível de Conviver	276
A Negativa	243
A Ligada no Ex	201
A Egocêntrica	177
A Seinfeld	154
A Maria Cebola	136
Eu Jamais Faria	131
O Apagão	122
A Atarefada	110
A Vc Eh D+	91
O Turbilhão	89
A Mal-Acompanhada	68
A Psicóloga de Bar	61
A Chapadona	52
Não Estou Nem Aí	33
Outros	88

Rachel Greenwald

Exemplo B

Agradecimentos

Um projeto de pesquisa e escrita que durou 10 anos envolve muita gente. Em primeiro lugar, Andrea Barzvi, minha agente literária da ICM, é fenomenal! Ela acreditou na proposta deste livro de imediato, fez de tudo para torná-lo realidade e batalhou muito nos estágios iniciais, tanto no âmbito profissional quanto pessoal. Andy é uma pessoa que todo escritor quer ter em sua equipe, e tenho a sorte de ter esse privilégio. Agradeço também à ICM pelo famoso Binky Urban, que teve papel fundamental na criação da proposta deste livro, e Josie Freedman, minha incrível e ultratalentosa agente para o cinema.

Também agradeço muitíssimo à minha equipe de superastros e estrelas na Crown: Suzanne O'Neill (minha adorada editora, que sempre me apoiou imensamente), Lindsey Moore, Tina Constable, Jenny Frost, Heather Proulx, Jill Flaxman, Campbell Wharton, Annsley Rosner, Christine Aronson, Patty Berg, Mary Choteborsky, Tricia Wygal, Alisha Burns, Jacob Bronstein e Kyle Kolker. Agradeço especialmente à minha copidesque Aja Pollock, uma heroína não reconhecida, sempre meticulosa e inteligente.

Meus assistentes de pesquisa, Shannon, Jonathan e Ellie foram valiosos, perspicazes e incansáveis em seus esforços para conseguir entrevistas. Eles foram criativos para localizar uma gama demograficamente variada de solteiros e fizeram perguntas além do nível superficial.

Sandra Bark, editora e consultora autônoma, foi fundamental em todos os aspectos deste livro: de afinar a proposta inicial a reorganizar o texto, de ajudar a criar a capa até contribuir com ideias brilhantes de todos os tamanhos. Ela é o pacote editorial completo: inteligente, estratégica, criativa, atenta aos detalhes e divertida. Não consigo imaginar escrever outro livro sem a ajuda dela.

Todos deveriam ter seu próprio "consultor de humor", tanto na vida quanto para escrever um livro. O meu era o gênio vivaz e sarcástico chamado Stephen Abrams. Ele é uma mistura de Jerry Seinfeld com Steven Colbert e Jon Stewart. Não dá para agradecê-lo o suficiente por todos os comentários e pela generosidade ao ceder seu tempo.

Josh Greenwald, meu cunhado, merece todo o crédito por inventar o conceito de "Entrevista de Saída" há muitos anos. Ele e minha cunhada Holly Greenwald dedicaram gentilmente seu tempo a ler este manuscrito e dar ideias criativas e inteligentes.

Outros leitores do manuscrito que generosamente cederam seu tempo e ideias foram: Andrea Bloom, Michelle Burford, Shannon Chafin, Sandy Dugoff, Emma Lewis, Joy Mendez, Stacy Preblud Robinson, Hillary Schubach e Melanie Sturm. Cada um de vocês acrescentou uma camada que deixou o texto mais rico e mais preciso. Sou imensamente grata a vocês!

Diversos amigos fizeram de tudo para ajudar na parte principal deste livro, respondendo minhas perguntas enxeridas, bancando o advogado do diabo e até me apresentando solteiros interessantes para entrevistas. Eles também deram feedback sobre a capa do livro ou simplesmente passaram muito tempo comigo ao telefone. Meus mais sinceros agradecimentos a Kevin Harrang, Bruce Kershenbaum, Howard Levy, Jimmy Lynn, Rob Mintz, Jon Nassif, Larry Pidgeon, Eldar Sharif e Irwin Shorr.

Várias amigas me deram ideias únicas, indicações de solteiros ou apoio moral, pelo qual sou muito grata: Shawn Chereskin, Sue Cooper, Alison Dinn, Marea Evans, Eileen Kershenbaum, Laura Lauder, Wanda Lockwood, Laurie Nassif, Karen Onderko, Jennifer Risher, Emily Sinclair, Beth Vagle e Elena Weschler.

Colegas no ramo profissional de relacionamentos também deram uma mãozinha, fornecendo acesso ou opiniões de seus clientes do sexo masculino: Lisa Ronis Personal Matchmaking; Kris Kenny Connections; Julie Ferman, do Cupid's Coach; e Adele Testani, da Hurry Date. Muitíssimo obrigada!

A todos os solteiros e solteiras que generosamente cederam seu tempo, confiaram e trocaram ideias comigo: esta pesquisa não existiria sem vocês. Embora eu seja creditada como autora, vocês definitivamente são o espírito e a matéria deste livro.

Um agradecimento sincero a todas as solteiras que fizeram perguntas pelo meu site e contaram às amigas sobre meu livro. Adoro ouvir o que vocês têm a dizer!

Também agradeço às filiais da Starbucks, de Denver a Barcelona: onde mais é possível sentar-se com seu laptop e ficar oito horas ininterruptas escrevendo, tendo consumido apenas um copo de chá de 2 dólares?

Durante cada etapa do processo de publicação, minha mãe, Eleanor Hoffman, foi quem me deu mais apoio e torceu por mim, além de ter sido editora incansável e usina de ideias criativas. Já meu pai, Murray Hoffman, cumpriu jornada tripla como leitor sábio, pai encorajador e dedicado consultor médico da família.

Meus filhos, Max, Gracie e Oliver: muito obrigada por serem tão pacientes enquanto eu me concentrava neste livro. Mais do que serem apenas "compreensivos" por todos os momentos em que eu estava absorta por este projeto, vocês me apoiaram e mostraram interesse no meu trabalho. E por isso sou incrivelmente grata e extremamente orgulhosa.

Ao Brad, meu incrível e maravilhoso marido, eterna fonte de apoio: tenho muita sorte por você ter ligado de volta para mim!

Este livro foi composto na tipologia Adobe Garamond Pro,
em corpo 11,5/15, impresso em papel offwhite 80g/m²
no Sistema Cameron da Divisão Gráfica
da Distribuidora Record.